MERIAN
erzählt

Wien

Herausgegeben von
Andreas Hallaschka

Hoffmann und Campe

Redaktion und Textauswahl: Martin Tschechne

1. Auflage 2015
Lizenzausgabe

www.hoca.de
Nach einer Reihengestaltung von Carsten Schwab
Einbandmotiv: ullstein bild, Imagno
Satz: Pinkuin Satz und Datentechnik, Berlin
Gesetzt aus der Utopia und der Trade Gothic
Druck und Bindung: GGP Media GmbH, Pößneck
Printed in Germany
ISBN 978-3-455-50353-1

HOFFMANN
UND CAMPE

Ein Unternehmen der
GANSKE VERLAGSGRUPPE

INHALT

»So sind die Wiesen dort, wo noch kein Entdecker hingekommen ist«

»Noch wichtiger aber ist, aus guter Gesellschaft zu kommen«

»Keine Stadt verehrt ihre Bühnenhelden emphatischer als Wien«

»So unanständig weiß und nackt gab es in Wien noch keine Fassade«

»Wer sie entdecken will, darf nichts anderes erwarten als das echte Wien«

Martin Tschechne

VORWORT

Wer sich auf den Weg nach Wien macht, der weiß meist sehr genau, was er sucht. Und die Wiener sind ja nicht blöd, sie lassen es ihn finden: ein bisschen goldenen Nachglanz der Kaiserzeit, ein Stück Sachertorte, die schwüle Erotik eines Gustav Klimt, die zartlila Unschuld des Wiener Jugendstils, den Pomp der Oper, die Wortmacht des Burgtheaters. Auf Inszenierungen verstehen sie sich hier. Dazu die schnörkelig-charmante Höflichkeit, mit der das vermeintliche Personal den vermeintlichen Auftraggeber um den kleinen Finger wickelt: Alles Marketing, gewiss, alles einstudiert wie in einer Komödie von Johann Nestroy. Aber bis jetzt ist noch jeder Besucher aus fremden Gefilden dankbar auf den Schmäh angesprungen. Alsdann: Wo finden wir noch einen Fiaker? Wo geht's hinaus zum Heurigen? Und sind es nicht immer wieder die Illusionen, die uns aus der Tristesse erlösen?

Wien ist die Hauptstadt der Psychologie. Das liegt auf der Hand, denn genau hier lauschte Sigmund Freud den schäumenden Wünschen seiner Patienten, lernte ihre Träume zu lesen, deutete ihre nur scheinbar bedeutungslosen Aussetzer als vielsagende Fehlleistungen und drang vor in die schattigen Schichten der Psyche. Eine Lehre von vorgestern? O nein! Gerade bestätigt die allerjüngste Hirnforschung, welche gigantische Entdeckung Freud mit seiner Idee des Unbewussten gemacht hat. Was da auf den Bildschirmen der Magnetresonanztomographen blitzt und zittert – ein Wiener hat's erfunden!

Das ist aber nur die zweite Hälfte der Geschichte. Die erste erzählt vom Niedergang einer Weltmacht, vom Nachhall einer großen Kultur, vom Verblassen einer so großzügig genossenen Herrlichkeit und dem Lebensgefühl einer Metropole, deren riesiges Reich plötzlich zusammengeschrumpft war. Welche andere Reaktion war möglich, wenn nicht Melancholie, gekränkter Stolz und Trauer? Oder mit Sigmund Freud: Verdrängung und Sublimierung? Ehre also, wem Ehre gebührt, aber eine solche Stadt, eine solche Situation lieferte der Psychologie ihre Erkenntnisse auf einem Silbertablett.

Das erste MERIAN-Heft zu Wien erschien 1956. Europa erholte sich langsam. Doch Wien hatte längst gelernt, sich mit Selbstbewusstsein, Charme und Chuzpe in den Lauf der Dinge zu fügen. Oder wo es passte: sich zu widersetzen. Diese unbeirrbare Heiterkeit faszinierte alle, die sich seither im Auftrag der MERIAN-Redaktion in der Stadt umgeschaut haben, immer wieder. Fahren wir also mit Ludwig Fels hinaus über die Donau, wo der Heurige noch kein Lunapark ist, besuchen mit Charlotte Gräfin von Saurma-Jeltsch den Opernball und folgen dem blitzquicken Zeitschriften-Erfinder Markus Huber dorthin, wo all die Glanzstücke alter Glorie unter den Hammer kommen. Lauschen wir mit Staunen, wie ausgerechnet ein Gregor von Rezzori seinen rauschgoldseligen Mit-Wienern die Leviten liest. Und gehen mit André Heller auf den Zentralfriedhof. Weil dort, in der Lebenslust der Hinterbliebenen, Wien ganz bei sich ist.

WIEN IST WIEDER EINE GLÄNZENDE STADT

Erik Graf Wickenburg

STADTFÜHRUNG EINES SKEPTISCHEN EINZELGÄNGERS

Herzlich willkommen in Wien! Wohl jeder, der die Stadt besucht, kommt mit derselben Sorge: Man möchte etwas sehen, spüren, erfahren, bevor es ganz von dieser Welt verschwindet – jenen Nachhall von Noblesse etwa, der sich in höflichen Manieren zeigt, eine Sprache, die noch Wörter wie »tribulieren« kennt, oder das Gefühl stolzer Untertänigkeit im Angesicht kaiserlicher Inszenierungen. Erik Graf Wickenburg bietet sich als Begleiter an. Eine gute Wahl: Man bediente im »Demel« schon seine Ahnen.

Sie werden es meiner altösterreichischen Pedanterie zugutehalten, sagte der Wiener zu seiner Besucherin aus dem kalten Norden, wenn wir unsern Weg durch die Stadt in der Einbahn-Richtung vornehmen, die auf der Kärntner Straße vorgeschrieben ist. Man wird dann als Fußgeher, wie hier die Behörden uns seltene Spezies zu nennen belieben, nicht vom entgegenkommenden Verkehr tribuliert, der sich sonst optisch in den Augenwinkeln aufstaut. Sie verstehen, man möchte doch sanft in diese anmutige Stadt hineintreiben. Aber was rede ich da, es ist doch auch sachlich das Gegebene: Wir lernen sofort die Grundrissstruktur Wiens kennen, wenn wir den Ring durchschreiten, der die Innere Stadt, also den Stadtkern, umschließt. Weit draußen gibt es einen zweiten Ring, den Gürtel. Er interessiert uns an sich jetzt weniger, doch kommt er der Vorstellung zu Hilfe, dass die Stadt gleichsam in zwei konzentrischen Kreisen liegt.

Die klugen Leute, die einst ihre Nachdenklichkeit in die Straßenbeschilderung investiert haben, trugen dem auch Rechnung. Diejenigen Straßen nämlich, die zwischen den Ringen, sozusagen tangential, verliefen, bekamen ovale Schilder, die andern, die vom Zentrum ausstrahlten, rechteckige. Die Hausnummern aber stiegen vom Stadtmittelpunkt – was konnte das anderes sein als unser erhabener Stephansdom – aus an, die Nummern der ovalen Schilder im Sinne des Uhrzeigers. Man konnte also auch als Fremder überall mit annähernder Sicherheit den eigenen Standort ermitteln, umso mehr, als die dreiundzwanzig Wiener Bezirke, angefangen beim innersten, im Sinne des Sonnenlaufs nummeriert wurden – wobei es allerdings einige Sprünge gibt. Verzeihen Sie, ich habe mich da aber jetzt ein wenig verlaufen, und bei dem weiten Schritt, den Sie vorlegen, kommen wir viel zu schnell an den Dingen vorbei, die ich Ihnen zeigen möchte. Die Staatsoper linker Hand kennen Sie; darüber ist vielleicht nur das zu sagen, dass sie auf vulkanischem Boden steht. Lachen Sie nicht, ich meine nicht die ewigen Opernkrisen – gerade haben wir wieder eine –, nein, als vor einiger Zeit unter der Oper nach Wasser gebohrt wurde, kam es heiß herauf. Sie liegt offenbar auf der geologischen Bruchlinie, die sich ins südliche Weinland hinzieht und dort unsere Reben kocht.

Gleich hinter der Oper steht das sagenreiche Hotel Sacher, wo wir später Torte mit Schlag essen werden. Heiter ist es hier schon zu Römerzeiten zugegangen, denn auf diesem Gelände, den damaligen Cannabae, hausten hier außerhalb der Stadtmauer fliegende Händler, schöne Damen und Hutschenschleuderer. Es war so eine Art Wurstelprater, wie Sie ihn jetzt auf der gegenüberliegenden Stadtseite finden.

Ja, ganz richtig: Das Riesenrad dort gehört immer noch zu unseren Symbolen, aber bald wird es hinter Hochhäusern verschwinden.

Das muss ich aber doch noch nachholen: Wir haben unsern Weg vorhin beim Ring an der historischen Stelle begonnen, wo in der Zeit Kaiser Franz Josephs an jedem späten Vormittag kein Gigerl und kein Dämchen den am Café Fenstergucker vorbeiführenden Korso versäumen wollte. Sogar hohe Politiker frequentierten ihn, natürlich Erzherzöge, Gutsbesitzer, Komtessen und rauschende Damen aus der Gesellschaft mit Fregatten oder Gemüsehandlungen auf dem Haupt. »Man« sah sich, grüßte sich, belächelte sich und wandelte so gemessen dahin, wie Sie es, meine Liebe, wohl nimmermehr erlernen werden. Nun, rasen wir halt weiter, an dem kaisergelben, niedern Palais vorbei, das den Modezar von Wien beinhaltet. Man sieht es ihm nicht an, dass es soeben erst aufgebaut worden ist; es - nicht er - ist kürzlich abgebrannt und schon wieder neu erstanden.

Die Kärntner Straße und vorne der Graben sind seit jeher die vornehmsten Geschäftsstraßen - auch nachts, aber darüber sage ich lieber nichts, Sie würden in Ihrer Unschuld fragen, ob hier viele Nachtlokale lägen. Und ich müsste Ihnen antworten, einige ja, ich hätte es jedoch anders gemeint. Na, übertrieben großstädtisch ist Wien in dieser Hinsicht nicht; der Wiener betrachtet doch als seine Abendunterhaltung den Heurigen.

Werfen Sie bitte einen Blick in die Seitenstraßen, die wir da im Fluge passieren. Jetzt bei Tage können Sie das unangefochten tun. Es ist kaum eine, die nicht eines oder mehrere der typischen Adelspalais aus der Barockzeit aufweist. Mögen sie nun dem Grafen Breuner oder dem Prinzen Eugen gehört haben, zweckentfremdet sind sie alle. Das vom Eugen ist gar Sitz des gefürchteten Finanzministeriums geworden. Es ist das allerschönste. Es war das Stadtpalais des Feldmarschalls; sein Landhaus lag weit draußen vor der Stadt: das märchengleiche Schloss Belvedere.

In all diesen Prachtbauten, die dabei eher schlicht aussehen, sprach sich das Aufatmen über die endlich abgewehrte Türkengefahr aus. Nur, man konnte sich nicht richtig barock ausbreiten, weil es innerhalb der Mauern eng war, und so haben viele Paläste flachbrüstige Balkone. Die Bitte der Erbauer, doch mit ihrer Schönheit ein wenig in die Straße »hinausfahren« zu dürfen, ist ihnen natürlich prompt abgeschlagen worden. Liebe, Sie müssen hier gegen Abend, wenn Sie schon ein wenig müde sind, langsam durchschlendern, von Gasse zu Gasse. Es liegt ein eigener Reiz über den alten Prunkbauten; man spürt in ihnen ein mähliches Verklingen und Verstummen. Poesie ist Form gewordene Vergänglichkeit; man kann das gerade am lebensfrohen Stil des Barock gut ablesen, der offenbar schneller als Gotik oder Klassik welkt.

Übrigens sagte mir neulich jemand, Wien sei wohl die Hauptstadt der Barockei – komisch, ich finde das gar nicht, Wien habe ich nie als Barockstadt gesehen; mir zeigt es sich viel älter und viel jünger. Jünger: als Ausdruck der Franz-Joseph-Zeit, des zu höchstem Glanz gesteigerten Imperialen, das ja auf alle Provinzstädte der Monarchie abgefärbt hat. Akuten Barockismus finde ich hingegen in Salzburg; dafür ist dort kaum Kaiserliches zu spüren. Ja, was ist denn los, Sie bleiben stehen, halten inne im Lauf?

Ah, ich sehe schon, es ist der Stock im Eisen drüben, auf der Seite, wo die Konditorei Gerstner liegt, ein benagelter Baumstamm. Wissen Sie, das ist das erste Erzeugnis von Wiener Pop-Art, eigentlich besser als die späteren. Pardon, natürlich ein historisches Denkmal, das man pietätvoll samt einem Legendenkranz aufbewahrt; lesen Sie darüber nach! Hier geht es links zum Graben, der muss seinen Namen von den Römern haben. Hier war zwei Jahrhunderte hindurch die Grenze des Römerlagers, kein sehr großes, basierend auf einer Keltenburg, die aber – damals, heute merkt man es kaum – auf einem Hügel lag, und das war den Römern seit je unsympathisch. Sie liebten die Ebene, deshalb behausten sie sich donauabwärts in Petronell und ließen hier nur eine kleine Garnison zurück. Spuren aus der römischen Besatzungszeit können Sie sehen, wenn Sie weiter unten auf dem Hohen Markt in den öffentlich zugänglichen Keller steigen.

Jetzt aber bitte einen Blick auf unser Stadtsymbol, den Stephansdom. Ich will da gar nicht sehr viel dazu sagen. Ich komme oft hier vorbei, aber jedes Mal muss ich die Augen senken, und es verschlägt mir die Rede. Ich weiß nicht, ob Sie mit Ihrem um ein paar Breitengrade kühleren Blut das auch empfinden können? Am schönsten ist für mich der älteste Teil, das Portal mit den Heidentürmen, das in Kaiserzeiten immer nur zu ganz großen Festen geöffnet wurde. Damals war das Innere durch Fackeln und Kerzenruß geschwärzt. Man betrat gleichsam eine riesige Höhle, und ganz fern leuchteten vor dem Hochaltar Lichtlein in der Finsternis. Zum letzten Male wurde das Tor beim Begräbnis des alten Kaisers aufgetan, und die linke Trauerwache war der Dichter Joseph Roth. Sie kennen doch seinen Abgesang auf Österreich, den »Radetzkymarsch«?

Damit wir aber nicht zu ernst werden, kommen Sie jetzt mit mir hinein und schauen Sie das Banalste drinnen an: den Zahnwehherrgott und nicht weit davon die Dienstbotenmadonna. Das wirklich Bedeutende finden Sie ohnehin im Reiseführer; nur diese rührenden Kleinigkeiten muss man selber herausklauben.

Und jetzt gehen wir noch ein Stück durch die Verlängerung der Kärntner Straße, die Rothenturmstraße. Würden wir bis zum Ende gehen, kämen wir auf den Ring hinaus, der die Innenstadt umschließt, die Hauptschlagader des Verkehrs. Er heißt hier aber der besseren Übersicht halber Kai. Rechts das mächtige Erzbischöfliche Palais; das sehenswerte Museum bleibt Ihrem Privatfleiß überantwortet. Ich möchte Ihnen nur linker Hand ein Kuriosum vorführen: diesen mächtigen Bergfried. Das war der Wohnturm des Baumeisters Joseph Kornhäusel, dem wir viel von der schönen, glatten Fassadenarchitektur aus den dreißiger Jahren des vorigen Jahrhunderts verdanken. Auf diesem Turm beobachtete einst Adalbert Stifter die Sonnenfinsternis, die er dann in der Ihnen natürlich bekannten Skizze beschrieben hat.

Und wenn wir jetzt neben dem Turm die Judengasse durchlaufen, so werden Sie noch eine letzte Spur aus der völkerreichen Monarchie erahnen können. Anders, als es da aussieht, mit den Kleidungsstücken, die vor den Läden hängen, mit den an der Tür lungernden Geschäftsleuten, die kaufverdächtige Passanten ansprechen, war es im alten Galizien wohl auch nicht. Das ist eine kostbare Erinnerung; kein Reiseprospekt weist Sie darauf hin.

Sehen Sie, und nun kommen wir sogar auf den Hohen Markt hinaus, dessen Römerkeller ich vorhin schon erwähnt habe. Dort an der Wipplingerstraße steht das herrliche Alte Rathaus und die Böhmische Hofkanzlei. Pardon, die Wipplingerstraße! Der Name kommt nicht von einem Herrn Wipplinger, sondern ist eine Verballhornung des Wortes »Wildwerker«, halten zu Gnaden. Wir wollen jetzt noch einen Blick auf die schöne, gotisch zart gekrönte Kirche »Maria am Gestade« werfen. Sonderbar, schon wieder kein Barock! Und wir werden aus vorgetäuschtem Kunstverstand auch die kleine Ruprechtskirche mitnehmen, die älteste in Wien; sie hat naturgemäß romanische Struktur. Was aber »Maria am Gestade« angeht, so klingt der Name poetischer, als die Lage der Kirche heute ist. Noch bis ins hohe Mittelalter stand sie tatsächlich am Wasser, denn unter ihr befand sich ein Donauhafen. Damals lag Wien an der Donau, nach der es heute ebenso zu Unrecht heißt, wie dieser Bläue nachgerühmt wird. Durch die Regulierung und den schnelleren Lauf ging das leider verloren.

Aber die Teezeit drängt: Da muss etwas geschehen. Kommen Sie jetzt schnell mit mir zur »Jause« beim Demel; dort gibt es auch eine vorzügliche Sachertorte. Allerdings hat das Gericht entschieden, die echte Sachertorte werde nur vom Hotel Sacher produziert. Aber bei uns sagt man: »Gusto und Watschen sind verschieden«; also auch Geschmäcker und Ohrfeigen haben individuelle Züge. Es wird eine reizvolle Aufgabe für Sie sein, im Laufe Ihres Aufenthaltes herauszufinden, welche Sachertorte besser schmeckt, die echte oder die ganz echte. Wundern Sie sich nicht, wenn wir bei Demel ausnehmend höflich bedient werden. Erstens ist meine Familie dort Stammgast seit 1872, und dann handelt es sich um ein traditionelles Lokal, wo man noch ein Benehmen kennt. Leider wird es kaum mehr lange bestehen. Ich denke mir halt, hoffentlich bestehe ich dann auch nicht mehr.

Nachher machen wir noch einen Trip zur Spanischen Hofreitschule hinüber. Sie ist natürlich, wie üblich, zugesperrt, aber von außen können wir den schönen Bau Karls VI. und den berühmten Renaissancehof ansehen, wo sich die Lipizzanerpferde herumtreiben. Wäre es jetzt fünf Uhr morgens, wir könnten am Ende den in seiner Art einzigen Josephsplatz ohne Blechkarossen genießen. Im augenblicklichen Zustand hat ein Blick darauf wenig Sinn; die edle Kulisse mit der Nationalbibliothek als Stirnwand kommt kaum zur Geltung.

Die Augustinerkirche nebenan – gotisch natürlich – ist der Ort der Wahl für feudale Eheschließungen. Überdies finden Sie hier wieder eine kleine Besonderheit, das »Herzgrüftel« der Habsburger. Für die Beisetzung in der Kapuzinergruft drüben – dumpf ist es da drinnen um die zweihundert Särge herum, aber ansehen sollten Sie sich das schon auch; da wird Sie tief eingedickte Geschichte befallen –, also für die Beisetzung und Einbalsamierung mussten den Verstorbenen die inneren Organe entnommen werden, die dann in der Stephanskirche eigens beigesetzt wurden, während die Herzen ins »Grüftel« kamen. Mir scheint es ganz logisch, dass das Herz des in Wien verstorbenen Napoleonsohns, des Herzogs von Reichsstadt, hiergeblieben ist, als seine Überreste nach Paris gebracht wurden. Freilich, es blieb irrtümlich hier – eine echt österreichische Schlamperei.

Zwischen Hofreitschule und Burgtor stand bis vor rund hundert Jahren das Alte Burgtheater. Josef II. hatte es in einer alten Tennishalle, damals Ballhaus genannt, einlogiert; es war winzig, unhygienisch, wenig komfortabel, aber herrlich. Man hat im Zug der Zeit, die alles zernagt, natürlich gefunden, es sei unmöglich, und hat auf dem Franzensring draußen das Neue Burgtheater errichtet. Damit war das Flair zerstört. Aber allmählich setzt das Haus am Ring auch schon genügend Schimmel an.

Was aber Ballhäuser betrifft, so müssen wir doch noch geschwind zum Ballhausplatz hinüberschauen, um das Bundeskanzleramt zu bewundern, wo die österreichische Regierung sitzt und schwitzt. Es ist, unberufen, im Barockstil erbaut. Von dort haben wir es ganz nahe zum Äußeren Burghof, heute Heldenplatz genannt. Wir gehen am besten innen durch die Burg, weil sich beim Heraustreten aus dem Tor der Platz so richtig vor den Blicken ausbreitet. Er überfällt mich immer wieder wie eine Vision, groß, frei, zeitlos und stummberedt. Wer nur ein wenig Ahnung von unserer Geschichte hat, dem muss hier Macht und Herrlichkeit des Römischen Reiches aufgehen, obwohl so gut wie nichts daran erinnert. Ich meine fast, dass Sie es auch verspüren werden – dieses Unsagbare, die von Jahrhunderten getränkte Luft, die über der Unendlichkeit flimmert, das Serene und Bombastische, Glanz, Glorie und Tragik, kurzum, den Triumph des Edlen über das Vergehende. »Gerechtigkeit ist das Fundament der

Könige«, steht dort auf dem Ausgangstor, in ewigem Latein gemeißelt. Drüben am Nordrand aber faltet die hochgiebelige Minoritenkirche fromm ihre gotischen Hände.

Sie sehen mich befremdet an. Sie glaubten sicher, dass wir skeptischen Einzelgänger, Österreicher genannt, nicht pathetisch werden können? Nach dieser kursorischen Stadtführung haben Sie mit Recht keinen pathetischen Abschluss erwartet. Natürlich, wir sind ja ein lustiges Völkchen. Aber analysieren Sie einmal auf dem »Heurigen«, den Sie sicher, wenn auch ohne mich, besuchen werden, die Liedtexte: Der Tod kommt fast in jedem vor, mindestens aber der Himmel. Mag er auch rosenhaft und mild getönt sein wie der vor uns, leicht und froh, dass man ihm tief gestillt entgegensehen kann.

Michael Frank

NEUE PRACHT UND ALTE NEUROSEN

Die Neurose ist hier erfunden worden! Da wird es schon kein allzu großes Kunststück sein, der Stadt auch heute die eine oder andere Verklemmtheit nachzuweisen. Doch Vorsicht, mahnt da der Zugereiste Michael Frank: Wien hat sich geöffnet, ist bunter geworden, freier und – wieder wohlhabend. Der Osten ist offen, plötzlich sind überall Nachbarn. Und alle kommen, um in der Stadt einen Charme zu erleben, der von alten Zeiten erzählt und doch ganz jung ist.

Alfred Polgars giftige Worte klingen lange nach: Wien bleibt Wien? Eine Drohung, mit der Helmut Qualtinger gar zu gern seine Zuschauer irritierte. Der grandiose Schauspieler und Kabarettist hatte all seinen Grant auf eine an Fassaden und Seele graue Stadt bezogen. Lebte Qualtinger heute noch, hätte er sich wohl kaum den Glanz vorstellen können, den die einstige Reichsmetropole in den vergangenen Jahrzehnten unter der gediegenen Patina von Verdruss und Verdrossenheit hervorgezaubert hat.

Von dem Psychotherapeuten Erwin Ringel hingegen, dessen Hauptthema die (österreichische) neurotisch gestörte Seele war, stammt der Satz: Vor dem Doktor Freud habe er nicht den geringsten Respekt – in Wien den Todestrieb zu erfinden, ist das eine Leistung!?

Wo in Wien nistet sie, die Neurose? Man könnte die architektonische Gestalt der alten Inneren Stadt als Parabel für ihre innere Befindlichkeit nehmen. Hier gibt es große, alte Bauten mit vier, fünf Stockwerken. Darunter der Keller, in dem Fahrräder stehen, früher Kartoffeln lagerten, Wein; im zweiten, staubigen Untergeschoss stand einst der Kohlenkasten; vom dritten weiß man gerade noch, wagt sich aber kaum mehr hinunter; vom vierten und manchmal fünften Keller, wo Bombenschutt und dunkle Vergangenheit ruhen, hat man keine Ahnung mehr – und wenn, dann tut man besser daran, nicht nachzustöbern, was es an düsteren Unwägbarkeiten und grauslichem Zeug aufzufinden gäbe.

Genauso ist die Wiener Seele. Nach deren Abgründen zu forschen, ist tunlichst zu vermeiden – es könnte ja so etwas wie Selbsterkenntnis hervorsteigen. Früher verbarg die Stadt diese dumpfe Verweigerung ihrer selbst hinter adäquat grauen Fassaden. Nicht, dass diese Welt der psychischen Zwischenlagen, der seelischen Kerker und emotionalen Untiefen indessen freigelegt und durchleuchtet worden wäre – aber sie verbirgt sich heute besser: Die Tristesse, die diese Stadt von monumentalem Ausmaß und wuchtigem Aufbau nach den einstigen Erfordernissen der Kapitale eines Imperiums besonders bedrückend und unheimlich machen kann, hat sich zumindest äußerlich ein säuberlich geliftetes, wunderbar reines Gesicht zugelegt.

Erst jetzt vermag man den grandiosen Zuschnitt, die Pracht und Herrlichkeit dieser Stadt so recht zu ermessen. Frisch geputzt, verrät Wien heute tatsächlich viel mehr von seinen warmen Qualitäten, lässt Ebenmäßigkeit und Runzeln der alten Metropole in neuer Klarheit hervortreten, verrät auch mehr von den inneren Wechselbädern der Psyche, als es das reine Grau früherer Jahrzehnte konnte: das ständige Schwanken nämlich zwischen Verzagtheit und Übermut, zwischen Minderwertigkeitskomplex und Größenwahn.

Wien ist wieder eine glänzende, von Selbstbewusstsein

strotzende Stadt geworden. Wien ist neuerdings auch eine lebhafte Stadt. Das ist nicht immer so gewesen! Aktionisten, groteske Filmemacher, Literaturvölkchen von phantastischer Unangepasstheit? Sie alle waren die Antithese zum früher so bedrängenden Grau.

Wien ist heute auch eine reiche Stadt. Das erweist sich nicht nur an den vielen, in raschestem Takt verkehrenden Bussen, Tram- und U-Bahnen, die Lust machen, seine Winkel und Seitenaspekte zu durchstöbern. Das lässt sich gleichermaßen an dem vielen Gold ablesen, das die quirlige Alte als Schminke neu aufgelegt hat. Und es zeigt sich an den fabelhaft restaurierten Exemplaren des architektonischen Fortschritts früherer Tage, wie etwa dem Looshaus am Michaelerplatz, bei dessem Anblick Kaiser Franz Joseph die Vorhänge habe zuziehen lassen, als man es ihm im Jahr 1910 gegenüber seiner Hofburg vor die Nase setzte, und das er seiner provozierenden Modernität wegen herzlich hasste. Dessen neu-alte prunkvolle Klarheit im Original ist das Symbol für einen prinzipiellen Gesinnungswandel: Früher war Wien auf seine Reize zu stolz, als dass es sie mit anderen hätte teilen wollen. Verbarg sie hinter Spießigkeit und einer muffigen Ablehnung des Dekorativen. Heute hingegen wird jeder Schnörkel, jeder Zierrat, jedes Ornament überreich vergoldet, gepudert, gezuckert und zelebriert, als wären die Stuckkringel die Seele der Stadt selbst.

Schon früher verstand man sich gut aufs Verzuckern, als protestantische Baumeister für Österreichs apostolische Majestät strenge Paläste konzipierten, die dann aber von austriakischen Baumeistern gleich den Konditoren mit viel Schlagobers, Zierrat und Zuckerzeug garniert wurden. Auch das eine Parabel für die ganz große Sehnsucht, mit aufgesetzter Heiterkeit, die der Wiener Seele von Haus aus keineswegs gegeben ist, Ängste, Befürchtungen und Vorurteile in die Keller zu bannen.

Wien war einst furchtbar lichtscheu. Ohne Balkone und Terrassen, mit himmelhohen Häuserschluchten ohne Durchbrüche und Lichtschläge. Und die wunderbaren Höfe, die früher so verschwiegen waren und heute so berühmt sind, boten nur wenigen wirklich Erleichterung von der lichtscheuen Misere. Heute ist das anders: Kaum regt sich ein Lüftchen, räumen die Wirtsleute sofort den Schanigarten heraus, stellen Stühle aufs Trottoir (die Gemeindeverwaltung kassiert dafür »Luftsteuer«, die für alles zu entrichten ist, was den öffentlichen Raum überwölbt, also auch Geschäftsmarkisen wie Zunftschilder). Was für ein Wandel im Bewusstsein!

Heute klinkt man Balkone an, wo es irgend erlaubt ist, werden Dachausbauten mit üppigsten Terrassen ausstaffiert. Auch im übertragenen Sinne kommt einem die Stadt durchlüfteter vor, die statistisch tatsächlich den meisten Wind in ganz Europa macht. 200 Windtage sind es im Jahr, ein Lüftchen, das oft bis zum leisen Sturm anschwillt, das Gassen und Seelen auskehrt. Ex Oriente Lux: Wegen der Übergriffe des kontinentalen Klimas aus der nahen Pannonischen Tiefebene hat Wien auch viele, viele Sonnentage.

Ex Oriente Lux. Gilt das auch politisch, gilt das auch für die Empfindungen jener Wiener, die zu Hunderttausenden ihre Herkunft im Osten hatten? »Osten!« ist hier alles, was die umliegende slawische Welt bedeutet, die sogar im Westen liegen kann wie etwa Prag. Die Traditionen von dort schwingen unwillkürlich mit, in der Sprache mit seltsamen Reflexivformen und einem fast ironisch anmutenden Vokabular. Der slawischen Traditionen aber hat man sich zu entledigen versucht, verband man doch jene Welt immer mit dem dumpfen Gefühl der Bedrohung und dem Argwohn gegenüber dem »Osten« – jener alten Welt der Ammen, Köchinnen, Domestiken, heute die der Armen und vermeintlich Zurückgebliebenen. Mit einer Welt, der nie wirklich zu trauen war, obgleich viele Wiener ihr entstammen.

Und heute, da die Stadt und ihre Firmen so überaus erfolgreiche Geschäfte mit dem Osten machen? Wo Österreich in der Tschechischen Republik, der Slowakei, in Ungarn, Slowenien, Rumänien, Serbien ökonomisch so ausgreift wie nirgendwo sonst auf der Welt? Geschäfte ja, Emotionen nein! So fährt neuerdings ein wunderschönes Ausflugsschiff zwischen Wien und der slowakischen Hauptstadt Preßburg (Bratislava) hin und her, kaum 60 Flusskilometer. Aber auf diesem Schiff fahren die Touristen aus Italien, Frankreich, Großbritannien, Asien, Amerika, Deutschland, nicht aber die Wiener. Denen genügt immer noch die Legende, dass es einmal eine Straßenbahn zwischen Wien und Preßburg gegeben habe, was als Unterpfand gilt, dass das alles sowieso einmal dazugehört hat. Man sich dafür nicht zu interessieren brauche.

Braucht man ja eigentlich auch nicht. Denn die aus dem Osten kommen schließlich nach Wien. Nicht nur wegen der Ausstrahlung der alten Geschichte und einer wenn auch oft tragischen Verbundenheit untereinander kommen die Tschechen, Slowaken, Ungarn, Rumänen, Slowenen, Kroaten. Auch um das alte, neu geschminkte imperiale Antlitz des einstigen Hauptes Mitteleuropas zu bestaunen. Und um einzukaufen. Sie tun dies, obwohl zu Hause oft identische Ware oder ähnliche Dinge gleicher Qualität preiswerter zu haben wären. Wien hat sich listig die Aura von erschwinglichem Luxus erworben – bei Italienern, Franzosen und erst recht bei den Menschen aus dem einstigen Ostblock, wo noch wenig Geld verdient wird. Aber sie kommen, staunen, kaufen.

Ein Mirakel, das sich auch darin erklärt, dass kaum woanders auf der Welt Bedienungen und Verkaufspersonal Kunden derart charmant zu umgarnen wissen wie hier. Ein Sachverhalt, der manchen allerdings auf seltsame Weise zu Kopfe steigt. Wollen doch die Protagonisten des österreichischen

Fremdenverkehrs allen Ernstes den Wiener Charme in die Unesco-Liste der immateriellen Weltkulturgüter aufgenommen wissen. Der Wiener Charme? Es gibt nicht wenig Eingeborene, die ihn als die süßeste Form der Heimtücke charakterisieren.

Ach, und die Donau. Auch sie ist Exempel, wie eine Stadt sich Schminke zum neuen Sonntagsstaat auflegt, ohne die Seele zu berühren. Der große Strom, der am Weichbild der Stadt noch immer mit der Geschwindigkeit eines Gebirgsflusses vorbeieilt, ohne dass man Notiz von ihm nähme, erstreckte sich einst von der Innenstadt kilometerbreit in einem wilden, von verschlungenen Armen durchzogenen Bett nach Osten. Die Wiener fürchteten seine Gewalt und hassten den Strom. Die Mühlen jener Zeit waren auf Schiffen gebaut. Wenn die Donau wild wurde, was oft geschah, konnte sie sie nicht wegreißen. Die Schiffsmühlen aber stiegen mit dem Hochwasser, rissen sich im schlimmsten Falle los, trieben flussab – um bei fallendem Wasserstand wieder an den alten Standort bugsiert zu werden. Wien ist nicht umsonst nach dem zur Kloake degradierten Flüsschen Wien benannt, das unter dem Naschmarkt hindurchfließt.

Die Donauwalzerseligkeit aber kommt erst Mitte des 19. Jahrhunderts auf, als man dem Fluss seine Ungebärdigkeit nimmt, ihn einzwängt, kanalisiert. Da plötzlich entsteht dieser ganze Blaue-Donau-Kitsch. Die Abneigung der Wiener gegenüber der Donau hat Anton Kuh, der große Ironiker der Zwischenkriegszeit, so beschrieben: Wien liege am Wienerwald, allenfalls »neben« der Donau.

Nur in allerletzter Zeit hat sich ein neues Verhältnis ergeben: Auf einer 20 Kilometer langen künstlichen Insel, die die Donau als Hochwasserschutz in zwei Flussläufe teilt, ist eine Art Paradies der Vergnügungen entstanden. Skater, Radler, Jogger, grillende Familien orientalischen Ursprungs, Nacktbader und die etwas windigen Exotik-Bars der Copa

Cagrana (benannt nach dem gegenüberliegenden Viertel Kagran) – irgendwie haben sie alle auf diesem Streifen ihre Welt gefunden. Im Sommer bieten beim Donauinselfest unzählige Bühnen unzählige Auftritte unzähliger Pop- und Rockkünstler, naturgemäß mit ganz großem Feuerwerk am Ende. Dann machen sich Millionen auf zum großen Strom.

Und wie es singt und klingt und so ganz anders ist als im alten Wien! Statt Walzer, Dritter-Mann-Gezither, Heurigenlieder die »Tschuschenkapelle« – Musik aus den Kellern der Subkultur, wo auf lustvolle Weise die rabiate Musizierlust des Balkans wahre Hochzeitsfeste feiert mit anderen klanglichen Strömungen, die jenseits des Philharmonikerklischees die Untergeschosse der Stadt durchziehen. Sie gleichen Seelenströmungen, die unrenovierte Winkel lieben und tot geglaubte Ecken einer an verschwiegenen Idyllen reichen Stadt, die ganz anderen Biotopen Heimstadt geben als die vielen neuen Hochhäuser, die nun ringsum in den Himmel ragen.

Die gibt es überall. Vier geheimnisvolle Keller hinter der Hochglanzfassade – die gibt es nur in Wien.

Gotthard Böhm

KÖNIGGRÄTZ UND KAISERFLEISCH

Die Sachertorte, natürlich. Oder Palatschinken. Oder das panierte Schnitzel, hauchdünn geschnitten, mit Erdapfel- und Gurkensalat: Die Wiener Küche allein wäre Grund genug, jede Entfernung zurückzulegen. Ihre wahre Größe aber zeigt sich erst beim gekochten Rindfleisch, von dem es so viele Varianten gibt, wie ein Ochse Muskeln hat und das Kaiserreich Provinzen. Der Kenner Gotthard Böhm erläutert künftigen Gästen der Beisl und Restaurants, worauf sie zu achten hätten.

Warum das Kaiserfleisch so heißt, lässt sich nicht mehr feststellen; gewiss ist, dass diese Bezeichnung nicht nach 1848, dem Regierungsantritt Franz Josephs, entstanden sein kann. Denn der Monarch, der die Lebensgewohnheiten des Adels, des Heeres, des Bürgertums so nachhaltig beeinflusste während seiner 68-jährigen Regierungszeit, bevorzugte Rindfleisch. Gekocht, mit Gemüsen, Apfelkren, Schnittlauchsauce und »Gerösteten«. Und obwohl es ernst zu nehmende Leute gibt, die es für eine glatte Geschichtsfälschung halten, dem Kaiser Vorliebe für ›Tafelspitz‹ nachzusagen, und vielmehr der Überzeugung sind, er habe am liebsten Naturschnitzel gegessen, ist es doch der Tafelspitz, der seit der Mitte des vorigen Jahrhunderts typisch für die Wiener Küche ist. Man findet ihn nur hier (die geräucherte

Ochsenbrust der deutschen und das ›manzo bolito‹ der italienischen Küche sind nicht ernsthaft damit zu vergleichen). Noch heute fehlt das gekochte Rindfleisch auf keiner Wiener Speisekarte – freilich, mit der akribischen Spezifizierung verschiedener Arten ist's nichts mehr. Bis 1938 war sie noch Pflicht eines gepflegten Gastronomiebetriebes. Man fand auf dem Speisenverzeichnis eine eigene Rubrik ›Rindfleisch‹, gleichberechtigt mit den ›Fertigen Speisen‹ und den ›Speisen auf Bestellung‹, und konnte zwischen ›Tafelspitz‹ und ›Beinfleisch‹, ›geteiltem oder ungeteiltem Hieferschwanzel‹, ›weißem Scherzel‹, ›schwarzem Scherzel‹ oder ›Schulterscherzel‹, zwischen ›Kruspelspitz‹ und ›Kavaliersspitz‹ wählen. Dieser übrigens wurde wegen der Vollständigkeit zwar genannt, stand aber kaum zu Gebote, da aus dem besonders zarten Oberteil des Scherzels (eben dem ›Kavalierspitz‹) bestenfalls fünf Portionen geschnitten werden konnten, die für besonders privilegierte Stammgäste reserviert waren.

Mekka der Rindfleischkultur war das Restaurant des Hotels ›Meißl und Schadn‹. Hier aß ›man‹ seine bevorzugte Variante des gekochten Rindfleischs, ›kalt oder warm garniert‹. Als der Sozialist Friedrich Adler 1916, mitten im Ersten Weltkrieg, hier den Ministerpräsidenten Graf Stürgkh erschoss (Kaiser Karl der Erste sollte den Attentäter zwei Jahre später begnadigen – Vater Viktor Adler war inzwischen ein wichtiger politischer Gesprächspartner geworden), da aß der Politiker – Tafelspitz. Aber nicht nur Aktionen von politischer Bedeutung sind anekdotisch mit dem ›Meißl und Schadn‹ und seinem Rindfleisch verbunden – es werden auch weniger gewalttätige Episoden überliefert. So etwa die, dass ein Gast, der sich bei der Bestellung auf eine Portion Tafelspitz mit Butterkartoffeln, Fisolen und Dillensauce festgelegt hatte (er weist sich damit als Einzelgänger aus, denn zum Tafelspitz sind ›Geröstete‹ obligatorisch, ein Zwischending aus den deutschen Bratkartoffeln und einem stark angekrusteten österreichischen Erdäpfelschmarren), die Entschuldigung des Kellners: »Bedaure vielmals, Tafelspitz war leider schon aus, hab mir erlaubt, ein Bröselfleisch vom schwarzen Scherzel zu bringen, sehr schön, sehr mürb, sehr gut abgelegen«, mit der Antwort quittierte: »Da hätten S' mir ja gleich ein Naturschnitzel bringen können!«, und ohne zu zögern das Lokal verließ.

Heute muss man sich mit ›gekochtem Rindfleisch‹, ›Tafelspitz‹ und ›Beinfleisch‹ zufriedengeben. Das erste findet man in jedem ›Beisl‹ (ein Begriff, der noch erklärt werden muss), das dritte in jedem zweiten. ›Tafelspitz‹ in vollendeter Qualität jedoch nur in bestimmten Restaurants. Im ›Sacher‹, versteht sich, aber auch im ›Ambassador‹ (gegenüber dem Nachfolgehotel des im Zweiten Weltkrieg zerstörten ›Meißl und Schadn‹) oder im ›Weißen Rauchfangkehrer‹. Abends empfiehlt es sich, einen gekränkten Blick des Personals zu riskieren und zu fragen, ob er ›von zu Mittag‹ sei, und im Falle beschämter Bejahung eine andere Speise zu bestellen. Aufgewärmter Tafelspitz ist ein Widerspruch in sich selbst.

Wo gekochtes Rindfleisch ist, da ist auch Suppe. Der Wiener ist kein Vorspeisenesser, jedoch Suppenkonsument. Ein heißes ›Supperl‹ muss sein, und bis heute haben sich in den wienerischen Lokalen Einlagen gehalten, die einen Hauch von Biedermeier in den Duft der Bouillon mischen. ›Schöberln‹ und ›Hirnpofesen‹, ›Milzschnitten‹ und ›Lungenstrudl‹, ›Frittaten‹ und ›Grießnockerln‹, ›Tiroler-‹, ›Leber-‹ und ›Markknödel‹ haben sich neben der prosaischen Nudelsuppe oder Bouillon mit Ei behauptet. Die Rindsuppe dominiert, wie das Rindfleisch dominiert. Freilich gibt es auch Geflügelsuppen (da ist die ›Gansl‹-Suppe eine Spezialität), gibt es Kraut- und Gulaschsuppen, gibt es die Fischbeuschlsuppe und die Wildpüree-Suppe, aber die Rindsuppe beherrscht die Szene.

Schon bei einem Blick auf das Suppenangebot zeigt sich, dass die Wiener Küche wie keine andere in Europa den Einflüssen von außen ausgesetzt war, Amalgamierung von

Spezialitäten der Kronländer ihr Wesen ausmacht, nur im Vielvölkerstaat der Monarchie sich formen konnte, als Österreich noch von Deutschen und Ungarn, Tschechen und Slowaken, Slowenen und Kroaten, Polen und Rumänen, Serben, Ukrainern und Italienern bewohnt wurde. Die Lage Wiens am Kreuzweg des europäischen Schicksals wirkte sich auch auf die Entwicklung von etwas so Prosaischem wie seine Küche aus. Nicht nur das Küchenpersonal, auch die Herrschaft brachte Lieblingsspeisen in die Hauptstadt. Der Gulasch-Import freilich, so will es die Überlieferung, ist militärhistorischen Ursprungs: Es wurde während einer Waffenübung in Körmend entdeckt; seither hat die Gulaschkanone eine weite Reise getan. Aus Ungarn kam überhaupt alles, was mit Paprika gewürzt wird. Nach dem Gulasch in erster Linie das Paprikahuhn, aber auch Fische aus dem Plattensee. Vor allem ist das Kraut als Bestandteil des Szegedinergulasch, als Fülle von Strudeln (pikant oder süß) und Zusatz zu Fleckerln ungarischen Ursprungs. Spezialitäten des Balkans drangen über Bosnien und die Herzegowina nach Wien: das fette, scharfe türkische Reisfleisch, zu dem Hammelfleisch und Kalbsnieren verwendet werden müssen, Cevapcici und Schaschlik. Aus Mähren und Galizien kamen die Gänse, von der Adria Seefische und Salate, aus Böhmen der warme Prager Schinken und – die warme Mehlspeise. Sie verdient einen Abschnitt für sich.

Die warme Mehlspeise ist nicht etwa Domäne der Konditorei und schon gar nicht des Kaffeehauses (obwohl die eine oder andere Speise dort ab und zu serviert wird), sondern des Wiener Restaurants. Wenn es auch eine Zeitlang schien, dass eine den Kohlehydraten abgeneigte Zeit ihr ein Grablied singe, hat die warme Mehlspeise wieder Terrain erobert, auch dort, wo es den vom Konditor bezogenen Torten gelungen war, sie zeitweise ganz zu verdrängen. Germknödel und Milchrahmstrudel, Buchteln mit Vanillesauce, Serviettenknödel (heute allerdings fast nur als Beilage zu Braten mit Saucen oder zum ›Beuschl‹, von dem noch die Rede sein wird), Powidltatschkerln, Mohnnudeln, böhmische Dalken, Palatschinken (mit Topfen oder Marmelade gefüllt), Topfenknödel – sie feiern fröhliche Wiederkehr. Gründe dafür mag es mehrere geben, einer ist gewiss: die Zuwanderung tschechischer und slowakischer Köche und Köchinnen, die seit Jahren unterbrochen war. Wegkreuz Europas: auch heute noch.

All die Anregungen, die Wiens Küche von den Völkerschaften der Monarchie empfing, mischten sich hier mit bajuwarischer und älplerischer Bauernkost. Und mit eigenständigen Erfindungen, wie Wiener Schnitzel und Backhendl. Das Wiener Schnitzel hat sich international verbreitet, wird aber heute nur noch am Ort seiner Entstehung authentisch zubereitet. Es muss aus Kalbfleisch, dünn und mit knuspriger ›Panier‹ versehen sein. Dazu sind Erdäpfel- und Gurkensalat die traditionellen Beigaben – Reis hat ein Kenner entrüstet zurückzuweisen, ebenso gebratene oder pürierte Kartoffeln. Das ›Beuschl‹ wurde schon erwähnt – mit dem ›Bruckfleisch‹ gehört es zu den unverwechselbaren Wiener Spezialitäten, die außerhalb dieser Stadt kaum anzutreffen sind. Seltener als früher findet man jenes ›Bruckfleisch‹, zu dessen Bereitung man neben Milz, Herz, Leber, Niere, ›Lichtln‹ genannte Herzröhren und Kronfleisch (ein grobfaseriges Fleisch an der Brustinnenwand) vom frisch geschlachteten Rind auch dessen Bries benötigt – ein Organ, das heute schon in den Schlachthäusern von der pharmazeutischen Industrie mit Beschlag belegt wird. Das ›Beuschl‹ jedoch wird aus Innereien des Schweines oder Kalbes zubereitet (Kenner bevorzugen Schwein): aus den Lungenflügeln, dem Herz und der Speise- und Luftröhre. Ein Mittelding aus Bruckfleisch und Beuschl ist das Salonbeuschl, für das auch Leber und Milz verwendet werden.

Was ein ›Beisl‹ ist, lässt sich schwer definieren. Ohne

Pflanz, jedenfalls – schlicht, meist ungemütlich eingerichtet, mit geöltem Fußboden und hässlichen Lampen. Am liebsten sitzt man nah am Schanktisch, und was es zu essen gibt, weiß man auswendig, auch die Spezialitäten des Tages: am Freitag etwa Germknödel (aus Hefeteig, mit Powidl, dick eingekochtem Pflaumenmus, gefüllt, mit zerlassener Butter übergossen und mit einem Gemisch von Zucker und Mohn bestreut). Die Preise sind niedrig, die Tische häufig ohne Tischtuch, das Besteck ist in Papierservietten (meist halbierte) oder nur in Seidenpapier gewickelt, peinliche Sauberkeit nicht das oberste Gebot, doch die Bedienung, vor allem zu Mittag, schnell. Wiens klassisches ›Beisl‹ sind die ›Drei Hacken‹ in der Singerstraße, in denen noch Nestroy, Raimund, Grillparzer, Brahms und Bruckner verkehrten und Beethoven sein Lieblingsgericht verspeiste: Blutwurst mit Erdäpfeln. Aber es gibt nicht nur uralte, sondern auch ganz neue Beisln in Wien – und sie ähneln den alten zum Verwechseln.

Zwischen dem Beisl und dem Restaurant steht das Nobelbeisl. Es ist etwas teurer, bietet größere Auswahl, flirtet mit Couvert und Stimmung, doch die Mäntel hängen wie im Beisl am Kleiderständer neben dem Tisch, und der Zahlkellner stellt beim Schreiben der Rechnung die obligate Frage: »Wie viel Brot?«, was heißt, ob man sich des Gebäcks bedient hat, das im Korb auf dem Tisch steht, neben einem gläsernen Salz- und Pfefferfass. (Wenn beide Hälften Salz enthalten und man den Pfeffer besonders anfordern muss, hat man das Recht, ein für das Personal hörbares Geraunze über den Niedergang der Wiener Esskultur anzustimmen.) Das Beisl ist in Wien so beliebt, dass sich manche Restaurants als Nobelbeisl tarnen, zumindest in einem Teil ihrer Räumlichkeiten.

›Ungetarnte‹ Restaurants legen Wert auf Aufmachung und Service; von der Garderobenfrau bis zum Piccolo wird man umsorgt und muss dafür mehr bezahlen. Spezialitätenrestaurants hat es in Wien schon gegeben, als andere Großstädte noch national beschränkt aßen – die Gründe sind bereits dargelegt worden. Vor allem balkanesische, ungarische und italienische Gaststätten haben in Wien Tradition. Da ist, um nur je einen Vertreter der Art zu nennen, das ›Bosna‹ in der Ballgasse, wo man um brennende Türkenspieße und Knoblauch nicht herumkommt, der ›Pataky‹ in der Spiegelgasse, wo es aussieht wie in einem Operettenfilm der beginnenden Tonkino-Ära, wo Zigeuner aufspielen und der Paprika brennt, und der ›Ancora verde‹, der ›Grüne Anker‹, an dem nicht nur der Umstand erwähnenswert ist, dass er seinen Namen einer populärphonetischen Deutung der Straßenbezeichnung ›Grünangergasse‹ verdankt: Seine Polpetti hätte die Mailänder Großmutter des Herrn Hofrat nicht besser gekocht. Unter den Restaurants, die Wienerisches mit Internationalem verbinden, stehen die ›Drei Husaren‹ in der Weihburggasse an der Spitze. Hier findet man Hors d'œuvres wie in Paris und Salonbeuschl mit Serviettenknödel wie in – Wien.

Das ›Sacher‹ dankt seine glänzende Vergangenheit der legendären Anna Sacher, die, im Gegensatz zu dem Bild, das Anekdoten und Filme von ihr überliefern, nur sehr selten »Der Herr im Haus bin i« sagte (und das nicht im Bass, sondern im Sopran), nur wenig und nie außerhalb ihres Büros Zigarren rauchte und, wie Felix Salten in seinem Nekrolog in der ›Neuen Freien Presse‹ schrieb, zwar nicht geradezu schön oder hübsch war, »aber pikant, sogar reizvoll, mit einem blitzgescheiten ... von tausend Teufeleien durchzuckten Soubrettengesicht«. Nur ihre Bullizucht war ungefähr so, wie man sie sich heute vorstellt. Anna Sacher leitete (von 1892 bis 1930) ein Haus, das man das »Haus Österreich« hätte nennen können, wären da nicht Verwechslungen mit dem Haus Habsburg möglich gewesen. Zeitweise hielten sich tatsächlich mehr Erzherzöge, Minister und Offiziere im ›Sacher‹ auf als in der Hofburg. Selbst Kronprinz Rudolph hatte in den Séparées des Etablissements galante Abenteuer. Die Speisekarte, auf die er, wenige Tage vor seinem und der Baronesse Vetsera Freitod in Mayerling, die Speisen und Weine schrieb, die er wünschte, ist erhalten geblieben: »Austern, Schildkrötensuppe, Hummercotelette à l'Américane, Forellen mit Venezianersauce, Wachtelragout, französische Poularde, Salate, Kompott, Kastanienpudding, Eis, Sachertorte, Obst und Käse. Dazu Chablis, Mouton-Rothschild, Röderer Chrystall, Sherry Supérieur.«

Das ›Imperial‹ am Ring, zwischen Oper und Schwarzenbergplatz, ist eines der besten Hotels der Welt. Einst Palais der Württemberger, wurde es 1873 zum Hotel umgebaut und durfte sich als einziges Haus der Monarchie ›k. u. k. Hofhotel‹ nennen. Hier stiegen Bismarck ab und seine beiden Majestäten, Eduard der Siebente von England und die schöne Kaiserin Eugenie von Frankreich, Richard Wagner und Pietro Mascagni. 1941 wohnte Adolf Hitler im Fürstenappartement im ersten Stock und grüßte vom Balkon die Wiener, 1945 zog der russische Stadthauptmann hier ein, und 1957, zwei Jahre nach Abschluss des Staatsvertrages, wurde das Luxushotel wiedereröffnet. Glanz, Tragödie und Wiedergeburt Österreichs spiegeln sich in diesem Haus. Hier gibt es doppelt so viel Personal wie Gäste, und das Restaurant vermeidet mit Erfolg, sich dem internationalen Hotelmenü gleichzuschalten. Hier werden Tafelspitz und gefüllte Kalbsbrust serviert, und Topfenknödel mit Röster, dem obligaten Pflaumenkompott, gibt es, ebenso wie Kaiserschmarren, jeden Tag. Für die Wiener freilich ist das ›Imperial‹ wie das ›Sacher‹ in erster Linie Schauobjekt, ihr Drang zum Spektakel, zur Selbstdarstellung muss sich heute damit zufriedengeben, Staatsoberhäupter und Filmstars beim Kommen und Gehen zu beobachten. Hineingehen tun sie selten. Beim Heurigen und in ihrem ›Beisl‹ fühlen sie sich wohler. Königgrätz war 1866, Kaiserfleisch ist Gegenwart.

»SEINE
LEUCHTKRAFT
HÄLT AN WIE DAS
FUNKELN EINES
FIXSTERNS«

Fred Hennings

FESTUNG – RESIDENZ – WELTSTADT

Wie ein offenes Buch, meint Fred Hennings, liege die Stadt vor dem, der sie zu lesen vermag. Wovon sie dann erzählt? Von den Strömen der Kreuzfahrer auf der Reise nach Jerusalem, vom wütenden Ansturm der Türken und der ebenso wütenden Entschlossenheit der Verteidiger, von Wohlstand und Stolz und drängender Enge. Und vor allem davon, dass Wien über Jahrhunderte hinweg eine pulsierende Metropole war, in der das Alte weichen musste, um manchmal ganz unerhört Neuem Platz zu schaffen.

Nichts vermittelt uns die Erkenntnis, dass Wien keine willkürliche, sondern eine völlig naturbedingte Stadtgründung ist, anschaulicher als ein Blick vom Leopoldsberg. Von ihm ins Land schauend, spürt man beinahe körperlich die Fülle aller Probleme, die dieser Stadt durch ihre Lage an der Grenze zwischen Ost und West als Aufgabe gestellt sind. Wiens Schwergewicht liegt landeinwärts, dem Wienerwaldgebirge zu, nicht an der Seite des Stromes, der nur am Saum der Stadt vorüberstreift.

Genauso naturbedingt wie Wiens allgemeine europäische Lage ist auch seine nähere örtliche. Auf der von Natur aus geschütztesten Stelle rings um den »hohen Markt« entstand die Keimzelle Wiens, das römische Standlager Vindobona. Ungefähr der Ausdehnung des römischen Wien entsprechend war auch das erste babenbergische. Durch seine Eigenschaft als letzte große abendländische Etappenstadt am Weg ins Heilige Land erlebte Wien zur Zeit der Kreuzzüge eine unerhörte Wirtschaftskonjunktur, die wieder zu einem Aufblühen auf allen Gebieten des öffentlichen Lebens und zu den verschiedenen babenbergischen Stadterweiterungen geführt hat. Um 1270 erreichte Wien den Umfang der späteren »inneren Stadt« - deren Grundriss aber seit dieser Zeit im Wesentlichen unverändert geblieben ist. Alle Hauptstraßenzüge laufen heute noch genauso wie damals. Der unwahrscheinlichen Beharrung des Grundrisses durch beinahe siebenhundert Jahre steht jedoch eine oftmalige Veränderung des Aufrisses des Wiener Stadtbildes gegenüber.

Nur solche Städte, die durch irgendwelche Ereignisse ganz unvermittelt ihre politische oder wirtschaftliche Bedeutung verloren haben, konnten ihr Stadtbild durch einen jahrhundertelangen Dornröschenschlaf unverändert bis in unsere Tage hinein erhalten. Wien aber stand zu allen Zeiten als jeweilige Residenz und seit 1438 ununterbrochen als deutsche und österreichische Reichshauptstadt immer im Brennpunkt politischen und wirtschaftlichen Lebens. Daher prägte jede Zeit dem Stadtbild den ihr eigenen Stempel auf und vernichtete unerbittlich die Züge vorangegangener Epochen. So kommt es denn auch, dass Wien kein oberirdisches Denkmal aus römischer und - außer der Westfassade von St. Stephan und Teilen der Ruprechts- und der Michaelerkirche - auch kein nennenswertes Denkmal aus romanischer Zeit aufzuweisen hat. Die heute noch erhaltenen Baudenkmale der gotischen Epoche sind zumeist kirchliche; die wenigen profanen liegen im eigentlichen Stadtbereich entweder zu versteckt oder sind, durch Umbauten weitgehend verändert, nicht leicht zu erkennen.

Von unschätzbarem Wert für die Kenntnis des einstigen Wiener Stadtbildes ist die Vogelschau des Jacob Hoefnagel von 1609. Da die Renaissance sehr spät nach Wien kommt und sowohl den Grundriss als auch die äußere Erscheinungsform des spätmittelalterlichen Hauses beibehält, gibt uns dieser Plan ein getreues Abbild vom Aussehen Wiens an der Schwelle vom Mittelalter zur Neuzeit.

Die weitere Entwicklung Wiens steht unter dem harten Gesetz der Türkenkriege. Bei der ersten Türkenbelagerung des Jahres 1529 stützte sich die Verteidigung im Wesentlichen noch auf die mittelalterlichen Befestigungsanlagen. Aufgerüttelt durch den damals glücklich bestandenen Ansturm, stand Wien mit einem Male im Mittelpunkt des europäischen Interesses. Die Neuanlage seiner Befestigungen wurde beschlossen und materiell von allen Seiten her unterstützt. Fast einhundertfünfzig Jahre dauerte der Ausbau Wiens; der Plan des Folbert van Alten-Allen vom Jahre 1683 – also knapp vor der zweiten Türkenbelagerung – zeigt uns Wien als eine mächtige Festung. Der Festungscharakter Wiens bestimmte dessen weitere städtebauliche Entwicklung ganz entscheidend. An die Stelle der steilen mittelalterlichen Zinnenmauer trat nun ein ganzer Kranz von Bastionen. Vor diesen lagen im Stadtgraben noch die flankierenden Außenwerke der Ravelins. Zugleich wurde ein fortifikatorischer Rayon bestimmt, der nicht verbaut werden durfte und der mit der wachsenden Reichweite der Feuerwaffen zuletzt eine Breite von fast sechshundert Metern besaß. Diese Geburtsstunde des sogenannten Glacis wurde damit auch zu der des späteren Ringstraßenproblems. Denn von nun an entwickelten sich Innen- und Vorstadt völlig getrennt. Die Innenstadt konnte, eingeschnürt vom steinernen Gürtel der Bastionen, nur mehr in die Höhe wachsen. Die Vorstädte hingegen entwickelten sich dorfartig längs der zu den Stadttoren führenden Hauptstraßen, aber ohne planvolle Querverbindung zueinander.

Nach dem glücklichen Entsatz von Wien im Jahre 1683

und der völligen Besiegung der Türken ordnet Prinz Eugen 1704 zum Schutz der Vorstädte die Errichtung eines Linienwalles an, der ungefähr dem Zug der heutigen Gürtelstraße entspricht. Im Schutz dieses Walles und im Triumphgefühl endgültig abgewandter Türkengefahr beginnt nun das große barocke Bauen von Kirche, Hof und Adel, deren Werke heute noch Stolz und Schönheit der Stadt ausmachen. Mit ihren Schaufronten gegen die Stadt gerichtet, entstehen damals die Sommerpaläste des hohen Adels auf den Hügeln der Vorstadt – z.B. das Belvedere – und am Glacisrand die Prachtbauten wie das Palais Schwarzenberg, die Karlskirche, die Hofstallungen und die Palais Trautson und Auersperg. Dem in die Weite der Natur gestellten Sommerpalast in der Vorstadt, bei dem Garten- und Palastarchitektur untrennbar miteinander verknüpft sind, entspricht der durch die Beengtheit des Raumes zu anderen Bauformen gezwungene Winterpalast in der Innenstadt.

In der Epoche des Barock wurde nicht nur die anfänglich stark italienisch überfremdete Baukunst durch die bodenständigen Genies eines Fischer von Erlach und Hildebrandt zu eigener Form erlöst, sondern auch Wien von seiner Rolle als Grenzfestung. Durch die Siege des Prinzen Eugen wurde es zum Mittelpunkt eines großen Reiches, zur vielberühmten »Kaiserstadt«. Machtvoll und zum zentralen Sitz der Reichsbehörden ausgestaltet, stand Wien nun da! Jedoch zugleich mit Macht und Ansehen wuchs auch sein ewiges Problem: Verkehrs- und Wohnungsnot. Besonders die Wohnungsnot nahm im 18. Jahrhundert, als sich Wien zur Reichszentrale entwickelte, katastrophale Formen an. Und so fasste schon Kaiserin Maria Theresia den Plan ins Auge, Wien als Festung aufzulassen und das Glacis teilweise zu verbauen. Doch scheiterte seine Verwirklichung am Widerstand der Militärs.

Erst Kaiser Joseph II. entschließt sich (um 1782), durch Parzellierung und Verbauung der aufgehobenen Klostergründe der Wohnungsnot gegenzusteuern und die gesundheitliche Lage der Stadt durch die Freigabe der Bastionen für das Volk und die Ausgestaltung des Glacis zu fördern. Das Glacis wurde planiert und mit Wiesen und Alleen versehen. Auch die Bastionen wurden ihres festungsartigen, düsteren Charakters entkleidet und bepflanzt. – Dadurch aber wurde aus dem prunkvollen barocken Wien hinter den finster drohenden Bastionen das bürgerliche Wien der lieblichen Basteien. Auf diesen konnte man in einer knappen Stunde die ganze Stadt umschreiten. Es war die Lieblingspromenade der Biedermeierzeit.

Doch an die alten Tore Wiens pochte unerbittlich die neue Zeit. Vor allem durch eine geradezu unerträgliche Verschärfung der Verkehrs- und Wohnungsprobleme. Und so sieht sich denn der junge Kaiser Franz Joseph I. gezwungen, den großen Schritt zu tun: Sein Handbillett vom 20. Dezember 1857, in welchem er die Niederlegung der Basteien, die Auffüllung der Gräben und die Verbauung des Glacis anordnet, öffnet Wien das Tor zur Großstadt und leitet damit eine Epoche ein, welche die bisher größte Umwälzung im Leben dieser Stadt bedeutet. Fast dreißig Jahre lang dauerte der Ausbau der Ringstraßenzone. Sie ist ohne Zweifel eine der bedeutendsten städtebaulichen Leistungen des 19. Jahrhunderts. Mit der Ringstraße feierte Wien seine Erhöhung zur Weltstadt. Sie ist, entgegen den Hoffnungen, die man in sie gesetzt hat, keine Geschäftsstraße geworden, sondern dient vor allem der Repräsentation. Sie ist das prunkvolle Foyer der Stadt und hat ihren Charakter als festliche und politische Aufmarschstraße bis heute gewahrt.

Die Entwicklung Wiens zur Großstadt erfolgte, den natürlichen und geschichtlichen Gegebenheiten entsprechend, in zwei großen Wellen konzentrisch vom Mittelpunkt aus. Die erste von 1858 spülte die Basteien, die zweite von 1892 den Linienwall hinweg. An ihre Stelle traten die Ringstraße und der Gürtel. Das organische Wachstum Wiens von einem Mittelpunkt aus konzentriert Gefühl und Blick seiner Bewohner auf dieses Zentrum. Keine Großstadt der Welt aber besitzt eine architektonisch so klar geformte Mitte wie Wien mit dem Stephansturm. Er ist der Inbegriff eines heimatlichen Wahrzeichens.

Rings um den Dom lagert sich die Scheibe der Innenstadt. Sie ist auch heute noch das Herz von Österreich, das Zentrum allen staatlichen und kirchlichen Lebens, die Domäne der Luxusgeschäfte und der Wohnbereich jener eingefleischten Wiener, die nur in dieser Stadt leben und sterben wollen. Hier gibt es gottlob noch einige der alten »Nobelzimmer« von Wien, jene in sich geschlossenen und anheimelnden Plätze und Palastwinkel, wie beispielsweise der innere Burghof, der Josefs-, Minoriten-, Franziskaner- und der alte Universitätsplatz.

Dann folgt das über die jahrhundertalte klaffende Wunde zwischen Innen- und Vorstadt gelegte breite Heftpflaster der Ringstraßenzone. Sie ist mit ihren Monumentalbauten, Plätzen, Gärten und Standbildern die letzte imperiale Aussage der alten »Kaiserstadt«.

Zwischen Ring und Gürtel liegen in einem Halbkreis die heutigen inneren Vorstadtbezirke, deren Hauptschlagader die Geschäftszeile der Mariahilferstraße ist, während uns die Karlskirche und der Schlossbereich des Belvedere und des Palais Schwarzenberg noch ein Stück unverfälschtes Barock vor Augen zaubern.

An der Gürtellinie beginnt dann das »neue Wien« und reicht bis an den Rand der Weinberge und über die Donau hinaus. Hier liegen in einem weiten Rund die »Dreadnoughts« des sozialen Wohnhausbaues vor Anker. Sie sind das in die Tat umgesetzte Riesenbauprogramm der sozialdemokratischen Stadtverwaltung der ersten Republik. Heute hat sich der soziale Wohnungsbau zum sozialen Städtebau ausgeweitet. Er steht unter der Devise größtmöglicher Auflockerung und einer den natürlichen Gegebenheiten angepassten Neuordnung des gesamten Wiener Raumes.

Den äußersten Ring der Stadt bilden die zwischen Weinbergen eingebetteten, tief in den Wienerwald hineinreichenden alten Weinhauerdörfer. Hier bestellen noch immer Bauern ihr Land. Hier feiern mit einer Innigkeit, wie vielleicht sonst nirgends, Großstadt und Land ihre Vermählung. Auch die Entwicklung zur Großstadt hat Wien natürlicher durchlebt als manche andere Stadt. Es hat im Wirbel der Ereignisse sein ursprüngliches Gesicht nicht verloren und verflachte unter den Panzerplatten des Asphalts nicht zu einer persönlichkeitslosen Allerweltsstadt. Eine große Geschichte und eine begnadete Landschaft haben Wien davor bewahrt.

Hans Flesch-Brunningen

KARA MUSTAPHA GREIFT NACH DEM GOLDENEN APFEL

Tage der Entscheidung. Der Kaiser geflohen, die ganze Christenheit zu Hilfe gerufen: Im Sommer 1683 standen die Türken zum zweiten Mal vor Wien, und keine Phantasie vermag sich auszumalen, was geworden wäre, wenn ... Immerhin, konstatiert Hans Flesch-Brunningen: Beide Seiten hatten hohen Respekt voreinander. Die Allianz der Christen rettete die Stadt, vielleicht das ganze Abendland. Kein Halbmond mehr auf dem Stephansdom, der türkische Kaffee durfte bleiben. Und süße Kipferln in Halbmondform.

Vor dem Glanz des Barock steht die Gloria des Kriegsruhms. Nicht zum ersten, aber wahrscheinlich zum letzten Mal hat die Reichs-, Haupt- und Residenzstadt Wien im Jahre 1683 entscheidend in die Weltgeschichte eingegriffen. Die sechzigtägige Belagerung durch das Türkenheer Kara Mustaphas und die Entsatzschlacht am 12. September haben die Geschicke des Deutschen Reiches und Europas in andere Bahnen gelenkt.

Die alte und ältere Generation der Österreicher ist mit den Erzählungen von jener ruhmreichen Zeit groß geworden: wie der Friede von Eisenburg gebrochen, Ungarn durch die riesige Armee des ehrgeizigen türkischen Großwesirs Kara Mustapha im Kampf und durch Verrat geschlagen wurde und die letzten Festungen der Kaiserlichen auf ungarischem

Boden überrannt oder zerniert wurden. Wie Kaiser Leopold I. mit Familie und Hof die Residenzstadt rechtzeitig verließ und das Hoflager zuerst in Linz, dann sogar in Passau aufschlagen musste. Wie Wien am 14. Juli 1683 ringsum von den Türken, deren Armee mit allen Hilfsvölkern sich auf über 150 000 Mann belief, eingeschlossen war.

Die gewaltige Überlegenheit der Türken in Minierarbeiten. Ihre durch langjährige Belagerungserfahrung hoch entwickelte Praxis im Grabenbau. Das Prachtzelt des heldischen, wüsten Kara Mustapha bei St. Ulrich in der westlichen Vorstadt. Die todesverachtenden Angriffe der türkischen Elitetruppe, der Janitscharen. Aber auch die Kühnheit der Garnison; die Gegenminen unter Grund; die vielen verlustreichen Ausfälle.

Der Notruf des Kaisers erging an die gesamte Christenheit Europas. Langsam fand sich da und dort in deutschen Landen ein Entsatzheer zusammen. Doch Jan Sobieski, der ehrgeizige und ruhmbegierige Wahlkönig Polens, war bereits am 18. Juli als Erster aus Warschau mit einem starken Reiterheer nach den Reichslanden aufgebrochen. Plündernd, aber umjubelt nahm er seinen Weg nach Südwesten.

Der Hunger hatte begonnen, in Wien um sich zu greifen. Aber auch im Heer der Belagerer machten sich die ersten Entbehrungen, die ersten Planungsfehler bemerkbar. Man hatte zu wenig Artillerie mitgeführt. Die mit dem Großherrn in Istanbul verbündeten Tatarenscharen sengten und brannten in den umliegenden Feldern Ungarns und Niederösterreichs in einem Maße, dass das Viehfutter, aber auch die Mannschaftsverpflegung knapp wurde. Allabendlich stiegen vom Stephansturm die Raketen in den Himmel, den hoffentlich heranrückenden Entsatzscharen die Not der Eingeschlossenen kundzutun. Am 12. August fiel das Burgravelin, die starke Schanze am Westrand der Wiener Innenstadt, blutgetränkt in türkische Hand.

Durch das Schwanken des Kuruzzenkönigs, durch den Verrat der Tataren gelang den verschiedenen christlichen Armeekorps reibungslos die Vereinigung auf dem Tullner Feld. Kara Mustapha hatte sich leichtsinnigerweise gegen die Gefahr, die dem Belagerungsheer vom Wienerwald drohte, nicht genügend abgeschirmt. Er konzentrierte sich auf einen letzten Ansturm gegen Wien selbst, wurde mit halb entwickelter Front am Morgen des 12. September von dem Reichsheer Karl von Lothringens überrascht, zuerst am rechten Flügel bei Nußdorf über den Haufen geworfen und sah sich noch am Abend desselben Tages von allen Seiten, schließlich auch von den Belagerten selbst, attackiert und zum fluchtartigen Rückzug nach Osten gezwungen, unter Hinterlassung riesiger Beute und Tausender von Tieren und Kriegsgefangenen. Wien war entsetzt, das Reich gerettet. Der große, erfolgreiche Krieg gegen die Türken hatte seinen Anfang genommen.

Wir wissen das alles. Wir kennen die Taten und die Namen. Den Namen des Stadtkommandanten vor allem, des Grafen Ernst Rüdiger von Starhemberg, des Mannes ohne Furcht und Tadel – und ohne Gnade. Denn um die lebensfrohe, genusssüchtige Wiener Zivilbevölkerung bei der Stange zu halten, dazu bedurfte es wohl manchmal auch grausamer Mittel. Dies war ein Krieg zweier Zivilisationen, ein totaler Krieg.

Es ist ein besonderer Reiz, für kurze Zeit in die Haut des Gegners zu schlüpfen. Mit seinen Augen zu sehen. So lernen wir nicht nur etwas über ihn, wir erkennen uns selbst wieder wie in einem Spiegel, manchmal sogar genauer und schärfer. Wir haben heute das Glück, dass uns das Werk des berühmten türkischen Weltreisenden Evliya Celebi in einer Übersetzung zugänglich ist – abgesehen von den Erinnerungen des Osman Aga aus Temeschwar und dem Kriegstagebuch des türkischen Zeremonienmeisters Ahmed samt Ergänzungen durch den *Silihdar* (Waffenträger) Mehmed Aga.

Man muss sich stets vor Augen halten, dass der Ausgangspunkt in all diesen türkischen Schriften die Auffassung von der hohen Überlegenheit der Osmanen über ihre Gegner, die *Giauren* (Ungläubigen), auf kulturellem und vor allem auf religiös-weltanschaulichem Gebiet ist. Niemals wird vom Feind, auch von dessen höchsten Repräsentanten, anders gesprochen als unter Anwendung abträglicher und schmähender Beiwörter, die weit über die Epitheta (dis)ornantia der homerischen Epen hinausgehen. Ein allgemeiner Grundton der Verachtung für den Gegner durchzieht diese Schriften: Der Begriff des Ritterlichen, des Gentleman mittelalterlicher Prägung, existiert nicht - ebenso wenig wie in der Darstellung der östlichen Gegner im Zweiten Weltkrieg seitens der NS-Berichterstattung.

Das ändert aber nichts daran, dass sich in Celebis Berichte eine gewisse Bewunderung über die zivilisatorischen Errungenschaften und die liebenswürdigen Eigenschaften der Wiener mischt. Dieser Mann, ein niederer Geistlicher, hatte bereits 1665 im Rahmen der ersten türkischen Gesandtschaft nach Wien die kaiserlichen Lande bereist. Nachahmenswert erscheinen ihm vor allem gewisse technische Vervollkommnungen, »teuflische Kniffe bei Betreibung der Mühlenwerke«; ferner würden ganz ähnliche Bratspieße und Schöpfräder mittels Federwerk betätigt. Aber auch die hygienischen Vorschriften in der Residenzstadt finden seinen Beifall. So sei es in der eigentlichen Stadt behördlich verboten, »Wäsche zu waschen und Kleider zu reinigen«, was alles in der Leopold-Vorstadt stattfinde; Celebi vergisst hier nicht hervorzuheben, dass »die Wäschermädchen für ihren Liebreiz berühmt« sind. Ferner heißt es: »In der Stadt selbst wird niemals ein Lebewesen geschlachtet und Blut vergossen; es ist eine reine Stadt.«

Groß sei auch die Geschicklichkeit der Wiener Wundärzte. Celebi berichtet von drei auch heute noch rühmenswert erscheinenden Operationen, darunter eine Schädeltrepanation zwecks Entfernung einer seit Jahren dort steckenden Gewehrkugel, wobei zur Verklammerung der Wunde die halbierten Leiber beißlustiger Riesenameisen verwendet worden seien. Gezogene Zähne würden auf höchst wundersame Art wieder in den Kiefer eingesetzt.

Eine Anekdote des Weltreisenden wirft ein auch für uns erhellendes Licht auf die Differenzierung unter den damaligen Kampfmethoden. Der Celebi erzählt von einem tscherkessischen Reitersmann, der sich während der ersten türkischen Belagerung mit seinem Schwert einen Weg durch die Befestigungen bis ins Herz der Stadt Wien gebahnt habe, wo er dann schließlich einer Gewehrkugel zum Opfer fiel. »Den Giauren aber, der mit seiner Flinte diesen Helden niedergeschossen hatte, ließ König Ferdinand herbeiholen und sprach zu ihm: ›Warum hast du einen solch tapferen Glaubensstreiter so hinterlistig mit der Flinte erschossen? Wenn du nämlich ein Mann wärest, dann hättest du ihn mit Bravour aus dem Sattel gehauen und ihm den Kopf abgeschlagen …‹ Mit diesen Worten übte der irrgläubige König Gerechtigkeit und ließ den Giauren, der den Tscherkessen umgebracht hatte, diesem gegenüber in die Wand mauern, dass er unter Qualen verendete.«

Gegen Ende seines Berichts schwingt sich der Türke zu einem allgemeinen Loblied auf die Weltstadt Wien auf. Denn schon vor ihm stellte in der orientalischen Vorstellungswelt nach Byzanz und neben Rom vor allem Wien den »goldenen Apfel« dar, das höchste Ziel aller Eroberungsgelüste der Osmanen. So singt der Celebi den Ruhm Wiens: »Alles in dieser Stadt ist vortrefflich und lobenswert, aber ganz besonders muss man hier rühmen und preisen all die Heilkünstler und Chirurgen und Aderlasser und Augenärzte, die Maler und die Uhrmacher und die Büchsenmacher und die Drechsler, die Sauberkeit der Straßen, die von den Richtern aufrechterhaltene Zucht und Ordnung, die Ehrlichkeit der Kaufleute beim Wiegen und Messen, die allgemeine Wahrheitsliebe, Biederkeit und Gerechtigkeit, die Gutwilligkeit und Besonnenheit der Freien und Leibeigenen, die Milde des Klimas und das feine Auftreten und gepflegte Äußere der schönen Knaben und Mädchen ... Wohl diesem Lande, in dem allenthalben Ruhe und Ordnung herrscht!«

Der Ton des Zeremonienmeisters Ahmed, eines Zeitgenossen der kriegerischen Auseinandersetzung, ist entsprechend rauer. Mitten in den Kampfbericht mengen sich ohne besonderen Anlass Anrufe an Allah wie: »Möge der urewige Herr im Himmel die Giauren mit Stumpf und Stiel von der Erdoberfläche vertilgen!«

Besonders interessant sind schließlich die Gründe, die von diesem hohen Würdenträger – während seiner Erzählung durchaus ein Partisan des später in Belgrad hingerichteten Kara Mustapha – angeführt werden, um die erstaunliche Niederlage von der Hand der Giauren zu erklären. Es habe, erstens, im Feldlager zu viele profitgierige Kaufleute gegeben, die beim ersten Rückschlag nur an Flucht gedacht hätten. Kara Mustapha habe ferner sein Belagerungsheer zu lange und in zu großer Masse in den Lauf- und Angriffsgräben vor der Stadt belassen. Es sei wegen der Verwüstungen auf dem flachen Land zu wenig Pferdefutter vorhanden gewesen, wodurch die türkische Kavallerie nicht einsatzbereit gewesen sei. Schließlich aber: Das Heer sei Allah nicht dankbar gewesen für die vorhergegangenen Siege; es sei in Sünde verfallen; die abstinenten Türken seien der Verführung durch den Wein erlegen. »Als die Muslims die unendlichen Mengen an Wein sahen, die in den Ländern der Giauren und vor allem in der Vorstadt von Wien erbeutet worden waren, da verfielen auch die Enthaltsamen unter ihnen dem Trunk und begannen die mannigfaltigsten Übeltaten und unbegreifliche Schändlichkeiten zu verüben – und zwar gerade in den heiligen Monaten ihres Glaubens.« So war also damals die Geheimwaffe Nr. 1 der Wiener Heurige.

Die lange Berührung mit dem osmanischen Kulturkreis hatte für die westliche Welt, besonders für Österreich und für Wien, die verschiedensten Folgen. Sie ergaben sich im Krieg, wirkten sich aber auf ganz anderen, fernliegenden Gebieten aus. Zuerst sei da das Kulinarische hervorgehoben: der Gebrauch des Kaffees, von dem im Türkenlager unendliche Mengen an Bohnen zurückgeblieben waren und die dann dem wackeren Raizen Kolschitzky die Eröffnung des ersten Wiener Kaffeehauses ermöglichten; ferner auch das Wiener Kipfel, jenes gebogene Gebäckstück, dem der Halbmond des Erbfeindes als Vorbild gedient hat; nach einer belegten Überlieferung soll ja auch bereits auf der Höhe des Stephansturmes ein solcher vergoldeter Halbmond – vielleicht als Rückversicherung? – monatelang in die Lande gelugt haben. Aber das Türkische ist noch viel tiefer in das Volks- und Kunstbewusstsein eingedrungen. So enthalten im 18. Jahrhundert viele Gruppen des Augartner Porzellans türkische Motive und Figurinen. Redensarten wie »vor den Kadi zitieren« haben sich bis heute erhalten. Die Musik pflegte mit Vorliebe Märsche »alla Turca«; denn unter den anfeuernden Kampfmitteln der türkischen Heerscharen spielten die zahlreichen Musikkapellen eine große Rolle. Mozart hat in seiner »Entführung aus dem Serail« in der Gestalt des edlen Bassa der im Grunde genommen so raren türkischen Selbstüberwindung ein ewiges Denkmal gesetzt; dass dies nur eine Sprechrolle ist, sollte eine gewollte Abgrenzung von dem frivolen Treiben der anderen, Christen und Muslims, andeuten.

Die sogenannte »Militärgrenze« zwischen Österreich-Ungarn und der Türkei hat bis 1881 bestanden; durch die Besetzung der beiden mohammedanischen Provinzen Bosnien und Herzegowina hatte die alte Monarchie bis in jüngste Zeit eine Verbindung mit dem türkischen Macht- und Kulturbezirk.

Vergessen wir schließlich nicht: Selbst ich erinnere mich noch deutlich jener türkischen Figuren mit der langen Pfeife, die an manchen Wiener »Taback-Traffiken« den Kunden grüßten. Franz Werfel dichtete: »Tschibuktürke überm Ladenschild, / Was verbeugt sich dein verstorbnes Bild?«

Die leise Trauer über längst Dahingegangenes – sei es auch noch so böse gewesen – spricht aus diesen Zeilen.

Friedrich Torberg

WIE WEIT REICHT WIEN

Bis in das dalmatinische Fischerdorf? Das war einmal! Die Tage Wiens als Kronjuwel, als machtvolles Zentrum einer Weltmacht sind vorbei. Ein paar Jahre noch gelang es, die bittere Wahrheit einfach beiseitezuschieben – doch ein Wiener Intellektueller alter Schule wie Friedrich Torberg erkannte in der Vergangenheitsbesessenheit seiner Stadt eine eher gefährliche denn rührende Neigung.

Da hat sich die Redaktion eine hochinteressante Frage ausgedacht, um dieses Heft einzuleiten. Und jetzt müsste man nur noch wissen, an welches Wien man dabei denken soll. Was denn eigentlich gemeint ist, wenn man »Wien« sagt. Die Hauptstadt der Republik Österreich? Und zwar der Zweiten Republik? Das heutige Wien also? Dann wäre die Frage, wie weit es reicht, mit erschreckender Mühelosigkeit zu beantworten.

Das heutige Wien, Hauptstadt und zugleich eines der neun Bundesländer des heutigen Österreich – flächenmäßig das kleinste von ihnen, nach der Bevölkerungszahl (rund eindreiviertel Millionen) das größte –, reicht genau bis an die Grenzen seiner 414 Quadratkilometer, nicht einen Schritt darüber hinaus.

Eher reichen die acht anderen Bundesländer nach Wien hinein, schon in struktureller und politischer Hinsicht. Die beiden großen Parteien, ÖVP (Österreichische Volkspartei) und SPÖ (Sozialistische Partei Österreichs), die zu annähernd gleichen Teilen etwa 90 Prozent der Gesamtbevölkerung erfassen und die bis 1966 gemeinsam regiert haben, müssen den in der Koalition geübten »Proporz« auch jede für sich beobachten, müssen auf ihre Parteiapparate in den Bundesländern Rücksicht nehmen – und dort stoßen oft genug Beschlüsse der Parteileitungen nur deshalb auf Ablehnung, weil sie aus Wien kommen.

Die nahezu separatistisch anmutenden Tendenzen, die sich während der ersten Nachkriegsjahre in manchen westlichen Bundesländern bemerkbar machten, haben zwar seit dem 1955 erfolgten Abzug der alliierten Besatzungstruppen ihre Virulenz eingebüßt, aber der Widerstand gegen alles, was nach Bevormundung durch Wien aussehen könnte, dauert unvermindert fort. Von einem respektvollen Aufblicken zur Hauptstadt, von einer Bereitschaft, sich nach ihr zu richten, gar von einem Ehrgeiz, es ihr gleichzutun, kann keine Rede sein. Die Bundesländer, zumal die älplerischen, beeinflussen den Lebensstil der Hauptstadt, nicht umgekehrt. Wann aber wäre es umgekehrt gewesen?

Eine demoskopische Meinungsbefragung unter Nichtösterreichern würde auf die richtige Spur führen. Touristen von fern und nah, aber auch die Einwohner der heute zum Ostblock zählenden Nachfolgestaaten (und wer weiß wie viele Österreicher dazu) – sie alle würden auf die Frage, woran sie denken, wenn sie »Wien« sagen, mit größter Wahrscheinlichkeit von Dingen zu reden beginnen, die ihnen aus früheren Zeiten und vielleicht nur vom Hörensagen bekannt sind, die in Vergangenem wurzeln und sich nicht einmal unbedingt in die Gegenwart herübergerettet haben müssen, von Dingen, an deren Fortbestand sie mit Recht oder Unrecht glauben und die sie dem heutigen Wien gutschreiben.

Aber es ist das Einstige, an das sie denken und um dessentwillen sie auch dem Heutigen die Penetranz, mit der es sich selbst besingt, nicht übel nehmen, es ist mein Wien, die Stadt der Lieder, die obendrein stets die Stadt meiner Träume sein soll, es ist, ob sie's nun wahrhaben wollen oder nicht, die Kaiserstadt, die Haupt- und Residenzstadt des einstigen 50-Millionen-Reiches, die Metropole, in der sich dieses Reiches Völkerschaften (ihrer zehn oder zwölf) amalgamierten, in deren Umgangssprache sich slawische, ungarische, jüdische und italienische Brocken mischten: ein geographischer, politischer und geistiger Mittelpunkt von ungeheurer Anziehung und Ausstrahlung, die noch im entlegensten Nest an der galizianisch-russischen Grenze, noch im dalmatinischen Fischerdorf spürbar blieb. Dieses Wien hat den Zerfall der Monarchie um zwei Jahrzehnte überlebt. Mit diesem Wien, obschon ihm Glanz und Gloria zusehends abhandenkamen, war es erst 1938 endgültig vorbei, erst mit der Heimkehr in ein Reich, in dem es nie zu Hause gewesen war. Bis 1938 fuhr man aus Prag und Brünn und Budapest noch immer zu den Wiener Theaterpremieren, lagen in den Kaffeehäusern von Agram und Krakau und Czernowitz noch immer die Wiener Zeitungen aus, war Wien eine sozusagen in Liquidation befindliche Zentrale, die von den intakten Filialen noch immer anerkannt wurde. Seit 1945 – als Wien aus den sieben Jahren, die es vom Tausendjährigen Reich abbekommen hatte, wieder zu sich zurückfand – ist es keine Zentrale mehr. Dafür ist es intakt. Eine intakte Filiale. Eine Filiale seiner selbst.

Um es noch ein wenig krasser zu sagen: Was an dieser Filiale intakt, was am heutigen Wien heutig ist, hat im Grunde mit Wien nichts zu tun, könnte anderswo genauso intakt sein: Wohnbauten und Wohnsiedlungen, Spiel- und Sportplätze, Höhenstraßen und Rolltreppen, unterirdische Passagen ... Wer wollte das schmälern oder gar schmähen? Aber wer wollte nach Wien kommen, um gerade das zu suchen?

Ein Wiener, der das Schreiben von Berufs wegen ausübt, wird eines Tages unweigerlich gedrängt sein (oder gedrängt werden), auch einmal über Wien zu schreiben, und eines zweiten Tages ein zweites Mal, und so in Abständen weiter. Nun, dadurch kommt er wenigstens besser in die Lage, sich selbst und einer wechselnden Öffentlichkeit über das Thema »Wien« Rechenschaft zu geben. Es ist eine Art Bestandsaufnahme, ähnlich dem medizinischen Check-up, wobei man als Wiener zugleich Arzt und Patient ist. Gelegentlich einer solchen Kontrolluntersuchung erschien mir Wien vor etwa zehn Jahren als »die Stadt der funktionierenden Legenden«.

Ich fürchte, dass diese Bezeichnung heute nicht mehr anwendbar wäre, oder nur in sehr beschränktem Ausmaß. Ich fürchte, dass die Legenden, denen die Wirklichkeit Wiens seit jeher so erfolgreich nachgeeifert hat, dass man gar nicht recht wusste, ob der gemütliche Wiener die Ursache oder die Folge der ihm gewidmeten Lieder war und ob das »süße Mädel« von Schnitzler geschildert oder geschaffen wurde – ich fürchte, dass all diese Legenden immer bedrohlichere Abnützungserscheinungen zeigen und allmählich zu funktionieren aufhören.

Das Kaffeehaussterben macht rüstige Fortschritte, Wiens letztes ruhmreiches Literaten-Café, das »Herrenhof«, besteht nicht mehr, und was man sich überhaupt unter dem Begriff »Wiener Kaffeehaus« vorstellt, gibt's praktisch nur noch in den Außenbezirken; alles andere sind international nivellierte Lokale. Auch findet man immer weniger echte »Heurige«, die kleinen, leisen Buschenschenken, die ihren grünen Kranz nur so lange »ausg'steckt« haben, als die Lese des dazugehörigen Weinbergs vorhält; alles andere sind jahraus, jahrein geöffnete Gaststätten mit lauter Musik und greller Beleuchtung und großer Speisenauswahl.

Hingegen ist von den Speisekarten der eigentlichen Restaurants die Rubrik »Rindfleisch«, deren Vielfalt einstmals den Stolz der Wiener Gastronomie bedeutet hat, völlig verschwunden; wenn's hochkommt, tauchen zwei Sorten Rindfleisch unter den »Fertigen Speisen« auf. Verschwunden ist das Herrenmodegeschäft Prix am Graben, das in seinem altehrwürdigen Schild noch den Titel »Hemdenmacher und Wäscheputzer« geführt hat. Verschwunden ist Wiens vornehmste »Luxus- und Galanteriewaren-Handlung«, Hieß am Kohlmarkt.

Oper und Burgtheater haben ihren Vorrat an traditionellem Ruf und Ruhm fast restlos aufgezehrt und werden nur noch aus Gewohnheit den führenden europäischen Bühnen zugerechnet. Die Operette, des Wien-Klischees liebstes Kind, hat ihr einziges Heim im Raimund-Theater, und wahrlich, es ist ein Altersheim. Die Wiener Medizinische Schule, einst weithin berühmt, liegt friedlich dort, wo der übrige Lehr- und Universitätsbetrieb liegt: im Argen. Wiens Literatur, die in der Zeit zwischen den beiden Kriegen mit Hofmannsthal und Schnitzler, mit Karl Kraus und Robert Musil und Hermann Broch, mit Joseph Roth und Franz Werfel und Stefan Zweig gut drei Viertel aller deutschsprachigen Literaturgipfel besetzt hielt, trauert um Heimito von Doderer, ihren letzten bedeutenden Repräsentanten ... Es ist ein Schwanengesang mit zahllosen Strophen.

Gewiss: ein Gesang noch immer. Gewiss: Die Stadt, der er gilt, hat noch immer Musik in sich, und die imperiale Grandezza, mit der in ihrem steinernen Bild das Grün der Gärten und der luftige Raum einander ausgewogen halten, hat unter den Städten der Welt noch immer nicht ihresgleichen (und wird es niemals haben). Gewiss: Durch die Ritzen des edlen Gemäuers lugt da und dort noch ein unverwechselbarer Lebensstil hervor, eine heitere Gelassenheit, die durchaus dem Wertbeständigen zugewendet ist und sich vom Wirbel ringsumher nichts weismachen lässt. Und gewiss: Auch das neue, das heutige Wien hat seine Meriten und Talente, denen innigst zu wünschen ist, dass sie blühen und gedeihen mögen.

Aber sie sind es nicht (und werden es niemals sein), was

sich in aller Welt und für alle Zeiten mit dem Begriff »Wien« verbindet. Das Wien, an das man denkt, wenn man »Wien« sagt, und von dem man sich auch heute noch im Hafen von Triest oder in einem Kaffeehaus in Meran, vor einer Litfaßsäule in Laibach oder vor einem Theatergebäude in Bielitz jäh und geheimnisvoll angerührt fühlt – dieses Wien existiert nicht mehr. Und dennoch reicht es über sich, über sein Ende hinaus, hält seine Leuchtkraft an, wie das Funkeln eines Fixsterns, auch wenn er schon längst erloschen ist.

Gregor von Rezzori

ABSCHIED VOM RAUSCHGOLD DER NOSTALGIE

Was vom Ruhm geblieben ist? Eine große und prachtvolle Hauptstadt für ein beinahe überraschend kleines Land. Mit dem Seelenschmerz aber, der daraus resultiert, haben sich die Wiener ganz gut arrangiert. Sie genießen ihn sogar: Im milden Abglanz vergangener Glorie tun sich sehr gemütliche Nischen auf. Charmant? Nostalgisch? Nein, warnt der noch zu Zeiten der k. u. k.-Doppelmonarchie geborene Gregor von Rezzori: gefährlich! Vor lauter Mythen könnte der Blick für die Gegenwart abhandenkommen.

Denkt man an Wien, so stellt sich die Seele automatisch mit Mollakkorden aufs Rauschgold des herbstlichen Laubfalls in Hofmannsthal'schen Schlossparkalleen ein, allerdings auch auf andere, der feingeistigen Schwermut spröder entgegenkommende Erscheinungen: auf bier- und zwiebelschwadendurchweste Gulaschbeisln und weintränige Heurigenseligkeit, auf Prinz Eugen, den edlen Ritter, und die furzenden Lipizzaner der Hofreitschule, auf die Konditorei Demel und das Fiakerlied, das »typische« Wiener Kaffeehaus, die Sachertorte, den Opernball, das Riesenrad im Prater und dergleichen mehr.

Es handelt sich nicht nur um ein möglichst bunt gehaltenes Ausverkaufsangebot, mit dem Touristen aus Wyoming, Bückeburg und Roskilde über die Ringstraße ins Herz der

Kaiserstadt gelockt werden sollen. Jede Selbstdarstellung ist auch unterbewusst angelegt: Der Wunsch, sich in der vollen spannungsreichen Skala pittoresker Wesenszüge zu zeigen, drückt zugleich die Ratlosigkeit vor deren widerspruchsvoller Zusammengeflicktheit aus. Aber es ist – und war von Anfang an – ein Trivialbild, das einer Korrektur bedarf, selbst wenn ihm weiterhin Vorschub geleistet wird von einer dem professionellen Österreichertum gewissermaßen als Verpflichtung auferlegten geistigen Trägheit, hinter der sich allerdings ein entschieden auf alltägliche Nützlichkeiten ausgerichteter Sinn fürs Tatsächliche verbirgt. Gewiss, dieses Wien von heute ist beklemmend kopflastig, nicht nur als die physisch viel zu große, viel zu verpflichtende Hauptstadt eines auf Erblandgröße zusammengeschrumpften riesigen Imperiums, sondern viel mehr noch im Gewicht der kulturellen Traditionen, denen der mittel- und kleinbürgerlich nivellierte und unter der beidseitigen Bedrohung durch den amerikanischen wie den sowjetischen Imperialismus duckmäuserisch gewordene Wiener einfach nicht gewachsen ist.

Wohlan! Der Schwermutsseufzer, der die angeblich über alle Jahreszeiten hin blaugolden herbstlaubdurchgaukelte Wiener Luft durchzieht, hätte also seinen Ursprung nicht in der Nostalgie nach der Epoche des Rosenkavaliers (oder des Dreimäderlhauses), sondern wäre besser zu vergleichen dem nasalen Aufstöhnen von Hans Moser in der Rolle eines Wiener Dienstmanns, der sich einen viel zu schweren Koffer voll altem Trödel aufgeladen hat? Und wie reimt sich das zusammen mit dem tapferen Ausharren auf vermutlich längst verlorenem kulturellen Vorposten? Dass sich's selbst unter Karajan nicht anfiedeln lässt gegen Kreml hüben und Wall Street drüben, weiß in Wien inzwischen auch die kunstgläubigste Geigenlehrerin. Aber es gehört offenbar zum allgemeinen Wiener Als-ob, so zu tun, als könnte man's; und – will man den Trivialinterpreten glauben – so macht eben das die Spanne (und die Spannung) des Unglaubwürdigen in einer dezidiert sich aufdrängenden Wiener Wirklichkeit aus.

Wie immer man sich mit Wien befasst - ob als Kulturhistoriker, Gesellschaftskritiker, Neuansiedler oder argloser Städtetourist -, man begibt sich in eine Welt der transparenten Eindeutigkeit, durch die hindurch das Mehrdeutige jeglicher Erscheinung schärfstens sichtbar wird. In Wien liegt alles auf der Hand - und wird im Augenblick dem kategorisierenden Verständnis durch spektrale Brechung entzogen.

Vielleicht erklärt sich das auf Banalitäten eingeschworene, peinlich markenartikelartig geprägte Klischee der Backhendl und Rahmstrudel fressenden Kaiser- und Walzerstadt Wien aus einem dieser Aufspaltungstendenz entgegengesetzten Rückläufigkeitsprozess. Wie anders ließe sich etwas so Komplexes wie eine Stadt mit dieser Vergangenheit, dieser kunterbunten ethnischen Zusammensetzung, dieser durch alle willkürliche politische Aufteilung Europas unvermindert gültigen Mittlerlage, diesem Charakter einer ständig raunzenden sanguinischen Morosität - wie anders ließe sich das alles auch nur ausschnittweise darstellen, wenn nicht pointillistisch in unzähligen, aufs elementarste vereinfachenden Farbtüpfchen des Lokalkolorits?

Wien, die Kunststadt, zum Beispiel: Es ist geradezu emblematisch, dass sozusagen am Hauptportal zur Wiener Innenstadt - dem Ersten Bezirk und Nukleus des rasch über 23 Bezirke ausgewucherten Groß-Wien - das Opernhaus steht. Sogar das Burgtor hat nicht den gleichen Charakter des Herrschaftseingangs wie das Foyer des Opernplatzes. Von dem aus führt die einst elegante, heute leider zum Periökenflanierfeld degradierte Kärntnerstraße geradewegs zum Stephansdom - als direkte Verbindung des Musentempels mit der spirituellen Akropolis der Residenzstadt der von Gottes Gnaden eingesetzten Kaiser und Könige. Wollte das musikberauschte Großbürgertum des ausgehenden 19. Jahrhunderts mit diesem städtebaulichen Akt demonstrativ bekunden, wie sehr es sich seiner Rolle im Gesamtkunstwerk der Doppelmonarchie bewusst war? Es dürfte nun gleicherweise sinnbildträchtig sein, dass die Wiener Oper architektonisch der am sichtbarsten verpfuschte Bau der Ringstraße ist.

Was lässt sich daraus schließen? Worauf bezieht sich das Sinnbildliche des einen wie des anderen? Auf Wien als historisches, als sozio-psychologisches, als urbanistisches Phänomen? Das Resultat der Forschung ist überall das gleiche: eine aus der Autopsie des kaiserlichen Wien gewonnene Diagnose der verschiedenen Erkrankungen, die zur offenbar unvermeidlichen »Katastrophe« geführt haben. Und gemeint mit dieser »Katastrophe« ist einerseits, mit dem Zusammenbruch der k. u. k.-Monarchie, das Ende einer Epoche; andererseits ein fortschreitender Verwesungsprozess, der schon lange davor eingesetzt und weit darüber hinaus angehalten hat, um seine Kulmination in der Besetzung Wiens durch Adolf Hitler zu finden. Es soll nicht verschwiegen werden, dass die kulturelle Blüte auf dem Kompost politischer Zersetzung geradezu tropische »Üppigkeit« erreicht hat. Keine andere Stadt auf diesem Planeten hat – jetzt erst beginnt man, sich darüber Rechenschaft zu geben – auch nur Vergleichbares beigetragen zur Entwicklung des spezifischen Geistes, der die Kunst, die Wissenschaft, das Denken und Empfinden des 20. Jahrhunderts charakterisiert. Mit Ausnahme höchstens der Malerei haben die großen Wenden sich hier vollzogen. Dass Einstein nicht Wiener war, ist eigentlich ein Zufall: Sehr ernsthafte Studien über die Rolle der Juden im Geistesleben Wiens weisen ihn eigentlich dort ein, obwohl natürlich – wie könnte es anders sein! – in Wien Musik und Seelenleben dem Interesse näher lagen als Mathematik und Physik. Wie auch immer: ohne Namen wie Weininger, Krafft-Ebing, Adler, Freud, Mahler, Schönberg, Husserl, Wittgenstein und auch die Architekten Wagner und

Loos ist dieses Jahrhundert nicht vorstellbar, selbst nicht ohne die Maler Klimt und Schiele; und schließlich sind Hofmannsthal, Schnitzler, Werfel, Broch und Musil daraus nicht wegzudenken. Worin bestand also die »Katastrophe«?

Gewiss, es ist eine alte Vermutung, dass kulturelle Blüte und politischer Niedergang gern Hand in Hand gehen. Aber es müsste sich doch der eine oder andere wackere Austro-Marxist finden, der auch im Politischen nicht nur katastrophalen Niedergang sieht. Dazu steckt historisch viel zu tief verwurzelter Respekt und viel zu viel Respekt vor der Historie in den Wiener Knochen. Man stelle sich vor, der sozialdemokratische Bundespräsident Karl Renner hätte erwartet, in der Kapuzinergruft beigesetzt zu werden!

Dass die Wiener sich gefallen in der Rolle der feinnervig gewordenen Erben eines einst illustren, aber gänzlich ruinierten verarmten Elternhauses, mag man nachempfinden können. Freilich nimmt das in der vierten Generation einen makabren Charakter an. Dagegen ist der Caprese, der sich einem aufs Meer hinausschauenden Fremden nähert, ihn am Ärmel zupft und sagt: »Signore: il mare!« – und die Hand ausstreckt, um dafür ein Trinkgeld einzustreichen, gesund zu nennen. In den letzten Jahrzehnten hat sich etwas Erfreuliches in Wien vollzogen: Man hat den Eindruck, die Wiener begännen sich bewusst zu werden, dass sie kein Trinkgeld brauchen. Es ist ein neues Wiener Selbstbewusstsein entstanden. Wenn das der Fall sein sollte, so wäre es eine stolze Leistung. Denn es ist nicht leicht, als Wiener eine andere Identität als die im Trivialbild entworfen zu haben. Dabei ist die Verschleppung des Historischen ins Heute eine Flucht nach vorn. Das Geschichtliche ist in Wien von oft quälender Gegenwärtigkeit. Die Niederlegung der mittelalterlichen Stadtmauern 1859 war eine dem Kaiser Franz Joseph abgerungene Konzession ans Expansionsbedürfnis des liberalen (aber selbstverständlich zutiefst kaisertreuen) Bürgertums.

Die reich und mächtig gewordenen Bürger errichteten ihre prunksüchtigen Bauten an der neu geschaffenen Ringstraße, um gleichzuziehen mit den Palais des hohen Adels in der Innenstadt.

Wie um dieser Hybris der Bürger ein Gegengewicht zu geben, ließ Franz Joseph den riesigen Bau der Hofburg anlegen. Und die Barockpalais im Ersten Bezirk blieben stehen; in der Tat war ja der Sturz aus einer Epoche in die andere nach 1918 so dramatisch weltverändernd, weil der Feudalismus, also eigentlich das Mittelalter, damals erst zu Ende war.

Dies alles, Kaiserschloss und Adelspalast, Großbürgerprunkbau, gotischer Dom und der Rest aus der Römerzeit steht heute, jetzt und in jedem Augenblick nicht museal konserviert, sondern fast alles noch in der ursprünglichen Funktion; die Geschichte ist in diesem Stadtkern teleskopartig zusammengeschoben: Tritt man aus dem Burgtor zum Michaelerplatz hinaus, so wird das Getümmel des Neobarock aus den Gründerjahren zur linken Hand kaltblütig unterbrochen durch ein Haus, das Adolf Loos 1910 fürs Herrenmodegeschäft Goldmann & Salatsch entworfen hat und das wegen seiner kahlen Front von den Wienern »das Haus ohne Augenbrauen« genannt wird; gegenüber aber, in der Michaelerkirche, schwingt der Fuß einer der romanischen Säulen des Mittelschiffs in die Wurzel des heidnischen Baumaltars aus, über den erst in der Römerzeit ein Isis-Tempel und fast tausend Jahre später die christliche Kirche gestülpt wurden. Die Wiener sind ständig in Gefahr, sich mit alldem zu identifizieren – nur nicht mit sich selbst. In keiner anderen der großen Städte des Westens – aber Wien ist auch eine der großen Städte des Ostens – wird Historie rascher zum Mythos; und irgendwo ist der Mythos inniger verwoben mit Wunschdenken und geheimen Ängsten, nirgendwo ist er deutlicher die Projektion des eigenen, bald sanguinisch vergoldenden, bald dämonisch verdunkelnden Gemütsleben. Was mich in meinem (typisch österreichisch von tiefer Skepsis durchwachsenen) Optimismus vermuten lässt, es könnte in Wien eine neuerliche Zeitwende eingetreten sein, ist vielleicht auch nichts anderes als eine Wunschvorstellung meines eigenen Überdrusses an Mythen. Ich stelle mir einen Wiener vor, der ohne das Bedenken, er könne seine Identität als Wiener verlieren, seelisch Abstand nimmt von einer »typischen« Wiener Gemütlichkeit, die da anzutreffen ist, wo sie am herzerwärmendsten in einer folkloristischen Mischung von Schützenfest und Ludenball den alten Kaiser und den Fiaker Bratfisch feiert. Dabei können wir ihm helfen, indem wir Abstand nehmen vom gemeinplätzlichen Wien. Keine Zitate mehr! Selbst Robert Musils Analyse Kakaniens sagt nichts mehr aus über den Wiener von heute. Keine Nostalgie! Das golden herbstlaubdurchgaukelte Wien sei gegenwärtig: Es ist die schönste Stadt, in der Deutsch gesprochen wird.

»DAS MENSCHLICHE
DENKEN UND HANDELN
WIRD VON UNBEWUSSTEN
REGUNGEN BESTIMMT«

Bruno Seiser

FIAKER

Nur für Touristen aus Kentucky ist der Fiaker ein Dienstleister, der sie im passenden Gefährt - nämlich einem offenen Zweispänner - vom Stephansplatz zur Staatsoper kutschiert. Für den Wiener Bruno Seiser sind die Männer im halbsteifen Zylinder so etwas wie lebende Charakterbilder seiner Stadt, die letzten und ehrlichsten ihrer Art: melancholisch, verschmitzt, humorvoll, bisweilen mürrisch, oft schlau. Wen kümmert es da, dass der Name der Droschkenkutscher in Paris erfunden wurde und von einem irischen Heiligen abstammt.

Seine »Rappen« sind zwei altgediente Schimmelstuten, und »Mädi«, die linke im Gespann, ist schon ein bisschen blind vom ewigen Aufs-Trottoir-Starren. Der Kaller Franz, mit seinen 70 Jahren ehrfurchtsvoll der »letzte echte Wiener Fiaker« gerufen, hat seine zwei PS abwechselnd am Stephans- und am Heldenplatz geparkt (an ungeraden Tagen - weil sein »Zeugl« [Kutsche] mit der Nummero 5 ein ungerades Kennzeichen führt - vorm Steffl, dem lukrativeren Revier; an geraden demnach hinter der Hofburg). Nur sein Blut, das ist - wie es im Fiakerlied heißt - »luftig und leicht« geblieben »wia da Wind«, oder zumindest beinahe so.

Heuer wird die Zunft der Fiaker 319 Jahre alt: Um 1662 bot in Paris ein gewisser Nicolas Sauvage erstmals Pferdewagen zur Vermietung an, und zwar in der nach dem irischen Einsiedler Fiacrius benannten Rue de Saint Fiacre. Während in

Berlin und Leipzig schon die ersten »Droschken« durch die Stadt kutschierten, erteilte in Wien 1693 Kaiser Leopold I. erst vereinzelte Fiakerlizenzen.

Anno 1844 beschrieb ein Chronist den Wiener Fiaker als »ein Mixtum compositum von Gutmütigkeit, Witz, Grobheit, Verschmitztheit, Satyre, heiterer Laune und Übermut«.

»Ich bin, mein Herr«, sagt der Kaller Franz und zieht genussvoll an der Virginiazigarre, »seit meinem 13. Lebensjahr bei dem Geschäft.« An sich hätte er ja Fleischhauer und Selcher lernen sollen, der Franzi, doch stattdessen stand er viel lieber im Stall seines Vaters, der das Fuhrunternehmen wieder von seinem Vater übernommen hatte (und der wiederum von seinem), und verscheuchte den Rössern die Fliegen. »Mei Vata hat mir zuerst a Mordstrum Watschen (eine gewaltige Ohrfeige) gegeben und geschrien, ich soll was Zukunftsträchtiges lernen.« Vater Kaller glaubte damals schon, 50 Jahre zu spät dran zu sein mit seinem »Rossknödelgewerbe«. Verschmitzt pflegt der Franz stets diese Geschichte zu erzählen, wenn er gefragt wird, ob denn jetzt die Fiaker aussterben.

Die verschnörkelte Uhr an der verrauchten Stirnseite der Restauration »R. u. K. Körber«, Ecke Schulerstraße und Domgasse, ein paar, mitunter wankende Schritte vom Standort Stephansplatz entfernt, zeigt jetzt zehn nach acht, und Franz Kaller ist am Stehpult beim zweiten Frühstück: »Wein und Speck sind gut gegen die Auspuffgase.« Nein, setzen will er sich nicht – »I sitz eh scho mei ganzes Leben am Kutschbock« – und später erzählt er uns die Geschichte von »Mucki«, seinem Weggefährten langer 18 Jahre, der zuletzt stehend in der Box schlief, ehe er »weggegeben« werden musste: »I glaub, der hat Angst ghabt, in der Früh net mehr auf seine vier Füß zu kommen ...«

Der Herr Franz ist bis zu diesem ersten Steh-Viertel jedenfalls schon seit drei Stunden auf den Füßen: Aufstehen um fünf, mit der ersten Straßenbahn von Ottakring nach Erdberg – »Nein, Führerschein hab i kan, a Auto möcht i net amol gschenkt« –, kurze Lagebesprechung mit der Frau Chefin, der mittlerweile auch schon legendären Santner Valerie, Jahrgang 1913, Anlegen des Zaumzeugs, Einspannen. Bis vor kurzem hatte er seine zwei Rösser ja noch selbst geschrubbt und gestriegelt, doch in letzter Zeit macht ihm das Kreuz zu schaffen. Jetzt nimmt ihm diese Arbeit ein türkischer Stallbursche ab. Ausfahrt um halb sieben, Zwischenstation in der Poliklinik der Tierärztlichen Hochschule, wo »Mädi« neue Hufeisen verpasst bekommt. Während das Horn unter dem glühenden Eisen aufzischt – »Das ist fürs Pferd so schmerzlos, als würden Sie sich die Fingernägel schneiden« –, klagt der Kaller, dass es heutzutag kaum noch »Adressen« für Fiakerservice und Accessoires gibt: Außer auf der »Tierärztlichen« amtiert noch ein einziger privater Hufschmied in Wien, der ist längst in Pension und »pfuscht« (arbeitet schwarz, ohne Rechnung, um die Rente nicht zu verlieren) lieber für die diversen Reitställe an der Peripherie. Dabei müssen die Eisen, zumindest der vordere Teil, der »Griff«, alle sechs bis acht Wochen erneuert werden – so sehr setzt der Straßenbelag dem Hufschutz zu –, und ein frischer Beschlag kostet immerhin 1500 Schilling. Eine neue Wagenpolsterung ist, wenn überhaupt, nicht unter 25 000 Schilling zu haben, und auch dafür längst nicht mehr aus Leder, sondern aus Skai. Eine Zeugl-Lackierung kostet mindestens 15 000 Schilling und hält knapp zwei Saisonen, die Gummireifen überdauern maximal drei, und zudem hat der Hersteller die Reifengröße auslaufen lassen; es bleibt den Kutschern nichts anderes übrig, als Bauern die Pneus von längst ausrangierten landwirtschaftlichen Maschinen abzuhandeln, die dieselben Abmessungen haben.

Na, und die Wagen selbst – »Einspänner«, von einem Pferd gezogen; »Fiaker«, Zweisitzer, von zwei Pferden bewegt, und

»Landauer«, Viersitzer, wobei die Sitze sowohl in zwei Reihen hintereinander als auch vis-à-vis angeordnet sein können –, sie kamen vor gut 100 Jahren auf die Räder. »Kein Wagnermeister der Welt« – so der Kaller Franz im überzeugten Hochdeutsch – »könne diese zweifache Vorkriegsqualität« mehr auf die vollgefederten vier Räder bringen. Also ist es eine mittlere Katastrophe, wenn ein Kutscher, wie das vor zwei Saisonen passierte, sein Gefährt gegen das Burgtor pilotiert. In der Zeitung war zwar damals von einem »Fiaker, dem die Pferde durchgegangen waren«, die Rede gewesen, doch Kallers Kollege Erwin Aust, mit seinen 43 Jahren und absolvierter Land- und Forstwirtschaft-Ausbildung guter Nachwuchs, weiß es besser: »Das war a Frischgfangter (frisch gefangener Neuling). A glernter Zuckerbäcker aus Graz, und ka Fiaker.« Oder, wie's so schön im Fiakerlied heißt: »... a Kutscher kann a jeder wern, a Fiaker wird ma nur in Wean ...«

36 zugelassene Fiaker bei insgesamt 18 Fuhrunternehmungen gibt es derzeit in Wien, vor dem Ersten Weltkrieg hatte allein die größte von drei Fiakergenossenschaften 1002 Mitglieder. Bis 1928 war das Ablegen einer Fiakerprüfung Vorschrift, neben einem erstklassigen »Sittenzeugnis« musste der Mann am Kutschbock »mit Halbsteifern (Halbzylinder) und auch sonst adrett gekleidet« sein, eine »Streckentaxtabelle samt einer Taxengebührenkarte, ausführlichen Taxbestimmungen und Taxberechnungsbeispielen, drei Formulare von Beschwerdeblättern, eine richtig gehende Taschenuhr und eine Bestelluhr mitführen«. In der vorangegangenen »neuen Fiaker- und Einspänner-Ordnung für Wien vom 31. Oktober 1854« waren gar im Fall einer »Fahrtverweigerung der Inhaber des Lohnfuhrwerks mit 48-stündigem Arrest, der Knecht mit zehn Stockstreichen« bedroht. Ehrensache war es, wegen Schnellfahrens bestraft zu werden, denn nur so konnte man seine echte Fahrkunst zeigen, damals, als eine Fahrt von der Josefstadt auf den Kahlenberg

(15 km) 4 Gulden 80 mit dem Fiaker, 3,20 Gulden mit dem Einspänner kostete ...

Heute bezahlt man für die »kleine Tour« durch die Altstadt 300 Schilling (etwa 40 Mark), für die große um den Ring 500 Schilling, für Kahlenberg und Prater, die in der Regel nur Pfingsten zur Firmungszeit (Konfirmation) gebucht werden, jeweils »nach Vereinbarung«. Klagt Fiaker Johann Zellner, 54, als Kraftfahrer arbeitslos geworden und vor zwei Jahren wieder auf die zwei PS gekommen: »Wir spürn den Dollarsturz. Die Amis waren früher unsere beste Kundschaft, ihre Trinkgelder waren einfach sagenhaft.«

Jetzt sind 90 Prozent der Fahrgäste deutsche Touristen, und da sieht es vielfach mit »dem Schmattes«, »der Maut« (Slangausdrücke für Trinkgeld) dürftig aus. Was die reguläre Besoldung betrifft, so bleiben 60 Prozent der Einnahmen beim Unternehmer, 40 Prozent beim Fahrer. Erwin Aust, der sich außerhalb der Saison – sie beginnt zu Ostern und dauert bis September – als Entrümpler durchbringt: »Der Verdienst wird immer kärglicher. Jedes Saisonende nehm ich mir vor, aufzuhören. Doch kaum kommen die Ostern ...«

Also, kaum kommen die Ostern, da blähen der Erwin, der Zellner Johann, der Hewera Leopold, der Kaller Franz und wie sie alle heißen, ihre Nasenflügel wie ihre vierbeinigen Kollegen die Nüstern; scharren unruhig am Stand. Holen das ausgebesserte Zaumzeug mit der ausgewechselten Nickelschnalle, die nur mehr in Deutschland hergestellt wird, aus der Wäschetruhe, die vier verschieden dicken Decken von der Kommode, schnalzen mit der sorgsam verwahrten Peitsche.

Die ist übrigens nur zum »Mahnen« da und nicht zum Schlagen (»nur net schlagn«, heißt's schließlich auch im Fiakerlied). Eine »echte« Peitsche ist kein »so neumodisches Zeug aus Fiberglas«, misst exakt 1,80 Meter, hat eine Walfischrippe als Kern und eine Lederhülle, wird deshalb auch

»Fischbeinl« genannt. Und ist, so sie die nötige Geschmeidigkeit bringt, der ganze Stolz des Fiakers. Mehr noch als die Zügel ist sie die direkte Kommunikationshilfe zwischen Mann und Ross. Kaller: »Durch den Deuter (die Berührung) mit der Peitschn konzentriern sich meine Pferdln auf mich.« Sie folgen auch im ärgsten Verkehrsgewühl den Signalen ihres Betreuers – die Peitsche nicht als Züchtigungs-, sondern als Wünschelrute (ein Fiakerpferd frisst übrigens pro Tag drei Kilo Hafer à 4,20 Schilling). Zur Mittagstränke parkieren die Herren mit dem Halbsteifen ihre Zeugln bei der Esso-Tankstelle Am Hof, wo Gustl, der freundliche Tankwart – »I bin selber a Pferdenarr« – die Autofahrer ein bisschen länger am Zapfschlauch hängenlässt, um die Wassereimer herbeizuschleppen.

Und dann erst, wenn ihre Vierbeiner versorgt sind, trudeln die Kaiser-Franz-Joseph-Backenbartträger und hin und wieder auch ein aalglatter Strizzi (leichter Junge) darunter, beim Bauer Gustl in der Drahtgasse ein; einem Nobelbeisl, in dem Wiens Kulturstadtrat einkehrt.

Doch die Herren von der Peitschenzunft berappen dort nur fünf Schilling sowohl für ein Seidel Bier als auch für ein Achterl Wein. Wien hat sie doch gern, seine Fiaker, wenn auch gelegentlich die im Tempo gedrosselten Autofahrer wilde Hupkonzerte hinter ihnen anstimmen.

»Doch kummts amol zum Abfahrn, und werd i dann begrabn, dann spannts ma meine Rösser ein und führts mi übern Grabn …« Da wischt der Kaller Franz mit seinen 70 jede Sentimentalität weg: »Geht net, is eh Fußgängerzone, der Graben. Also Fahrverbot.« Und so bleiben sie notgedrungen unsterblich, die Fiaker von Wien …

Ernest Borneman

DIE VERDRÄNGTE WISSENSCHAFT

Es waren die Bürger Wiens, die dem Nervenarzt Sigmund Freud ihre Neurosen schilderten - und Freud entwickelte daraus eine Lehre, die fortan in der ganzen Welt Licht in die Abgründe des Unbewussten werfen sollte: die Psychoanalyse. Die Wiener haben es ihm schlecht gedankt, haben ihn abgelehnt als Tabubrecher und ihm die Schuld gegeben an den Leiden, von denen er sie zu heilen suchte. Der Psychoanalytiker Ernest Borneman sieht in so viel Ignoranz den Anlass für einen sehr sachlichen Wutausbruch.

Zwischen Mähren und Oberschlesien, in einem Dorf namens Freiberg, das damals 628 Häuser und 4596 Einwohner zählte, wurde am 6. Mai 1856 der Vater der Psychoanalyse als Kind des jüdischen Kaufmanns Jacob Freud geboren. Sein Vater war 41, seine Mutter 21 - ein Altersverhältnis, das an die Eltern Goethes erinnert.

Nur wenige Kilometer von Freiberg entfernt war 34 Jahre früher Gregor Mendel, der Vater der Genetik, zur Welt gekommen. Sechs Jahre vor Freuds Geburt schrieben Marx und Engels das *Kommunistische Manifest.* Drei Jahre nach Freuds Geburt veröffentlichte Charles Darwin sein Werk über die *Entstehung der Arten.* Im selben Jahr, in dem Max Planck die *Quantentheorie* verkündete (1900), erschien Freuds *Traumdeutung.* In dem Jahr, in dem Freud seinen wichtigsten Beitrag zur Sexualwissenschaft, *Drei Abhandlungen zur Sexualtheorie,* herausbrachte (1905), veröffentlichte Albert Einstein die *Spezielle Relativitätstheorie.* Es war also eine Zeit der Überprüfung all dessen, was bisher als wahr galt, eine Ära des Durchbruchs zu neuen Erkenntnissen, eine Epoche der Giganten, die nicht nur neues Denken provozierte, sondern auch Mut erforderte. Denn es war gleichzeitig auch eine Epoche der bittersten politischen Reaktion, der Kulturfeindlichkeit und des Antisemitismus.

Kein anderer der geistigen Väter unseres Jahrhunderts – weder Mendel noch Darwin, weder Planck noch Einstein, nicht einmal Karl Marx – ist sein Leben lang so gehässig angegriffen worden wie Freud. Zwar hatten Mendel und Darwin bereits Zweifel an der göttlichen Schöpfung der Welt aufkommen lassen, zwar sollten Planck und Einstein bald Zweifel an den ewigen Werten von Raum und Zeit äußern – und damit verglichen, waren Freuds Zweifel harmlos. Aber er hat an vier Glaubenssätzen gerüttelt, die der westlichen, bürgerlichen Kultur zu ebendieser Zeit noch wichtiger waren als der Glaube an die ewige Herrschaft von Menschen über Menschen, den Marx anzuzweifeln gewagt hatte. Diese vier Sätze lauteten:

1. Es gibt einen Gott, der die Welt erschaffen hat. Der sittliche Mensch gehorcht Gottes Geboten und beherrscht dadurch seine tierischen Triebe.

2. Sexualität ist Sünde – für Katholiken gar Erbsünde. Nur Kinder sind frei von sexuellen Regungen und deshalb unschuldig.

3. Perversionen und Geisteskrankheiten sind ererbte Produkte degenerierter Eltern – Syphilitiker, Säufer und so weiter. Perverse und Geisteskranke sind willensschwache Menschen.

4. Das menschliche Denken und Handeln wird von Bewusstsein und Willenskraft gesteuert.

Freud war Seelenarzt und entwickelte aufgrund des Verhaltens seiner Patienten, also als Resultat therapeutischer Erfolge und Misserfolge, eine Reihe von Überzeugungen, die diesen Glaubenssätzen widersprachen.

Freud war durch seine Studien bei dem französischen Neurologen Jean Martin Charcot (1825-1893) zu der Überzeugung gelangt: Es ist zwecklos, psychische Störungen mit herkömmlichen Therapien zu behandeln, sie können nur durch Hypnose, Suggestion oder Bewusstmachung der unbewussten und verdrängten Ursachen der Krankheit geheilt werden.

Die ersten beiden Methoden verwarf er nach Jahren des Experimentierens, weil sie - wie alle anderen damals üblichen »Heil«-Methoden (Bäder, Massagen, Elektrotherapie, Drogen, chirurgische Eingriffe) - nur die *Symptome* unterdrückten, nicht aber die *Ursachen* beseitigten. Schließlich kam er zu der Einsicht, dass man den Patienten nur dann die Ursachen ihrer Krankheit bewusst machen könne, wenn man sich von der bis dahin herrschenden Vorstellung befreie, dass Geisteskrankheiten Störungen des *Bewusstseins* seien. Stattdessen versuchte Freud, das *Unbewusste* anzuzapfen, indem er seine Patienten ermutigte, nicht logisch oder rational zu denken, sondern ihre Träume aufzuschreiben und während der Behandlungsstunden alles, was ihnen durch den Kopf ging, auszusprechen, einerlei, ob es Sinn zu haben schien oder nicht.

Mit dem Patienten gemeinsam versuchte er dann, diese Fragmente des Unbewussten (zu denen er auch die Träume des Patienten rechnete) in einen sinnvollen Zusammenhang mit der Lebensgeschichte des »Analysanden« zu bringen. Freud war der festen Überzeugung: Die Wurzeln jeder seelischen Störung liegen in der Kindheit. Je öfter ein Ereignis diese Wurzeln berührt, umso intensiver werden die Spannungen, bis sowohl Bewusstsein wie Willenskraft ihnen gegenüber hilflos sind. So lief seine ganze Therapie darauf hinaus, den Patienten in die Kindheit zurückzuversetzen, alle Liebe und allen Hass der Kindheit auf den Therapeuten zu übertragen und die Heilung erst dann anzustreben, wenn der Patient stark und bewusst genug geworden war, um die Last wieder von den Schultern des »Analytikers« zu nehmen und auf seinen eigenen Schultern zu tragen.

Es ist wichtig, daran zu erinnern, dass er diese Gedanken nicht am Schreibtisch und auch nicht als geschlossenes Gedankengebäude erarbeitet hat, sondern dass sie Stufe um Stufe aus der therapeutischen Arbeit eines halben Jahrhunderts gewachsen und oft revidiert worden sind. Vereinfacht ausgedrückt waren seine Folgerungen:

1. Die Götter sind abstrahierte, nach außen projizierte Bilder, die das Kind sich von den Erwachsenen macht. Moralische Gebote sind die internalisierten Gebote der Erwachsenen. Religiöse Vorstellungen sind Produkte infantil gebliebener Menschen.

2. Der menschliche Wissensdrang ist eine sublimierte Form der kindlichen Sexualneugier. Die menschliche Kultur ist das Produkt blockierter und sublimierter Sexualwünsche.

3. Alle psychischen Störungen, alle Geisteskrankheiten, aber auch alle »Perversionen« sind Entgleisungen des kindlichen Geschlechtslebens. Sexuelle Abweichungen sind ausgelebte Sexualwünsche und Sexualängste der Kindheit. Geisteskrankheiten sind verdrängte Formen dieser Wünsche und Ängste. Beides sind sexuelle Infantilismen.

4. Das menschliche Denken und Handeln wird von unbewussten, verdrängten Regungen bestimmt. Das Bewusstsein rationalisiert diese Regungen und erstellt Scheinerklärungen unseres Verhaltens und unserer Motive. Die wirklichen Motive werden nur jenen verständlich, denen es gelingt, ihr Unbewusstes bewusst zu machen. Die Methode, die dies möglich macht, nannte Freud »Psychoanalyse«.

Es war vorauszusehen, dass diese Erkenntnisse eine ganze

Reihe von Feinden aufs Feld führen mussten: die Kirche, die im damaligen Österreich besonders mächtig und besonders konservativ war; die politisch Konservativen, die diese Erkenntnisse als »zersetzend« betrachteten; die Mediziner, die alles, was sie gelernt hatten, durch die These seelischer Ursachen körperlicher Erkrankungen in Frage gestellt sahen; die Psychiater und Neurologen, die ihre auf chirurgischen Eingriffen, Pharmaka, Elektrotherapie und Bädern basierenden Behandlungsmethoden von dieser neuen, nur auf Austausch von Worten zwischen Arzt und Patient beruhenden Methode gefährdet sahen; die Universitätspsychologen, die nach messbaren, quantifizierbaren Kategorien suchten und die psychoanalytische Logik, dass der Psychologe erst einmal sein eigenes Unbewusstes bewusst machen müsse, ehe er irgendetwas über die Psychologie anderer Menschen aussagen könne, als Bedrohung ihrer Existenz betrachteten; die Antisemiten, die den Juden Freud als Zerstörer der abendländischen Welt empfanden; vor allem aber die große Masse unglücklicher Menschen, die sich ihr ganzes Leben lang gläubig und obrigkeitstreu bemüht hatten, ihre sexuellen Bedürfnisse zu verdrängen, und nun lernen sollten, dass ihr Leiden das Resultat ebendieser Verdrängung sei - also all dessen, was sie bis dahin als Sittlichkeit betrachtet hatten. Hätten sie diese Logik akzeptiert, so hätten sie sich selbst in Frage stellen müssen. Da sie das überforderte, reagierten sie mit blinder Wut.

Diese Wut war nirgends so deutlich zu spüren wie in Wien, denn Wien hatte schon damals eine hohe Krebsrate. Nach den Thesen des amerikanischen Psychoanalytikers Claus B. Bahnson ist Krebs »eine Alternative zur Psychose« und befällt vor allem Menschen mit einem besonders hohen Widerspruch zwischen den Anforderungen, die sie an sich selbst stellen, und ihrer Fähigkeit, diese Forderungen zu erfüllen. Wo andere Menschen in die Neurose oder Psychose flüchten, verschreiben sich solche Menschen lieber einem körperlichen Verfall, dem Karzinom. Wien hatte auch eine besonders hohe Zahl von Selbstmorden und Selbstmordversuchen, eine abnorm hohe Quote an sogenannten Irren – für den Psychoanalytiker drei verdächtige Phänomene, die auf ein abnorm hohes Maß von sexuellen Frustrationen schließen ließen. Die Gründe lagen wahrscheinlich in dem Zusammentreffen sehr unterschiedlicher ethnischer und sozialer Gruppen mit sehr unterschiedlichen Vorstellungen von Moral und Sexualität, von Pflichten und Rechten, von erlaubt und verboten. Jeder wurde durch das Verhalten des anderen in seinem bis dahin als selbstverständlich und normal betrachteten Verhalten verunsichert, und diese allgemeine Verunsicherung war konfrontiert mit einem vom kaiserlichen Hof und der rapide wachsenden Beamtenhierarchie auferlegten, äußerst rigiden Protokoll.

Aus diesen Spannungen, vor allem aber aus der uneinsichtigen und oft gewaltsamen Erziehung durch unsicher gewordene Eltern, die nur ihren Kindern gegenüber Macht besaßen, bildeten sich die Neurosen und Psychosen, die Freud als Erster erkannte und zu heilen versuchte. Die Stadt dankte es ihm nicht. Im Gegenteil. Mit Ausnahme einer einzigen Ehrung – die sozialdemokratische Stadtverwaltung machte ihn 1924 zum Bürger von Wien – hat keine Fakultät der Universität Wien, keine österreichische Organisation ihm zu seinen Lebenszeiten Ehre und Dankbarkeit erwiesen. Alle Ehrungen, die ihm je zuteilwurden, kamen von außerhalb.

1938 musste er vor den Nazis ins Ausland fliehen. Ein Jahr später starb er im englischen Exil. Vier seiner Schwestern, denen man die Auswanderung verbot, wurden in Auschwitz ermordet. Fast alle Psychoanalytiker, auch die »arischen«, verließen Österreich. Der Internationale Psychoanalytische Verlag in Wien wurde zerstört, die Buchbestände wurden eingestampft oder verbrannt. Nach dem Krieg kehrten einige wenige Psychoanalytiker nach Wien zurück, verließen Österreich aber bald wieder, weil das Klima von Hass und Angst, das die Psychoanalyse schon immer in Österreich umgeben hatte, sich auch nach dem Krieg kaum änderte.

Heute gibt es in Wien wieder eine Psychoanalytische Vereinigung, außerdem eine Sigmund Freud Gesellschaft und einen Arbeitskreis für Tiefenpsychologie. Seit 1972 besteht an der Universität Wien sogar ein Institut für Tiefenpsychologie und Psychotherapie, aber es arbeitet mit Verhaltenstherapie und einer Mischung verschiedener tiefenpsychologischer Schulen, kann also nicht als psychoanalytische Institution betrachtet werden. Der einzige Lehrstuhl für Psychoanalyse, den es je in Österreich gegeben hat (Psychologisches Institut der Universität Salzburg), steht seit der nicht ganz freiwilligen Emeritierung von Igor A. Caruso leer und wird mit Sicherheit nicht wieder von einem Psychoanalytiker besetzt werden. An einigen anderen österreichischen Universitäten gibt es vereinzelte Vorlesungen über psychoanalytische Themen, aber im Großen und Ganzen hat sich jene charakteristische »Wiener Mischung« aus Desinteresse an der Psychoanalyse, konspirativem Totschweigen der Arbeit österreichischer Analytiker und gehässigen, meist mit antisemitischen Andeutungen verbundenen Ausfällen gegen einzelne Analytiker kaum geändert. Und dies, obgleich fast alle heute in Österreich tätigen Analytiker »Arier« sind.

Die österreichische Selbstmordrate ist heute die höchste in der westlichen Welt. Der Prozentsatz der wegen angeblicher psychischer Störungen Entmündigten ist in Österreich heute höher als in irgendeinem anderen Land Europas. Die Zahl der psychosomatischen Störungen wächst in Österreich schneller als in der Bundesrepublik Deutschland, der DDR und der Schweiz. Jedenfalls bestünde theoretisch in kaum einem anderen Land ein so dringendes Bedürfnis nach analytischer Therapie wie in Österreich.

Allerdings stellt sich die Frage, ob eine Therapie, die mindestens drei Jahre dauert und wegen der großen Anforderungen an den Therapeuten auch nur eine begrenzte Zahl von Patienten pro Arzt ermöglicht, gegen die dramatisch wachsende Zahl von Störungen und Erkrankungen überhaupt noch sinnvoll oder ob sie wegen der veränderten sozialen Bedingungen zumindest anachronistisch geworden ist.

Einige wenige Patienten eines ganz bestimmten Typs können auch heute noch bei einigen wenigen Analytikern Trost, Selbstbewusstsein und Widerstandskraft finden. Aber das intellektuelle Niveau der Analytiker ist seit Freuds Zeiten drastisch gesunken. Viele therapeutische Vorstellungen der Analytiker sind heute ebenso festgefahren wie die der somatischen Medizin. Die Standesordnung der österreichischen Analytiker ist in mancher Hinsicht noch rigoroser und rigider als die der Mediziner. Unabhängiges, selbständiges Denken wird heute von manchen orthodoxen Freudianern ebenso stur abgelehnt, wie Freud einst von den orthodoxen Psychiatern abgelehnt worden war.

Waren die Hoffnungen, die Freud und seine Wiener Schüler einst in die therapeutischen Möglichkeiten der Psychoanalyse gesetzt hatten, nicht allzu optimistisch? Sicherlich ist die Psychoanalyse von allen heute verfügbaren Methoden der Psychotherapie immer noch die beste. Das könnte, bei besonders strikter Anwendung therapeutischer Maßstäbe, auch bedeuten, dass sie von allen heute praktizierten Methoden die noch am wenigsten schädliche ist.

Mit Sicherheit ist der heute herrschende Psychoboom – das Wuchern von therapeutischen Theorien und Praktiken, Schulen und Sekten – keine Lösung des Problems, sondern dessen Symptom. Es stellt sich die Frage – und sie stellt sich gerade denen, die mit der Psychoanalyse vertraut sind –, ob der unaufhaltsame Anstieg psychischer Störungen wirklich das Produkt individueller seelischer Entgleisungen oder nicht viel mehr das Symptom einer entgleisten Gesellschaftsordnung ist, dem Einzelnen also gar nicht mehr geholfen werden kann.

Untersuchungen der Österreichischen Gesellschaft für Sexualforschung lassen vermuten, dass die ungewöhnlich hohe Rate psychogener Krebserkrankungen, die enorm hohe Selbstmordquote der Wiener und der ungewöhnlich hohe Anteil von sadomasochistischen Angeboten im Anzeigenteil der beiden auflagenstärksten Wiener Tageszeitungen mehr über den tatsächlichen Gesundheitszustand dieser Stadt aussagen als die stetigen Beteuerungen der Gesundheitsbehörden, dass alles in bester Ordnung sei. Ein Team österreichischer Krebsärzte und Tiefenpsychologen unter Leitung von Professor Hans Strotzka arbeitet gegenwärtig an einer Untersuchung über Psychosomatik und Brustkrebs in Wien, die allerdings nicht von der Stadt Wien, sondern von den Krebsforschungsverbänden Österreichs finanziert wird. Sie geht von den bereits zitierten Hypothesen Claus Bahnsons über psychische Ursachen bestimmter Formen von Krebs aus.

Es mag sein, dass die Psychoanalyse sich nach einem Jahrhundert ihrer Existenz eher als erkenntnistheoretisches und erkenntnispraktisches denn als therapeutisches Instrument bewährt hat, dass die Analyse einen höheren Nutzen als intelligentes Instrumentarium für kulturgeschichtliche Forschung denn als Methode zur Heilung neurotischer Krankheiten besitzt. Aber – das muss wiederholt werden – das therapeutische Defizit liegt nicht in der analytischen Methode, sondern in der Tatsache, dass die Methode nur so lange praktikabel war, wie psychische Störungen Ausnahmen waren und psychische Gesundheit die Norm darstellte. Von dem Zeitpunkt an, wo das, was man gestern noch Störung genannt hatte, zur Norm geworden war und das, was gestern noch als Norm der Gesundheit gegolten hatte, zur Ausnahme geworden ist, hat die Analyse zumindest einen Teil ihres Sinns als therapeutische Disziplin eingebüßt.

Wir müssen heute wahrscheinlich mit sozialer Vorsorge arbeiten, um überhaupt noch einen minimalen Einfluss auf die psychischen Erkrankungen zu nehmen. Jede, selbst die erfolgreichste Therapie am Individuum kommt zu spät, wenn die kollektive Störung den individuellen Organismus bereits befallen hat. Da wir leider sehen, wie stiefmütterlich Wien die Psychoanalyse behandelte, wagt man kaum die Hoffnung zu äußern, dass eine analytische Präventivtherapie, wie Wilhelm Reich sie bereits vor dem Zweiten Weltkrieg in Wien angestrebt hatte, jemals von der Stadt Wien oder dem Gesundheitsministerium toleriert oder gar finanziert werden wird.

Als im Jahr 1962 an der Universitätsnervenklinik in Wien ein psychotherapeutisches Lehrinstitut eröffnet werden sollte, weigerten sich sowohl die städtischen wie die Bundesgesundheitsbehörden, auch nur einen Groschen beizusteuern, und verlangten von den Ärzten, sie sollten den ganzen Betrieb auf »freiwilliger« Basis betreuen. Das bedeutete: theoretische Seminare und Gruppensupervision, Ausbildung von Kindertherapeuten, Sozialarbeitern, Erziehern und Ärzten. Tatsächlich gelang es den Analytikern, das Institut fünf Jahre lang aus eigenen Mitteln zu erhalten. Als weder die Stadt Wien noch der Staat danach Interesse zeigten, das Lehrinstitut zu finanzieren, löste es sich auf.

In seiner *Geschichte der psychoanalytischen Bewegung* schrieb Freud im Jahr 1913: »Die Stadt Wien hat aber auch alles dazu getan, um ihren Anteil an der Entstehung der Psychoanalyse zu verleugnen. An keinem anderen Orte ist die feindselige Indifferenz der gelehrten und gebildeten Kreise dem Analytiker so deutlich verspürbar wie gerade in Wien.«

Nicht die Stadt oder die Universität, die Studenten halfen

1971, das Institut für Tiefenpsychologie und Psychotherapie auf die Beine zu stellen. In seiner Antrittsvorlesung sagte Hans Strotzka: »... in all diesen Jahren hat eine deutliche Zurückhaltung der akademischen Stellen, der Regierung und der breiten Öffentlichkeit es nicht zustande kommen lassen, dass durch Psychotherapie und Tiefenpsychologie die adäquate Erforschung und Behandlung sozialer Störungen auf akademischem Boden Wiens eine Heimstätte finden konnte.«

Die gesetzlichen Bestimmungen Österreichs erkennen bis zum heutigen Tage keine Ausbildung in Psychotherapie an. Die Folge davon ist, dass die Sozialversicherung nur unter ganz ungewöhnlichen Umständen für eine psychotherapeutische Behandlung zahlt. In der Ausbildungsordnung der Österreichischen Ärztekammer für den Facharzt für Psychiatrie kommt der Ausdruck »Psychotherapie« nicht vor. Verglichen mit der schon vor einem halben Jahrhundert an der Zürcher Psychiatrischen Universitätsklinik »Burghölzli« erfolgten Fusion von Psychiatrie und Psychoanalyse, wirkt Österreich im Allgemeinen und Wien im Besonderen wie ein Überbleibsel des Mittelalters.

All das, was die Psychoanalyse zu Lebzeiten Freuds an Anfeindungen erlitten hat, beginnt sich im heutigen Österreich auf die Nachfolgerin der Analyse, die Sexualforschung, zu konzentrieren. Auch hier finden wir wieder, dass die öffentliche Hand keinen Groschen riskiert, um diesen vielleicht wichtigsten Zweig der gegenwärtigen österreichischen Forschung auf dem Gebiete der Humanmedizin zu unterstützen, und dass die Betroffenen, die sexuell Gestörten, eher mit Ablehnung als mit Hoffnung auf die Hilfe reagieren, die ihnen hier angeboten wird.

Es ist schon bemerkenswert, dass eine Stadt diejenigen, die sie zerstören wollen, so leidenschaftlich an ihr Herz nimmt (man denke an den Einmarsch Adolf Hitlers in Wien) und diejenigen, die ihr helfen wollen, so leichtfertig von sich stößt.

Milo Dor

AUF DEN SPUREN DES DRITTEN MANNES

Der Krieg war zu Ende, das Böse besiegt. Europa lag am Boden, und alle hofften auf bessere Zeiten – da riss ein Film die Menschen aus ihren Träumen: »Der dritte Mann« erzählt die Geschichte des Amerikaners Harry Lime, der die Not für seine skrupellosen Geschäfte auf dem Schwarzmarkt ausnutzt. Das kaputte, in Besatzungszonen zerrissene Wien bot dem Stoff einen Schauplatz von drückender Überzeugungskraft. Zwanzig Jahre später meint Milo Dor, erst jetzt werde deutlich, was der Film eigentlich zu sagen hatte.

Unser Zeitalter gleicht immer mehr einem riesigen, etwas chaotischen Museum, in dem alle früheren Epochen und Stile scheinbar wahllos, ohne einen logischen Zusammenhang, zur Schau gestellt werden. So gingen im Kino ziemlich rasch nacheinander die turbulenten zwanziger Jahre, das Biedermeier und die *belle époque* über die Bühne, um schließlich den dreißiger Jahren Platz zu machen. Das Gangsterpärchen Bonnie und Clyde unternimmt gerade einen wahren Siegeszug um die Welt, und das lädierte »Antlitz der Niederlage« Humphrey Bogarts flimmert wieder auf den Bildschirmen, um uns an die Zeit der Depression und der Arbeitslosigkeit, an den Sieg des Faschismus und des Stalinismus, an Krieg und Elend zu erinnern.

Die Flucht in die scheinbar idyllischen Epochen der Vergangenheit war zu allen Zeiten verständlich; was soll aber das jetzt auf einmal? Geht es uns so gut, dass wir uns durch das Wachrufen der hässlichsten Jahre schockieren wollen, oder haben wir plötzlich das Bedürfnis, mit unserer eigenen Jugend ins Reine zu kommen?

Es ist seltsam, zu beobachten, wie nicht nur die Frisur und die Kleidung der dreißiger Jahre (lange Haare, die den Mädchen auf die Schultern fallen, sportliche Mützen und doppelreihige Anzüge) wieder in Mode kommen, sondern auch bewaffnete Banküberfälle und sogar politische Morde, die von fanatischen Extremisten verübt werden – oder sind sie nie aus der Mode gekommen? Die Filmleute scheinen genauso wie die Literaten eine Tendenz zu wittern, die »in der Luft liegt«, um ihr dann spektakulären Ausdruck zu verleihen.

Die vierziger Jahre sind noch nicht *en vogue.* Ich muss aber immer häufiger an sie denken, je unsicherer und brüchiger unsere Wohlstandsgesellschaft wird, die wir im Jahre Null mit großem Elan zu errichten angefangen haben. Nein, so begeistert waren wir damals nicht, als wir inmitten von Ruinen darangingen, unser Leben von neuem zu beginnen; wir waren eher skeptisch. Alles, was nachher kam, war reines Glück, ein Geschenk, das wir bis auf den heutigen Tag nicht richtig zu schätzen wissen.

Die Situation, die damals in Wien herrschte, die Atmosphäre der trostlosen Leere, in der sich die Überlebenden eines totalen Krieges plötzlich fanden, hatte niemand besser eingefangen als Graham Greene und Carol Reed in ihrer düsteren Ballade vom »Dritten Mann«. Zwischen den hohen, grauen Fassaden, hinter denen jegliches Leben ausgestorben zu sein scheint, sucht ein Amerikaner seinen Freund Harry Lime, der hier Schwarzmarktgeschäfte getrieben hat und bei einem Verkehrsunfall angeblich umgekommen ist. Harry Lime ist aber nicht tot; in dem Sarg, der auf dem Zentralfriedhof liegt, steckt ein anderer Mann. Harry Lime lebt unsichtbar im Dämmer der verwundeten Stadt; man hört nur, wie seine einsamen Schritte über den menschenleeren Gehsteig tappen, man sieht nur seinen Schatten, den eine Straßenlaterne auf ein geschlossenes Haustor wirft. Als er schließlich in einer Kabine des Riesenrads seinen Freund trifft, erklärt er ihm seine fadenscheinige Philosophie, mit der er den Verkauf von mit Zucker verdünntem Penicillin zu rechtfertigen versucht, an dem einige Kinder gestorben sind. Was sind schon diese paar Morde auf Entfernung - so sagt er ungefähr - im Vergleich zu den Massenmorden auf Befehl, die während des Krieges begangen worden sind? Ich kann mich an den genauen Ablauf des Films nicht mehr erinnern; eine der letzten Szenen aber, in der Harry Lime, von der Polizei verfolgt, in die Kanalisationsschächte des Wien-Flusses flüchtet, dort von seinem Freund gestellt und erschossen wird, ist mir unvergesslich im Gedächtnis geblieben. Die blanke Verzweiflung in den Augen Harry Limes, den Orson Welles spielte, dieser nackte Blick eines gehetzten Tieres, das zugleich um Gnade und um den erlösenden Todesstoß fleht, ist mir noch in keinem anderen Film begegnet. Dazu kommt, dass noch nie jemand das einst kaiserliche Wien so losgelöst von der Geschichte, so bar jeder falschen Größe und deshalb so vergeistigt, so desillusionierend schön dargestellt hat wie Carol Reed in seinem »Dritten Mann«: das Theater in der Josefstadt als Schauplatz vergessener Tragödien, die Kirche Maria am Gestade, ein Schiff, das ins Nichts steuert, das stählerne Gerippe des Riesenrads, das sich vor einem leeren Himmel dreht.

Viele Wiener waren damals über diesen Film empört, weil durch ihn angeblich ein falscher Eindruck von ihrer Stadt vermittelt wurde. Sie konnten sich nicht damit abfinden, dass dieses Bild nicht den Klischeevorstellungen von einer leichtlebigen europäischen Metropole entsprach, die ihnen die heimische Filmindustrie jahrzehntelang aufgedrängt hatte.

Seither ist viel Wasser die Donau hinuntergeflossen. Die zerstörten Fassaden sind in ihrem alten Glanz wiedererstanden, und das rührselige Klischee hat wieder die Oberhand gewonnen: die Lipizzaner (die wirklichen sowie die aus Augartenporzellan), die Sängerknaben, die Firmungskutschen vor dem Stephansdom und die Heurigenschenken in Grinzing, Sievering oder Nußdorf. Nichts trübt die Idylle des »Herrn Karl«. (Helmut Qualtinger, der Schöpfer und Interpret dieser Figur des Wiener Kleinbürgers, der sich durch alle historischen Katastrophen hindurchwurstelt, indem er sich mit der jeweiligen Obrigkeit arrangiert, lebt heute vorwiegend in Deutschland.)

Es ist schwer festzustellen, was hinter den Fassaden aus falscher Überlieferung, Kitsch und Konvention wirklich vorgeht. Skrupellose Geschäftemacher, die uns tödliche Illusionen verhökern, leben nicht mehr im Verborgenen wie der unglückselige Harry Lime, sondern im Licht der Öffentlichkeit. Sie unterrichten Geschichte, Philosophie und Germanistik, sie sitzen in einflussreichen Gremien und in Gerichtssälen, sie geben schlampig redigierte Lexika und teure Anthologien für den staatlichen Gebrauch heraus oder treiben anderen Handel, der ihrer überaus flexiblen Gesinnung entspricht. Im Schatten der Hinterhöfe und Mansarden atmet und träumt indessen das wahre Wien, von den Offiziellen und deren Trabanten ebenso wenig bemerkt wie einst Sigmund Freud, Oskar Kokoschka, Egon Schiele, Robert Musil, Hermann Brodt, Ludwig Wittgenstein und viele andere Österreicher, die heute in der Welt mehr gelten als die niedlichen Gartenzwerge, die man hierzulande seit jeher gehegt und geliebt hat. Wien ist eben, wie Hofmannsthal sagt, eine Stadt, die eher zu lieben und zu hassen ist als zu begreifen und zu verlassen.

»STERBEN IST NICHTS
ALS DIE WANDLUNG VOM
BUCHHALTER ZUM EWIGEN
POLKATÄNZER«

André Heller

TOD IN WIEN

Nein, dass sie den Gedanken an den Tod nicht zuließen, wird niemand den Wienern nachsagen. Im Gegenteil: Das manchmal frivole, manchmal lebenskluge Spiel mit Sterblichkeit und Sterben ist ein Wesensmerkmal ihrer Kultur geworden. André Heller, selbst ein passionierter Friedhofsgänger, hat sich unter die Besucher des berühmten Zentralfriedhofs gemischt und ihren Erkenntnissen gelauscht. Er ist humorbegabten Menschen dort begegnet. Und weisen ...

Sterben und Tod werden in Wien nicht weniger verdrängt als anderswo in unserer diesseitsgläubigen Gesellschaft.

Sie sind das letzte große Tabu.

Die Wiener haben sich nur als gefährlichen Ersatz für eine konsequenzfordernde Auseinandersetzung mit der Gewissheit des Endlichen - einen Theatertod zurechtgedacht, einen näselnden Skeletthofrat, mit dem man sich's richten kann.

In der Geisterbahn des Lebens kommt ihm, wie in jener des Wurstelpraters, die Rolle des Ausrufers schöner Schrecken zu. Man besingt ihn, man reimt Verse um seine Sense, man imitiert ihn auf Kostümfesten, er ist ein vertrautes Versatzstück in der verlogenen Idylle des ewigen Walzertraums, der im realen Leben über das Schlachtfeld zerbrochener, angstbeladener Kranker, seelischer Arbeitsloser hinwegtanzt, denn in Wien gilt es den Schein zu wahren, und basta.

Die Friedhöfe sind Remisen des Abschieds, Trauerdeponie für die schöne Leich'. Herrschaften gibt es, die verteilen Visitenkarten mit der Adresse ihres künftigen Grabes. Die Sterbevereine veranstalten Faschingsredouten, und Schrammelquartette spielen bei Beerdigungen:

Wann i amal stirb, stirb, stirb,
müssn mi d'Fiaker tragn
und dabei Zithern schlagn,
weil i das liab, liab, liab,
spielts an Tanz, laut und hell, allweil fidel!

Zu Allerheiligen und Allerseelen 1980 fragte ich Besucher des zweieinhalb Millionen Versunkene bergenden Wiener Zentralfriedhofes nach ihrer Einstellung zum Tod:

... a Unfall. Des hast doch eigentlich: a Fall, der kana is. Für so was halt i den Tod ...

... mir sollns ins Grab schüttn, was ma wichtig war im Lebn. Unta meine Leidenschaftn wüll i schlafn.

De Spielkartn, den Kaiserschmarrn, alle Büstnhalter von da Erni und da Evelyn, de Schallplattn vom Peter Alexander, de langan Lederhosn ...

... des Wort »tot« macht mi stumm, da kann i nur nix sagn. Des sagt alles – verstehens mi?

... a Bekannter von mir hat 23 Jahr im Toto gespült, dann hat er an Haupttreffer gmacht und si mit dem Geld unta die Erd gsoffn. A Tototod war des ...

... i lass mi verbrennan, da fliag i noamal als Rauch über Wien. Die Ehrenrunde is des für an ewigen Verlierer, die hab i ma wirklich verdient ...

... als Mathematiklehrer am Schottengymnasium würde ich sagen: Tod ist das Minusleben ...

... der Tod ist eine Erfindung der Abschiedsfalotten.

Nur unsichtbar wird man, dann kann man durch die Sichtbaren hindurch Polka tanzen – die nehmen dich dann als Luftströmung wahr. Sterben ist nichts als die Wandlung vom Buchhalter, oder was man halt war, zum ewigen Polkatänzer …

… nur net amal anstrafn! Wann er merkt, du denkst an ihn, glaubt er, du wüllst was von ihm, und kummt glei aus Höflichkeit …

… im Freien möcht i sterben, an einem kalten Tag, wo man den letzten Atemzug sieht, und immer einen Fotografen neben sich, der bereit ist, die kleine Hauchwolke festzuhalten. Sodann dieses Bild auf das Grab genagelt …

… wenn i reich wäre, gäbe ich mein Vermögen dafür aus, nach einem Mörder zu annoncieren, der meinen Tod tötet. Darüber werd ich mit der Zeit arm – und arm stirbt sich's leichter …

… lieber Herr, der Tod is ma selber, daran stirbt ma ja – an Selbstvergiftung. Und Notausgang aus sich selbst heraus gibt's keinen, denn kein Mensch – nicht amal der Wiener – is ein Theater …

Günter Nenning

ALLE WIENER KOMMEN IN DEN HIMMEL

Wo hat Sigmund Freud den Todestrieb als Motor und dunkle Seite der Psyche erkannt? Und wo sind die schaurig-schönsten Lieder über das Dahinscheiden zu hören? In Wien natürlich! Die Wiener haben ein sehr spezielles Verhältnis zum Tod, und Günther Nenning kann es erklären: Wer eine so große und stolze Vergangenheit hat, der kennt sich auch mit der Vergänglichkeit aus.

Das himmlische Jerusalem ist eine Stadt, behauptet die Bibel, die vom Himmel herunterschweben wird auf die Erde. Mit Wien ist es genauso, nur umgekehrt. Es befindet sich auf der Erde und schwebt gen Himmel – Antriebsmittel für den Aufstieg ist der Wein, behauptet das Wienerlied, das unerträgliche. »Ja, da schaut ma' ja g'radwegs in' Himmel nein, beim Wein, beiim Weiin, beiiim Weiiin.«

Bestellen Sie sich bitte beim Heurigen das grauslichste aller Wienerlieder, das schönste und gemeinste, die Sänger wollen es meist nicht singen, aber bestehen Sie darauf: »Die alte Engelmacherin vom Diamantengrund«. Gerhard Bronner und Helmut Qualtinger sangen es in der Glanzzeit des Wiener Kabaretts, in den fünfziger Jahren, mit heurigensüßen, engelsschönen Kopfstimmen: »Ihre Kundinnen, die waren niemals skeptisch, / Sie blieben ihr ein ganzes Leben treu, / Und war ihr Werkzeug einmal nicht ganz antiseptisch, / Dann machte sie statt einem Engerl zwei ... / Jedoch es gibt im Leben immer wieder Neider, / Die Ärzte ham' ihr's Handwerk abgestellt, / Die machen jetz' genau dasselbe, / Aber leider verlangen's dafür zehnmal so viel Geld. / Die alte Engelmacherin vom Diamantengrund / Hat des net lang ertrag'n, / Und sie is' nach ein paar Johr'n / Leider selbst ein Engerl wo'rn, / Und dann ham' die andern Engerl sie derschlag'n. / Halloh!«

Man merke: Ob wer aus dem himmlischen Wien in den wienerischen Himmel kommt – das ist keine christliche Frage, sondern eine wienerische: Alle Wiener kommen in den Himmel. Die Regel gilt so ohne Ausnahme, dass sowohl die sündigen Opfer der Engelmacherin in den Himmel kommen wie auch diese selbst. Das heißt überhaupt nicht – o ahnungslose Fremde! –, dass im wienerischen Himmel keine Gerechtigkeit ist. Im Gegenteil: Ebendort wird die Engelmacherin von den Engerln derschlag'n. Einen »Fünfjahresplan zur Vernichtung der Wiener« entwarf Helmut Qualtinger 1965 im *Spiegel.* Die fünf Jahre sind fünfmal vergangen, die Wiener gibt's noch immer, den Qualtinger nimmer (gestorben 1986). Das ist das Geheimnis der Wiener: Sie leben ewig, weil sie ewig sterben, das hält sie jung. »Solang im Glaserl no' / A Tröpferl drin is', / Solang a Geig'n no' / Voll Melodien is', / Und solang als no' / A tulli g'stelltes Maderl da, / Da sag'n ma immer no': Halt ja / Und fahr'n net a'.«

Welch ein Kitsch! Das Wienerlied beschäftigt sich mit dem Tod so peinlich oberflächlich, dass sogleich die kokette Hoffnung sichtbar wird: Der Tod, wenn man ständig mit ihm lebt, braucht doch nicht extra zu kommen. Die Vergeblichkeit dieses Hoffens ist Vorzugsgegenstand des wienerischen Lebensgenusses. Dass Wien mit dem Tod zu tun hat, merken alle Menschen, die nach Wien kommen und überhaupt etwas merken, also nur wenige.

Immerhin, sogar Bestsellerautoren merken was: John

Irvings Titelheld Garp - sein Roman »Garp und wie er die Welt sah« spielt zum guten Teil in Wien - kauft in einem Antiquariat in der Habsburgergasse die »Selbstbetrachtungen« des Marc Aurel. »Im Leben eines Menschen« - schrieb Marc Aurel - »ist seine Zeit nur ein Augenblick, sein Sein ein unaufhörlicher Fluss, seine Wahrnehmung ein schwaches Licht, sein Körper eine Beute der Würmer, seine Seele ein ruheloser Strudel, sein Schicksal dunkel, sein Nachleben ungewiss ... alles Körperliche ist wie eilendes Wasser, alles Seelische wie Träume und Dämpfe.« »Garp hatte irgendwie das Gefühl« - fügt Irving hinzu -, »dass Marc Aurel in Wien gelebt haben müsste, als er das schrieb.« In der Tat. Der römische Kaiser schrieb und starb in Wien (180 n. Chr.). Und doch hat der amerikanische Erfolgsautor in Wahrheit keine Ahnung. Wie geschwätzig ist dieser Marc Aurel, verglichen mit Franz Grillparzer, der das Wiener Weiterleben nach dem Tod in zwei Zeilen fasste (1826): »Nachdem man Sterben sich gesehen / Mit seiner eig'nen Leiche gehen.«

Wien ist die Hauptstadt des Lebens nach dem Tode - vielleicht, weil es die Hauptstadt eines Reiches war, das so kunstvoll unterging, dass darin die Gewähr für immer neue Auferstehung zu immer kunstvollerem Sterben liegt. Robert Musil, der auf den tausend Seiten des Romans »Der Mann ohne Eigenschaften« vergeblich der Welt erklärt, was Österreich ist - erklärt den Kaiser Franz Joseph als noch weiterlebenden Toten: »Der Kaiser und König von Kakanien war ein sagenhafter alter Herr ... (seine) Popularität und Publizität war so über-überzeugend, dass es mit dem Glauben an ihn leicht ebenso hätte bestellt sein können wie mit Sternen, die man sieht, obgleich es sie seit Tausenden von Jahren nicht mehr gibt.« Österreichs erstes Jahrtausend jährt sich 1996 - ein Land, das nicht untergehen kann, weil es schon untergegangen ist, und zwar immer wieder. Es ist wie bei den Ritterspielen auf der Bauernbühne von Pradl bei Innsbruck.

Erfolgreiche Hinrichtungen werden publikumsgerecht an jedem Abend mehrmals wiederholt. Und jedes Mal ist es eine schöne Leich'. In dieser verknüpft sich das Unverknüpfbare. Der Wiener bezeichnet mit ihr keinesfalls nur ein besonders geglücktes Begräbnis, sondern jede festliche Veranstaltung in seinem Leben. Musik, Reden, viele Menschen und ein wohlschmeckender Leichenschmaus - solche Schönheit der Leich' ist ein Maßstab für die Schönheit des Lebens, der Lebenskunst überhaupt.

»Der Tod, das muss ein Wiener sein«, sang das Genie des Wiener Kabaretts, Georg Kreisler. Lebenskünstler Tod legt - macht uns Kreisler weis - die schönsten Frauen gewaltfrei auf sein Bett: »Er trifft den richtigen Ton, den Wiener Ton, geh' Schatzerl, geh' Katzerl, was sperrst dich denn ein?« Kreislers Wiener Ton ist die Vermischung von Tod und Liebe zu verdoppelter Sprengkraft. Und zwar ist der Todestrieb immer stärker als der Liebestrieb - dass dies Sigmund Freud in Wien erfand, nein, vorfand, ist kein Zufall. Wo die Welt ständig untergeht, gibt's keinen Zufall, nur höhere Absicht.

Ich empfehle folgendes magische Experiment: Man begebe sich nach Wien, sofern man nicht das Glück hat, ohnehin dort zu sein, setze sich in ein stilles Zimmer, höre sich Mozarts »Requiem« an und lese von Sigmund Freud »Jenseits des Lustprinzips« (1919). Das wird ein wienerisches Gesamtkunstwerk. Man braucht nur dort, wo man bei Freud von »Trieben« liest, stattdessen »Wiener« einzusetzen.

Probe: »Der Wiener würde sich von Anfang an nicht haben ändern wollen, er hätte, unter sich gleichbleibenden Verhältnissen, stets nur den nämlichen Lebenslauf wiederholt ... Der Wiener benimmt sich dabei im strengsten Sinn konservativ, indem er die Wiederherstellung eines gestörten Zustandes anstrebt ... Wir könnten es so darstellen, als ob der Wiener unter der Herrschaft der stummen, aber mächtigen Todestriebe stünde, die Ruhe haben und den Störenfried

Eros nach den Winken des Lustprinzips zur Ruhe bringen wollen.« Der Freud'sche »Todestrieb« ist damit unzweifelhaft als ein Wiener enttarnt.

Dem Wiener bringt seine »Ruah« so viel Lust, dass er auf die schwächeren Wonnen des Eros bequem verzichten kann. Aus diesem Grunde rechnet in Österreich der Selbstmord nicht zu den Abarten des Todes, sondern des Lebens – durch zu viel Trinken, zu viel Essen, na ja und halt auch durch das Lieben ab und zu.

Den vorab gefassten Grundsatzbeschluss, sich umzubringen, kommentiert Fritz Grünbaum, Österreicher und Jude, Kabarettist und Dichter, im Jahre 1930 wie folgt: »Ich habe versprochen, der Welt zu entflieh'n, / Aber frei bleibend punkto Form und Termin. / Ich weiß, man muss halten, was man verspricht, / Ich sterb', aber drängen lass' ich mich nicht.« Fritz Grünbaum starb 1941 im Konzentrationslager Dachau an Entbehrung und Misshandlung. O Österreich, Heimat Hitlers und der Gemütlichkeit.

»SO SIND DIE WIESEN DORT, WO NOCH KEIN ENTDECKER HINGEKOMMEN IST«

Ludwig Fels

MIT LINIE 31 ZUR SEELE DER NATUR

Aber dann ist da der Heurige, und alle sind wieder versöhnt mit der Stadt, der Tristesse und dem Leben. Man setzt sich in die Tram und fährt hinaus. Und wer sich auskennt wie der Dichter Ludwig Fels, der lässt die Touristen und ihren Rummel zurück und findet auf der nicht ganz so feierseligen Seite der Donau einen Wirt, bei dem es sich gut aushalten lässt, mit einem ehrlichen Wein, einer handfesten Jause und der Aussicht auf eine Rückfahrt, die fast ein kleines Stück absurdes Theater ist.

Die linksuferige Wiener Donauseite findet in den Reise- und Stadtführern so gut wie kaum Erwähnung. Selbst Einheimischen erscheint sie verschwindend abgelegen, und welcher Wiener dort wohnen muss, ist, wenn das Schicksal so will, mit Glück bestraft, ansässig in etwas ganz und gar Eigenem: Er ist Floridsdorfer, jemand aus dem 21. Gemeindebezirk, was für fremde Ohren nichts besagt, für den jenseitigen Wiener aber Abgrenzung und Entfernung vom Kern der Stadt bedeutet, also schon fast so etwas wie Nichtzugehörigkeit. So weit weg ist Floridsdorf aber gar nicht, es liegt nur über der Donau, um es im Dialekt zu sagen – aber über der Donau ist wie aus der Welt. Gibt es einen Grund, Floridsdorf zu besuchen? Ich denke, ja! Weniger raffiniert gesagt, heißt das: Wien ist groß, in Jahren nicht zu entdecken, während man für Floridsdorf einen guten Tag braucht, wenn man sich Zeit nimmt, sich Zeit lässt, einen guten, weltoffenen Tag lang. Schon wegen der Fahrt über die Donau sollte man es tun, und die kann man ganz kommod in der Tramway-Linie 31 zurücklegen, die an der Station Schottenring abfährt. Wenn dann der Zug über den Donaukanal gerattert ist, gewinnt er leicht an Höhe, zieht auf der Floridsdorfer Brücke über den Strom, der sich einst in weiten Windungen durch die Ebene zog. Flussabwärts liegt, in die nahe Ferne gedacht, das alte Preßburg, dann Budapest, nordwestlich mit weiß blitzender Kirche der Leopoldsberg und, ihm gegenüber, der Bisamberg mit südlich anmutenden Weinhängen.

Floridsdorf, auch wenn es widersprüchlich klingt, ist eine Stadt für sich, lärmend, brutal, ehrlich, direkt. Von solch grober Urbanität ist es, hässlich zum Verlieben, ein zusammengescharrter Haufen alter Häuser, eingekesselt von unermesslich tristen Trabantenstädten und Gemeindebauten, wie vom bittersten Sozialismus angehaucht, alles in die industrialisierte Ebene des Marchfelds gerammt und geprägt von fast beispielloser Elendsarchitektur. Das Zentrum von Floridsdorf ist Am Spitz, dort, wo die Prager und die Brünner Straße zusammentreffen.

Im Hof des Pferdefleischhauers und Selchers Rudolf Schuller in der Schwaigergasse steht an schönen Tagen die Eselin Susi und schaut den Männern bei der Arbeit zu. Die Arbeit der Männer ist das Schlachten von Pferden, ein Tod, der auch Susi zugedacht war, ihr aber erspart blieb, weil sie mit ihrem bezaubernden Wesen den Fleischhauer für sich einnahm. Ob sie, ganz Lämmchen in Eselsgestalt das Gnadenbrot verschlingend, weiß, was den Pferden widerfährt, die über den Hof zum Sterben geführt werden? Susi ist eine alte Floridsdorferin. Seit zehn Jahren lebt sie hier.

Und natürlich gibt es auch sonst noch Ecken und Winkel genug, die kleine Entdeckungen zuließen, alltägliche Idyllen, handfestes Leben. Nicht umsonst ist Floridsdorf ein Bezirk, in dem hauptsächlich Arbeiter und Angestellte wohnen, eine wilde Mischung aus spießigem Biedersinn und proletarischer Subkultur, der sich auszuliefern bestimmt nicht jedermanns Sache ist. Wem es allerdings genügt, mit sich und diesem Teil der Wiener Welt zufrieden zu sein, wenn das Gericht Switschkowa auf der Speisetafel der Gaststätte Schlingerhof am Schlingermarkt steht, der gehört bereits zu den unmerklich Willkommengeheißenen.

Der Ursprung Floridsdorfs war eine aus fünfzehn schindelbedachten Häusern bestehende Ansiedlung, die 1782 in der Gabelung der alten Reichsstraßen Brünner Straße-Prager Straße entstand, von Handwerkern und Taglöhnern bewohnt und, vereinfachend, »Spitz« genannt wurde. Im Jahre 1786 gründete der Abt von Klosterneuburg, Propst Floridus Leeb, eine Ortschaft, die damals an den »Spitz« grenzte und für die er als Namenspatron fungierte. Es war ein unwirtlicher, garstiger Boden, auf dem die Behausungen standen, eine abseitig gelegene Gegend, seit Menschengedenken Katastrophengebiet; schwere Hochwasser überschwemmten dort das Land, ertränkten die Erde. 1837 wird Floridsdorf Kopfstation der ersten österreichischen Eisenbahn, der Nordbahn. Mit der Bahn kommen Lokomotivwerkstätten und Fabriken, mit den Fabriken die Viertel der Zinshäuser, wo die Untermieter das Elend der Arbeiter nähren. Von 1885 an verkehrt eine Dampftramway über die Donau ins Stadtzentrum. Aber erst am 8. November 1904 wird die Großgemeinde Floridsdorf der Stadt Wien angegliedert, ein Auftakt zu rascher Zersiedelung.

Ein Traum von einer melancholischen Vorstadt ist Floridsdorf ganz sicher nicht, wenn auch manche Gassen noch immer in vergangene Zeiten zu münden scheinen. Der letzte Krieg hat Floridsdorf schwer beschädigt; Schutt und Asche bildeten das Fundament für den Beton der Neuzeit, aber wer

Geduld hat und zu gehen weiß, sieht das normale Wiener Werktagsleben, sieht den Schlingermarkt mit seinen Buden und Ständen, die tschechisch-slowakischen Reisebusse, die durch die Brünner Straße donnern und den Geruch des Ostens mit sich bringen. Bewundern oder loben kann man es nicht, dieses Floridsdorf, dazu ist der Lebensstandard zu niedrig, ist es zu verheert, zu grau, hat dafür aber alle Qualitäten urbaner Drastik.

Selbst die Argusaugen eines Romantikers täten sich schwer, Orte zu entdecken, die in Lauschigkeit schwelgten; es ist alles ein bisschen ärmer, aber auch ein bisschen belebter als anderswo, östlicher eben, Gebrauchshinterland. Auch wer länger dort lebt, lernt es nicht, Floridsdorf zu lieben, er lernt, es zu achten, zu verstehen, das ist angemessen genug.

Aber wie fast alles hat auch Floridsdorf seine zwei Seiten, ein zweites Gesicht. Und dieses zweite Gesicht ist das schönste, das liebste, das, was man nicht mehr erwartete, sich nicht vorstellen konnte: dass plötzlich an der Endstation der Linie 31 das Landleben beginnt. Stammersdorf, so heißt die Endstation, und so dörflich, ländlich ist es hier, dass man überall zu sein glaubt, nur nicht mehr im 21. Bezirk, zu dem Stammersdorf gehört. Gleich an der Haltestelle befindet sich eine Tafel, auf der, mit Namen und Straße, alle Buschenschenken aufgeführt sind, die »ausg'steckt« haben (nämlich einen immergrünen Zweig vorm Tor, was in der Zeichensprache des Heurigen für »geöffnet« steht), und das sind, besonders zur lauen Jahreszeit, beachtlich viele, und jeder Wiener, der hierherfährt, kennt sein Plätzchen, hat seine Vorliebe, macht seinen Spaziergang, ehe er bei einem, bei seinem Heurigen einkehrt. Ob da dann die Winzerkönigin Brigitte II. ihr Vierterl oder Achterl schleckt oder ob die Stammersdorfer Jugendblasmusikkapelle den Stammersdorfer Heurigenmarsch spielt, ist ihm relativ wurscht. Und noch mehr wurscht ist ihm der Plakat-Unfug einer Werbeagentur, die dem zahlungswilligen Kunden offeriert, dass er sich auf Vorbestellung von einem Paar Burschen in einer Sänfte zu seinem Lieblingsheurigen tragen lassen könne, in einem Sklavenfiaker sozusagen – das würde ihm im Rausch nicht einfallen. Und so nüchtern möchte er gar nicht werden, dass er sich hierher tragen ließe. Die Hauptstraße von Stammersdorf ist auf beiden Seiten gespickt mit Heurigen, noblen und volkstümlicheren. Begrünte Höfe mit Bänken und Tischen, Bäume, Blumen, Wind, Sonne und Schatten, wochentags stille Oasen, an den Wochenenden etwas belebter, aber, was bitte so bleiben soll, ohne den Massenandrang von Touristen, wie ihn zum Beispiel drüben Grinzing zu verkraften hat.

Stammersdorf, im Jahr 1186 als Stomarsdorf zum ersten Mal urkundlich erwähnt, ist ein Angerdorf mit lückenlos aneinandergereihten Gehöften, die in zwei Reihen in langgestreckten Bögen eine Grünfläche einschließen, die als Kleinviehweide diente; die Gehöfte selber sind gegen die Straße gestellt, nach hinten hinaus mit Scheunen und Gärten versehen. Früher waren die Ortseingänge mit Falltoren bewehrt. Das Dorf ist zur ersten Schutzzone des 21. Bezirks erklärt worden: Das heißt, es dürfen keine baulichen Veränderungen vorgenommen werden, wodurch gesichert ist, dass die Weinkeller und Presshäuser, manche dreihundert Jahre alt, der Nachwelt, also uns, erhalten bleiben, so wie sie sind.

Stammersdorf liegt am Bisamberg. Er ist Teil des Alpen-Karpaten-Bogens und die sogenannte Elisabethhöhe mit 360 Meter Seehöhe die höchste Erhebung auf diesem mit Laubbäumen und Eichengebüsch bedeckten Buckel. Ich kenne keine Gegend in und um Wien, die so angenehm versteckt und von solch landschaftlicher Vielfalt ist wie diese. Kopfsteingepflasterte Kellergassen kerben wie ein weiches Netz die Rieden, grün wuchernde Hohlwege mit gemauerten Wein- und Vorratskellern, vergitterte Scharten, hölzerne

Tore, die in die scharf abfallenden Lößwände eingelassen sind, obenauf Terrassen, von Weinlaub überdacht und kühlen Schatten verströmend, Licht wie Schnee.

Dennoch ist es keine Urlaubslandschaft, bilderbuchreif und künstlich schön belassen, sondern eine Gegend, in der gearbeitet wird, viel und hart, trotzdem von einer anrührenden Herbheit, einfach schön, mit Betonung gesagt, still, weit, leise, alles so, wie es bleiben soll. Dunkelgrünes Gewöll der Hecken rankt sich die Hänge hinauf; Wein und Weizen, Nussbäume, Kirschbäume und Holunderbüsche, Rebstöcke wie verrenkte Kreuze auf den Feldern. In der Luft der modrige Geruch alten Gemäuers. Und immer wieder kleine Heurige mit bescheidenem Interieur, und jeder von ihnen eine Institution für Eingeweihte, ein Ort, wo man wirklich fernab sein kann, weit, weit weg von seinem Leben. Rüstige können, wenn ihnen danach ist, an der Wiener Stadtgrenze entlang die Senderstraße zum Jagdschloss Magdalenenhof hinaufspazieren und dort im üppigen Garten Köstliches aus unverschweinter Küche essen. Aber sie können auch ihre eigenen Wege gehen, denn Wege gibt es mehr als genug hügelauf und hügelab und einer schöner als der andere. Können, wenn sie etwas für ihre Gesundheit tun wollen, auf den Besuch des rumänischen Schnapsheurigen verzichten, der ab und zu wie zufällig geöffnet hat und wo man stehend Honigschnaps aus klebrigen Gläsern trinkt, und weiterwandern in Richtung Hagenbrunn, vorbei an der wummernden Schießstätte des Bundesheeres zum windzerzausten Plateau des Rendezvousbergs hoch, wo der Blick bis an die slowakische Grenze geht, wo dann an Feldwegen Straßenschilder stehen und Rehe am Waldrand äsen, im 21. Bezirk, wohlgemerkt. Am Horizont, Mahnung, Drohung, wie auch immer, die Betonzinnen der Trabantenstädte; wie aus einem Traum ragt vor ihnen der Zwiebelturm der alten Wehrkirche St. Nikolaus aus dem dunstigen Atem der Erde.

Früher hieß der Bisamberg einmal Busenberg. Einem Gerücht zufolge soll in der ersten Julihälfte 1982 eine Bärin mit zwei Jungen am Bisamberg gesichtet worden sein. Das zeugt von der Qualität des Weines, von seiner, oft rohen, Stärke und Kraft.

Den Wein verdanken die Wiener den Römern, historischer ausgedrückt: dem Imperator Marcus Aurelius Probus (276–282 n.Chr.), der, so die Fama, in unkriegerischer Zeit seinen beschäftigungslosen Legionären gebot, Rebstöcke zu pflanzen. Aber weder der Weinhauer noch der Zecher kümmert sich sonderlich um die Geschichte. Arbeit bedeutet für den einen der Genuss des anderen, ein Genuss freilich, an dem er verdient, seit Kaiser Joseph II. am 17. August 1784 das Regierungs-Circular. Nr. 1139 in Umlauf brachte, in dem unmissverständlich vorgeschrieben wird, den niederen Untertanen die Freiheit zu geben, alles Selbsterzeugte »zu allen Zeiten des Jahres, wie, wann, und zu welchem Preise er will, zu verkaufen, oder auszuschenken«. Dieses kaiserliche Dekret war gewissermaßen die offizielle Geburtsurkunde des Heurigen.

Die Rebsorte, die in Stammersdorf und Umgebung am häufigsten angebaut wird, ist bei den Weißweinen der berühmte, zum Teil auch berüchtigte Grüne Veltliner, der schon so manches Herz und manchen Magen brach, gefolgt von den Sorten Rheinriesling, Welschriesling, Weißburgunder und Kreuzungen wie Müller-Thurgau oder Goldburger. Rotweine machen lediglich zehn Prozent der Anbaufläche aus. Bei ihnen dominiert der Blaue Portugieser, Blauer Zweigelt, St. Laurent und die Neuzüchtung Blauburger teilen sich die restlichen Ränge in der Beliebtheitsskala. Aber es wird auch gemischt – und gepanscht. Nicht immer ist der Wein gut – aber trinkbar meistens. Beim Heurigen belohnt sich der Wiener fürs Spazierengehen und feiert, dass die Natur eine Seele hat und ihre schönsten Gaben – wie Trinken, Essen und ein bisschen frische Luft – für ihn bereithält; nach der Anstrengung des Fortbewegens auf zwei Beinen kommt die Einkehr in eine Buschenschank einer wohlverdienten Sünde gleich. Alte Liebespaare sitzen an den Tischen und lebenslange Feinde, die sich Bescheid tun und lächeln und ins Reden kommen mit immer hurtiger werdenden Zungen und süffisanter schnalzenden Stimmen, wenn der Wein in den Kopf steigt und den Bauch bläht. Jung und Alt, Kind und Hund, alle und alles am liebsten draußen im Freien, weil da gut hocken ist; den Alltag hat man in der Stadt zurückgelassen, und die Arbeit soll vergessen sein, und auch der Tod, einmal auch der Tod – höchstens dass man von ihm singt wie von einem törichten Freund …

Vögel und Sterne fliegen am Himmel, wenn der Abend lau ist und die Labsale vom Buffet fett und sauer im Gedärm rumpeln, was den Genuss nicht schmälert, denn für all die Wohltaten nimmt man einen kleinen Hosendonner gern in Kauf. Knoblauch, Paprika und Schmalz mit Grammeln, Liptauer, Quargel oder Haussulz mit geraspeltem Kren bestreut, das bringt den Gaumen in Wallung, taucht die Zunge wie von selbst ins Glas. Ach, es ist trotzdem schön, einfach zu leben, zu trinken, zu träumen, gefühlvoll durcheinander, die Füße fest auf Gottes Erdboden und den Kopf fast im siebten Himmel. Das hat alles sein Gutes, und die Politik wird davon auch nicht besser.

Ich ging am liebsten in eine Buschenschank am Breitenweg 2, die von Anna und Karl Nekusil betrieben wurde. Ach, war das ein Heuriger, kaum größer als die Krone des Nussbaums, unter dem ein paar Tische und Bänke standen, fast schon im Weinberg. Der Wein der Nekusils war ein selten saurer Tropfen, und die Jause wurde auf beschwerlichen Wegen aus dem Keller geholt, und trotzdem war es eine Wohltat, dort zu hocken, menschlich, schön, konnten Himmel und Erde ins Unendliche wachsen und ihre Farben ineinanderfließen, konnte es Herbst werden und der Nussbaum Nüsse abwerfen, grüne Nüsse in einen grünen Wein. Herrn Nekusils Frau war eine Kleine, Stämmige, Rundliche, die Ruhe selbst und die Freundlichkeit in Person, ihr Mann hingegen spielte anfangs eher den Zurückhaltenden, und erst wenn sich sein Herz für den Gast erwärmte, vergaß er die Zurückhaltung, dann flossen bedachtsam Worte aus ihm, Worte über seine tägliche Arbeit mit dem Wein.

Jetzt ist Herr Nekusil krank geworden, schwer, sehr schwer, der Besitz verkauft. Jetzt sitzen Herr und Frau Nekusil den ganzen Sommer lang in ihrer Gemeindebauwohnung, bis zum Tod. Die Wagen der Linie 31 befördern Promille en masse, wenn sie spätabends stadteinwärts rattern. Die Rückfahrt ist jedes Mal eine Theatervorstellung für sich, und sie kostet nur den Fahrschein. Es ist ein Bild des milden Jammers, wenn die, meist älteren, Zecher beiderlei Geschlechts mit wackligen Beinen und schnurrenden Hackelstecken der Straßenbahn zustreben, so aufgescheucht dahinstampfend, als gälte es, jetzt und sofort mit aller Kraft der ewigen Seligkeit habhaft zu werden.

Kaum sind die Trittbretter erklommen, kaum ist ein Sitzplatz ergattert, fühlt man sich in rauschiger Sicherheit, und schon wird von daheim gesprochen, von den nichtsnutzigen Krankheiten, wird gekichert und ein bisschen albern herumgestiert. Setzt sich der 31er dann in Bewegung, ein ruckelndes, kreischendes Glühwürmchen, das Haltestellen mit Namen wie Van-Swieten-Kaserne/Heeresspital, Betriebsausweiche oder Shuttleworthstraße ausruft, bleibt das Leben zurück, ist jeder schon in Gedanken im schaukelnden Bett, wird der Mann die Frau, die Frau den Mann betrachten, in Liebe, in Hass, immer in Erinnerung an das Damals, das der Wein in einem aufrührt, und graue Köpfe lehnen sich an nachtdunkle Scheiben und nicken und zittern im Takt der Räder, als würden sie ihren Träumen von rauschenden Festen und wahrhaftigen Leidenschaften zunicken, als wäre das Ende des Vergessens noch nicht in Sicht. Der Wein hat den Geist und die Sinne erregt, aber das Fleisch, das man zu den Gefilden gestundeter Glückseligkeit trug, ist müde und mürbe vom Alkohol, ein Anhängsel, nicht eigentlich traurig.

So fahren diese Menschen in die Stadt zurück, fahren dahin in verfliegender Fröhlichkeit, erschöpft vom Gesellschaftsspiel des Redens, Schlafwandler ihrer Triebe. Irgendwann steigen sie aus, ein stummes Lied auf den Lippen oder ein wildes Gebet, verschwinden im schwarzen Bauch der Stadt.

Hilde Spiel

MAN MÜSSTE EIN BÜCHLEIN SCHREIBEN NUR ÜBER WIESEN

Mag sein, dass die Literatur ihre Stoffe im Getümmel der Menschen findet – zur Reife braucht sie die Ruhe der Natur. Hilde Spiel ist den Dichtern nachgereist, deren Ruhm auch dem Land gilt, in dem ihre Verse und Stücke Kraft und Klarheit gewannen. Adalbert Stifter und Hugo von Hofmannsthal, Heimito von Doderer und Arthur Schnitzler: Sie alle fanden in den grünen Tälern und auf den luftigen Höhen des Wienerwalds Glück, Trost und Seelenfrieden. Sogar ein Engländer aus Amerika war dabei.

Wehmut und Behaglichkeit – das ist es, was die Wiener Dichter mit dem Wienerwald verbindet. Ob sie ihr eigenes Wesen in dieser Landschaft widergespiegelt finden, ob ihnen aus der Landschaft diese eigentümliche Mischung von Melancholie und Wohlgefühl entgegenweht, ist ungewiss. Doch scheint die Wechselwirkung, denn um eine solche handelt es sich jedenfalls, erst im frühen neunzehnten Jahrhundert entstanden zu sein, in jener idyllischen und kleinlauten Zeit, die man das Biedermeier oder den Vormärz nennt. Damals traten, mitten in einer Epoche der Sinnenfreude und geistigen Enge, die ersten Poeten, Prosaisten, Dramatiker auf, mit denen in Österreich Staat zu machen war: Grillparzer, Raimund, Nestroy, Lenau und Stifter, fünf begnadete Menschen, von denen zwei durch Selbstmord endeten, einer in Wahnsinn verfiel und die beiden Letzten ihr Leben in grämlicher Eigenbrötelei oder im Überdruss beschlossen. Der Hang dazu, den klaren Wein der Lebenslust mit einem Wermutstropfen seelischer Bitternis zu versetzen, war ihnen allen gemein. Und alle, mit Ausnahme Nestroys, dessen Satire nur in den Straßen der Stadt und Vorstadt gedieh, flüchteten immer wieder hinaus auf die sanften Hänge und in die kühlen Haine des Wienerwaldes.

Stifter vor allem, ein Sohn des böhmischen Grenzlandes, der sich in Linz das Leben nahm, hat die erquickende Süße der »Ausflüge und Landparthien« in die Umgebung seiner Wahlheimat Wien beschrieben: die »sanft dämmernden Wände des Bisamberges«, das »Thal von Weidling mit seinen berühmten Rebenabhängen«, die Kastanienallee vor Hadersdorf und dahinter die Buchenlaubberge, wo man in eine so einsame Gegend gerät, »dass man in der entferntesten Landruhe zu verweilen vermeint«, Mauerbach mit seinen Fußpfaden über grünen Weidegrund und zwischen zerstreuten Bäumen hindurch, auf denen man allmählich zu einem Höhenzug hinaufsteigt, um tief hinab auf die Talfläche des Tullner Feldes zu blicken. Schöne Schilderungen, nach denen noch heute ein Wanderer die Landschaft durchstreifen kann. Stifter hat in ihr Trost gefunden. Doch nur der Gleichgestimmte kann ein wahrer Tröster sein. Der Mollton jener bewaldeten Ausläufer der Alpen, die im Norden, Westen und Süden die Stadt umsäumen, liegt in dem sachten Abstieg, dem milden, aber unaufhaltsamen Niedergang zur Ebene hin. Jeder von uns kennt sie, die dumpfe Beklommenheit, wenn wir von einer Bergspitze die Fahrt oder den Gang ins Tal antreten: ein Urgefühl, atavistisch durchschauert von Trauer, Abschiedsweh, Angst, eine immer wiederkehrende Vertreibung aus dem Paradies. Blickt man von Wien zurück auf die Hügel, vom Leopoldsberg bis zum Gallitzinberg, so weit man die Kette überschaut, dann ist es wie auf eine verlorene höhere Welt. Im Osten das bläulich schimmernde Flachland führt ins Ungewisse, in die seit Jahrtausenden immer wieder drohende Gefahr.

In unseren Tagen hat Heimito von Doderer, der in Weidlingau geboren wurde, das Glücksgefühl geschildert, mit dem man zurückkehrt in das heitere Hügelland. Im Schnellzug westwärts: »Das hallt, das eilt: ein Finalsatz. Jetzt muss sich's heben: wozu lebten wir denn, wenn wir nicht wenigstens im Finale frei würden? Da ist's erreicht: links – rechts sinkt alles ab, verlässt uns, wir steigen wie im Lift, wir sind draußen, drüber, droben: der Viadukt. Eichgraben. O grünes Tal, bald füllen sich die Kronen, der Wälder Schaum, des Hügels ferner Rand.«

Hundert Jahre zwischen den beiden Dichtern – und immer wieder zeigen sich, in diesem bedeutsamsten Säkulum der österreichischen Literatur, die innigen Bezüge zur nahen Natur. Nur wenige Städte gibt es ja, in denen sie so dicht heranreicht, so weit hineinreicht in die Straßen und Behausungen der Stadt. »In der Wind-ins-Gesicht-Gasse wohne ich«, heißt es in einem Gedicht von Albert Ehrenstein. Und wäre es nicht der Anblick des Bergkranzes, so erinnerte doch der ewige Wind, der von den Gipfeln herabbraust durch ihre Avenuen und Alleen, die Wiener stets an seine Gegenwart. Ihr Hausberg ist eine Warte, von der sie ihr inneres und äußeres Reich überschauen. Über ihn hat Grillparzer gesagt: »Nur wer vom Kahlenberg das Land sich rings besehen / wird was ich schrieb und wer ich bin verstehen.« Josef Weinheber besang ihn: »Schwärmerisch frühestes Gefühl / aufnahm dein Waldgewühl / einsames Liebesleid, / du hast's geweiht.« Ferdinand von Saar, Elegiker des Fin de Siècle, der in Döbling zu seinen Füßen wohnte, ging den Kahlenberg hügelan, wenn »die ersten sonnigen Hauche« hinlockten »vor die düstere Stadt«. Will man aber all jene einordnen, die an verschiedenen Orten des Wienerwaldes zur Welt kamen, sich dort heimisch machten oder dort begraben wurden, dann ergibt sich eine seltsame Nachbarschaft.

In Weidling etwa, um im Norden zu beginnen, liegt Nikolaus Lenau auf dem Kirchhof. Unweit davon starb 74 Jahre nach ihm Franz Kafka im Kierlinger Sanatorium. Den Geburtsort Heimito von Doderers beschwor Karl Kraus in seinem Gedicht »Jugend«. Auf dem schön benannten Sommerhaidenweg wandelte der Held in Arthur Schnitzlers Roman »Der Weg ins Freie« und zog die Spuren des Dichters nach: »Wiesen und Waldeshöhen hielten am Talende den Blick auf, und im Spiegel der Luft ließen abendliche Fernen mit neuen Tälern und Hügeln sich ahnen. Dieser Landschaft fühlte Georg sich wunderbar vertraut.« Dennoch sind es nicht so sehr die nördlichen und nordwestlichen Gegenden, in denen die Literatur zu Hause ist. Die »Kulturstraße im Wienerwald«, wie Egon Fenz sie genannt hat, verläuft südwärts, von dem »vornehmen und zugleich resignierten Rodaun mit Hugo von Hofmannsthal« zu dem »seltsamen Gemäuer in Maria-Enzersdorf, wo der junge Grillparzer mit Dämonen und Gespenstern rang«, weiter über die kleine Stadt Mödling, in der Ferdinand Kürnberger begraben ist, Weinheber im Waisenhaus aufwuchs, Franz Theodor Csokors Elternhaus stand und Anton Wildgans seine Mannesjahre verbrachte, und schließlich westwärts nach Gaaden, wo Raimund die wichtigsten Teile seines »Verschwenders« schrieb. Die erste und die zweite Dichterschule des vorigen Jahrhunderts, unsere fünf biedermeierlichen Genies und später, vor der Jahrhundertwende, »Jung-Wien«, aber auch die Schriftsteller der Ersten Republik haben dort entscheidende Impulse erhalten.

Nach Rodaun zog Hugo von Hofmannsthal im Juli 1901 und meldete bald darauf seinem Freunde Schnitzler: »Mit Haus und Leben hier bin ich sehr zufrieden.« Er blieb es bis zu seinem allzu frühen, tragischen Tod. Grillparzers

Kindheit im sommerlichen Enzersdorf – eine alljährliche Befreiung aus dem engen Stadtquartier –, mit all den natürlichen und geheimnisvollen Freuden eines großen Gartens, fand Niederschlag in seinem Werk, etwa wenn in der »Ahnfrau« der Graf von Borotin von einer Gartentür zum alten Weiher spricht. In Mödling siedelte Wildgans sich 1915 an und rühmte die Nähe der Felder und Wiesen. Mit seiner feierlichsten Lyrik, wie geschaffen dazu, als Hymnus vertont zu werden, pries er zehn Jahre darauf die Erhebung des tausendjährigen Ortes zu urbaner Würde: »Du traute Stadt im heitern Wienerwalde, / Gegrüßt und hochgelobt zu deinem Fest! / Wie ruhst du schmuck an weißer Felsenhalde / Und immer überrascht vom Schirmgeäst / Der sturmgeduckten schwarzen Wetterföhren, / Die zeichenhaft zu deinem Bild gehören.« Aus solch panegyrischem Überschwang kehrt man besser zu den zarten Impressionen der »Königswiese in der Vorderbrühl« zurück, in denen Peter Altenberg 1908 das von Mödling ausgehende schönste Tal des Wienerwaldes charakterisierte:

»Ganz von dunklem Wald umsäumt, wie ein riesiger Teich von hellem grünem Grase. Gleichsam ein jungfräulicher Grasboden. So sind die Wiesen dort, wo noch kein Entdecker hingekommen ist, so waren die Wiesen, bevor es Menschen auf der Erde gab. Verlorene Baumgruppen stehen da wie kleine Inseln, ein bisschen Schatten spendend für niemand. Die Sonne extrahiert aus Wiese und Wald einen intensiven Parfum. Man müsste ein Büchlein schreiben nur über Wiesen. Die Wiese, dort ›wo die Großstadt abrinnt, abtropft‹, dicht besetzt, belegt mit Kindermädchen und Kindern, vom Staub der nahen Landstraße gemartert und absterbend, dennoch ein wenig Erholung spendend, in den späten Abendstunden vielleicht sogar Glück.«

Das Glück der Wiesen im Wienerwald – nur wenige Dichter wollen es in unseren Tagen immer um sich sehen. Der letzte Bewohner dieser lieblichen, wehmütigen und doch trostreichen Landschaft war Josef Weinheber, der in ihrem westlichsten Teil sein Leben zubrachte und beschloss: in Kirchstetten, einem bescheidenen Dorf, genügsam und begnügt mit der mäßigen Schönheit einer mittleren Hügellinie. Vielleicht war es diese zeitlose Ruhe, dieser Schwebezustand im anspruchslosen Raum zwischen den Machthabern unserer Erde in Ost und West, die den Pfarrerssohn aus York, W. H. Auden, in demselben Ort sein »Habitat« aufschlagen ließ. Hier lebt er nun – nachträglich eingeholt vom nahen Verlauf der Autobahn –, ein sonntäglicher Kirchgänger und Verehrer »Franz Josephs des Unglücklichen, der nur einmal in sechsundachtzig Jahren tanzte und niemals das Telefon benützte«. In seinem Poem »Pfingstsonntag in Kirchstetten« beweist er, dass bei aller faltenzerfurchten Esoterik ein gottgefälliges Dasein möglich ist: »Der Heilige Geist / verabscheut weder des Golfspielers Jargon / noch einen niederösterreichischen Akzent / noch die Kadenzen meiner eigenen anglo-amerikanischen / musikalisch-literarischen Koterie.« So erstaunlich es klingen mag: Zurzeit ist Auden, dieser diffizile Kosmopolit und »einsprachige Pilger«, der bedeutendste Dichter des Wienerwaldes.

Siebo Heinken

LANDSCHAFT IM FLUSS

Sie haben den Strom in ein Bett gezwungen, die Ufer sind befestigt, denn die Donau ist ein Wirtschaftsfaktor. Nur an wenigen Stellen gelang es Naturschützern, die feuchten Wälder und Auen vor der Regulierung zu bewahren. Siebo Heinken hat sich in ein Boot gesetzt und ist in den Nationalpark Donau-Auen gefahren – dorthin, wo Biber ihre Burgen bauen, Sumpfschildkröten ein paar Sonnenstrahlen suchen und bisweilen sogar ein Seeadler zu finden ist. Bis dorthin, wo auch die Boote nicht weiterfahren dürfen.

Nebel hüllt die Donau in einen grauen Mantel. Ein Frachtkahn tuckert vorbei, nur schemenhaft ist er zu erkennen. Still gleitet unser Schlauchboot in die Große Binn, einen Seitenarm im Nationalpark Donau-Auen. Die Paddel tauchen rhythmisch ins grüne Wasser, aus einem Baumwipfel hallt der Ruf eines Schwarzspechts.

»Dort hat gestern ein Biber zu Abend gegessen«, sagt Peter Trampota, der Bootsführer, und weist auf ein paar helle, frisch abgenagte Äste am Ufer. Unter Wasser sind als Schatten die Eingänge der Biberbauten auszumachen. Um 1860 war der letzte dieser hier einst häufigen, jedoch als Fastenspeise allzu beliebten Nager geschossen worden; seit vor gut 20 Jahren zwei Dutzend aus Skandinavien herangeschaffte Biber wieder ausgesetzt wurden, hat sich der Bestand auf bald 800 Tiere erholt.

Wir paddeln zwischen Wänden aus Weiden und Pappeln,

an deren Zweigen der Schlamm noch an das letzte Hochwasser vor einigen Tagen erinnert. Armdicke Lianen hängen von den Bäumen herab, dahinter dichtes Unterholz. Nicht genutzte Wege wachsen innerhalb weniger Monate zu, und Myriaden von Stechmücken machen die Donau-Auen im Sommer zu einem unwirtlichen Ort. Amazonien Europas, so wird diese verträumt-romantische Landschaft genannt. Sie ist der letzte große Auwald Mitteleuropas.

Auwald bedeutet Wasserwald: ein Ökosystem, das durch die Dynamik des frei fließenden Flusses lebt, durch den Wechsel von Hoch- und Niedrigwasser. Typisch für diesen Wald ist das Mosaik aus unterschiedlichen Landschafts- und Gewässerformen, die Vielzahl von Biotopen und damit der Artenreichtum. 5000 Tierarten leben in den Donau-Auen, vom Ölkäfer bis zum Rotwild, und mehr als 600 Farn- und Blütenpflanzen haben Biologen zwischen dem Flussufer und den höher gelegenen, savannenähnlichen »Heißländen« in der Lobau gezählt. Darunter die hellgelbe Osterluzei, die einzige Nahrung für die Larve des seltenen, weißlich gelben Osterluzei-Falters.

Auwälder waren früher häufiger an der Donau zu finden, doch wie die meisten europäischen Flüsse ist auch dieser in ein Korsett gezwängt worden. Die Nebenarme wurden abgeschnitten. Nur an der Isarmündung in Bayern, in der Wachau, 50 Kilometer westlich von Wien, und hier im Wiener Becken, zwischen Wienerwald und der Hainburger Pforte, fließt die Donau auf ihrem 1000 Kilometer weiten Weg zwischen dem Schwarzwald und der slowakischen Grenze auf einer längeren Strecke noch ungestört.

Von der natürlichen Flusslandschaft ist dennoch nicht viel geblieben. Alte Landkarten und Stiche zeigen, wie es zwischen Wien und Bratislava aussah, bevor die Donau in ein Bett gezwungen wurde: ein mehr als sieben Kilometer breites Geflecht von Haupt- und Nebenarmen, von Bächen, Rinnsalen und kaum zugänglichen Sümpfen. Man »ahnt nicht, dass in unmittelbarer Nähe der Weltstadt eine noch recht einsame und ganz für sich allein charakteristische Wildnis besteht«, staunte Kronprinz Rudolf im Jahr 1888. Die Auen reichten bis an den Stadtkern von Wien, im Prater wurden noch vor 100 Jahren kapitale Hirsche geschossen.

Die ungezähmte Donau und ihre Nebenarme bahnten sich immer wieder neue Wege. Wiederkehrendes Hochwasser und Eisstöße, die ganze Dörfer vernichteten, vor allem auch die dringend erwünschte bessere Schiffbarkeit führten Ende des 19. Jahrhunderts zur »Großen Donauregulierung« und zur Errichtung hoher Dämme. Seit den vierziger Jahren ist eine Kette von Staumauern und Kraftwerken hinzugekommen - gebaut in einem Glauben an Technik und Fortschritt, für den die »wilde Natur« keinen besonderen Stellenwert besaß.

Die Aulandschaft östlich von Wien wurde in letzter Sekunde gerettet. Kurz vor Weihnachten 1984 verhinderten Tausende Demonstranten die Rodung der Stopfenreuther Au. Die Besetzung und eine Großkundgebung mit 40 000 Menschen auf dem Wiener Heldenplatz erwirkten, dass der Bau des geplanten Donaukraftwerks Hainburg zunächst verschoben wurde. Bis am Ende Regierung und das Energieunternehmen Donaukraft 1996 das Staudamm-Projekt endlich zu den Akten legten und der Nationalpark Donau-Auen gegründet wurde - nach einem Jahrzehnt des fortgesetzten, maßgeblich vom World Wide Fund for Nature (WWF) getragenen Widerstands. Der Naturschutz hatte gesiegt. Auf Dauer.

Unweit von Orth, auf halbem Weg zwischen Wien und Hainburg, zeigt Reinhold Gayl, der hier für die Naturführer-Ausbildung zuständig ist, hinüber auf das südliche Donau-Ufer: »In den Lehmwänden dort drüben finden Sie die größte Eisvogeldichte Europas.« Die Donau fließt jetzt, bei Mittelwasser, mit sechs Stundenkilometern ziemlich gemächlich dahin. Doch bei Hochwasser wird sie zum reißenden Strom, modelliert die Lehmwände, verschiebt Schotterbänke, auf denen Flussseeschwalben und Flussregenpfeifer brüten, wo im Winter am Flussufer Eisvögel, Gänsesäger und sogar Seeadler zu sehen sind. Seit die Parkverwaltung die Regulierung korrigiert und Altarme sukzessive geöffnet werden, kann die Donau auch dort wieder zum Architekten des Auwaldes werden.

Zehn Kilometer weiter, in der Stopfenreuther Au, bleibt Reinhold Gayl am Roßkopfarm stehen – nicht weit von dem Ort, wo die Hainburger Staustufe gebaut werden sollte. »Das ist ja wunderbar«, ruft er und zeigt auf den Rand des Gewässers: In der Ferne, kaum auszumachen, sonnen sich auf einem knorrigen Baumstamm zwei kleine Sumpfschildkröten. Libellen sausen vorbei, gleich neben dem Weg lugt ein Teichfrosch aus dem Wasser.

Ein Idyll für Naturfreunde, doch für die Nationalparkverwaltung ist die Erhaltung der jahrzehntelang von Jägern, Fischern und Ausflüglern genutzten Donau-Auen nach wie vor eine Gratwanderung zwischen notwendigem Naturschutz und den Möglichkeiten der Freizeitnutzung. Die Menschen sollen jetzt vor allem stille Beobachter sein, und manche fühlen sich aus »ihren« Auen ausgeschlossen. Hier, im Roßkopfarm, ist der Fall entschieden: Boote dürfen diesen Teil nicht mehr befahren – der Park gehört wieder allein den Tieren und Pflanzen.

Über der Langen Lacke bei Apetlon tanzt eine Wolke von Staren Ballett, treibt auseinander, verdichtet sich zu einem Ball und weht wieder in alle Richtungen davon. Wie das ferne Rascheln eines Herbstwaldes dringt der Flügelschlag herüber, ständig unterbrochen vom Brummen eines tief fliegenden Sportflugzeugs, dessen Pilot sich bemüht, die gefräßigen Vögel von den direkt angrenzenden Weinfeldern fernzuhalten. In einer Bucht des kleinen Sodasees reckt ein

Purpurreiher aufmerksam seinen Hals, ein paar Meter weiter waten zwei Dutzend Kampfläufer im spiegelglatten Wasser.

Auf den Grünflächen dazwischen grast eine Herde braunen Fleckviehs, bewacht von einem Hirten und seinen beiden Hunden. Es ist wie einst, als Hirten die Rinder am Morgen von den Kleinbauern abholten und am Abend zurückbrachten. Eine Tradition, die der Nationalpark Neusiedler See/ Seewinkel bewahren will: Neben dem Schutz von Pflanzen und Tieren in den ungestörten Naturzonen hat er sich auch dem Erhalt der Puszta-Kulturlandschaft verschrieben. Eine Herausforderung, denn Pufferzonen zwischen Siedlungen und Landwirtschaft auf der einen und den Schutzgebieten auf der anderen Seite gibt es nicht.

Der 320 Quadratkilometer große Neusiedler See liegt an den Ausläufern von zwei prägenden Landschaften: der Alpen im Westen und der Pannonischen Steppe im Osten. In einem Mosaik von Lebensräumen - der See mit seinem dicken, breiten Schilfgürtel, die noch etwa 40 Lacken (salzhaltige, trockenfallende Seen) und die Puszta-Wiesen - findet sich hier eine außerordentlich reiche Flora und Fauna. Dreihundert Vogelarten brüten hier oder ziehen durch, und es gibt 10000 verschiedene Insekten- und Spinnenarten. Unter ihnen die Südrussische Tarantel, für die der Neusiedler See die westliche Verbreitungsgrenze ist.

Seewinkel, so wird der zwischen Neusiedler See und der ungarischen Grenze eingeklemmte Landstrich genannt. Jetzt, im Frühherbst, kommen die ersten Zugvögel aus dem Norden - die Gänse, Wasserläufer oder Seeschwalben. Für sie sind die flachen Seen und der bis zu 400 Meter breite Schilfgürtel am Ostufer des Steppensees ein lebenswichtiger Rastplatz.

Alois Lang, zuständig für die Betreuung der Besucher, zeigt auf den Oberen Stinkersee, eine der Salzlacken am Ostufer des Neusiedler Sees. Sie hat ihren Namen von einer bei bestimmten Wetterlagen übel riechenden Schwefelquelle. »Können Sie sich vorstellen, was das hier für ein Angebot an Amphibien ist? Das entscheidet über Sein oder Nichtsein ganzer Populationen von Störchen oder Reihern, mindestens aber über Bruterfolge.« Eine dichte Matte von salztoleranten Pflanzen leuchtet in Braun- und Rottönen, in Beige, Violett, Zinnober und Braun.

Der Nationalpark Neusiedler See ist ein Freilandlabor erster Güte – beliebt bei Ornithologen, geschätzt von Bodenkundlern. Sie finden auf scheinbar marginalen Höhenunterschieden von einem halben bis einem Meter erstaunlich unterschiedliche Pflanzengesellschaften: die Salzkresse unten am See, darüber in etwas trockener Umgebung die Lücken-Segge und die Pannonische Salzaster, weiter oben auf Sand den Salz-Wermut oder das Echte Labkraut. Je nach Vegetation, je nach Höhe suchen sich die Vögel ihre Brutgebiete. Wer diese Landschaft erleben will, muss genau hinsehen.

Der Nationalpark im Seewinkel war ein alter Wunsch von Naturschützern. Bereits in den zwanziger Jahren waren die ersten Wiesen in dieser Gegend unter Schutz gestellt worden. Doch erst Jahrzehnte später, im November 1992, wies die Regierung des Burgenlandes einen Teil des Seewinkels als Nationalpark aus. Er geht nahtlos in den Fertö-Hanság Nemzeti Park über, den Nationalpark Neusiedler See auf ungarischer Seite: zusammen ein Gebiet so groß wie Norderney.

Von Pamhagen in Österreich führt eine Landstraße über die Grenze nach Fertöd in Ungarn, dann geht es, vorbei am Nationalpark-Zentrum von Sarród, nach Fertöújlak am Südufer des Sees. Dort endet die holprige Straße. Ein paar Dutzend Menschen leben hier, mehr waren es nie.

Die Wachtürme, an denen vorbei im August 1989 Touristen aus der DDR erstmals ungehindert in den Westen spazierten, gehören heute den Vogelfreunden. Von den Wiesen hinter dem Seeufer dringt das herrliche Geschnatter und Geschrei

Zigtausender Enten, Saat- und Blässgänse herüber, die sich hier für den Weiterflug stärken. Dunkle Wolken schieben sich über das Leithagebirge jenseits des Neusiedler Sees, es beginnt zu nieseln. Kein Mensch weit und breit.

Erik Graf Wickenburg

SÜDBAHNER WEIN, BACKHENDELN UND KAFFEEZUCKERL

Hinaus aus der Stadt! Dorthin, wo grüne Zweige an den Türen den Weg zum Heurigen weisen, zur Musik und einem Wein, der schon weiß, warum er gerade hier so glatt und süffig gelingt: der vulkanische Boden, die Sonne, das milde Klima – auch wenn die Provenienz »Südbahnwein« zunächst eher säuerlich klingt. Erik Graf Wickenburg kennt die Orte und nennt auch die passenden Beilagen. Und er gibt Ortsfremden einen Tipp: Wachsam bleiben beim Gerebelten!

Als vor einigen Jahren in der Wiener Staatsoper Wasserbohrungen für ein Kühlaggregat angesetzt wurden, gab es eine kleine Überraschung: Für den gedachten Zweck konnte das gefundene Wasser füglich nicht verwendet werden. Es war nämlich warm. Wer bis dahin – trotz den diversen Karajankrisen – noch nicht gewusst hatte, dass die Oper auf vulkanischem Boden erbaut ist, der erfuhr es jetzt gegenständlich. Eine geologische Verwerfung zieht sich von Wien südwärts gegen Baden und Vöslau. Das bedeutet für die beiden Orte Kurbetrieb und Fremdenverkehr, für die gesamte Landschaft am Rande des Wienerwalds aber einen vorzüglichen Weinboden, wie aus den Namen Gumpoldskirchen und Pfaffstätten neben den genannten Kurorten allein schon hervorgeht. Die Hitze des Grundes schmort die Reben zu einem Saft, der ihm den Namen eines österreichischen Tokayers verschafft hat. Sie kommt aber auch den Rotweinen zugute, die hier mit viel Liebe gezogen werden. Heiße Liebe - was will man mehr, gar, wenn sie sich ausnahmsweise zu Beglückung und nicht zu den sonst zwingenden Tragödien auswirkt?

Nun ist aber der Weißwein, welcher praktischerweise unter Namen wie Rotgipfler und Spätrot angeboten wird, weder so süß, wie man vermuten könnte, noch brennen die Rotweine, hier vor allem der Vöslauer, etwa auf der Zunge. Nein, die milde Atmosphäre der Landschaft hat sich ihnen bräutlich vermischt - moderner Brautstand, bitte! - und Gewächse von ebenso klarer als zarter, niemals aber scharfer Gestalt herangezogen. Sie unterscheiden sich von dem viel härteren Steinwein, den man in der Wachau findet, oder dem im Löß beheimateten »Brünnerstrassler« mit seiner mehr sauren Miene. Diese Südbahnweine (sie wachsen an der Bahnlinie Wien-Semmering) fließen glatt und mit einer pastellenen Färbung ins Glas und machen es beileibe nicht notwendig, dass der Trinker sich nach ihrem Genuss nächtens mehrmals im Bett umwende, damit ihm kein Loch in den Magen gebrannt wird ...

Die Brücke von Wien ins Weingebiet bilden mehr oder weniger bekannte, teils auch literarisch verankerte Orte wie *Rodaun* (Hofmannsthal), *Kalksburg* (*High-Brow*-Mittelschulinternat) und *Perchtoldsdorf,* welches aus unerfindlichen Gründen mit *Petersdorf* identisch und nicht nur verwandt ist. Auch hier dürfte schon seit des Kaisers Probus Zeiten Wein gezogen worden sein. P-dorf, wie man's am einfachsten nennt, hat langgewundene, enge Gassen, durch welche sich Autos hindurchschlängeln, ohne dass auch nur annähernd so viele Unfälle geschähen wie auf freier Landstraße. Das Leben ist sinnvoll paradox, gar in Weinorten. Es gibt hier so viele »Heurige«, dass die Eichkätzchen von einem Heurigenbuschen zum andern hüpfen könnten, wenn sie es wollten. Und mit Stolz erinnert sich jeder Petersdorfer des Komponisten Anton Bruckner, nicht, weil dieser etwa ein Weinlied verfasst hätte, sondern, weil er einmal die öffentliche Erklärung abgab: »Aber Leutln, redet's doch net so halb daher! Trinkt's einmal in Petersdorf an einem sternhellen Juniabend in einem Garten ein Viertel Gerebelten, schaut's auf die Glühwürmchen, horcht's auf die Grillen - nachher wisst's, was ein Schubert-Adagio ist ...«

Wozu noch hinzuzufügen wäre, dass »Gerebelter« ein Wein ist, bei dem die Trauben vor dem Pressen von den Stengeln befreit worden sind, eine mühsame und pickige (id est: klebrige) Beschäftigung, welche die Qualität des Weins erhöht, die gewonnene Menge vermindert und das Produkt verteuert. In denjenigen Lokalen, wo am meisten von den Volkssängern mit goldenen Zähnen vom »Gerebelten« gesungen wird, kommt er, einem bösen Ondit zufolge, am seltensten vor.

Von Perchtoldsdorf gelangt der Autofahrer über die hübschen und auch kunstgeschichtlich überaus ertragreichen Orte *Maria-Enzersdorf* und *Mödling* auf die sogenannte Weinstraße. Der Wagen muss hinter der ehemaligen Kadettenanstalt einen steilen Berg erschnaufen, was er in einer Manier tut, die den Besitzer stolz macht, und führt auf eine Kammhöhe, die einen freien Blick über endlose Linienregimenter von Weinstöcken der Südbahnstrecke gewährt, durch die der Weg dann mitten hindurchführt.

Der bekannteste Quellort ist heute *Gumpoldskirchen,* wo fast ausschließlich Weißweine wachsen, und zwar offenbar viel mehr, als wahr ist. Die Bezeichnung hat sich für indulgenten, wohlschmeckenden Österreicher-Wein so eingeführt wie die für den auch unendlich strömenden Kalterer See für Südtiroler Weine. Sie ist zum Gattungsbegriff geworden, weshalb man gut daran tut, lieber den Gumpoldskirchner an Ort und Stelle zu trinken. Am besten in einem stillen

Gärtchen hinter dem Haus des Weinhauers, wo man auf lehnenlosen Holzbänken nahe an den Kalkfelsen der Hintergrundkulisse von Gumpoldskirchen sitzt und den Wein auf der Zunge zergehen lässt. Es gibt natürlich am Ort auch vorzügliche große Weinhäuser.

Der Ort selbst befindet sich eigentlich unaufhörlich in einem frohen Taumel der im Wind tanzenden Strohkränze, die anzeigen, dass hier »ausg'steckt« ist. Nicht nur hier paart sich aber Bacchus mit – nicht, was Sie jetzt schon beinahe ergänzt hätten! – den Freuden des Gaumens. Die Regel ist es wohl, dass sich Weinbeißer auch selber etwas zum Beißen mitbringen und aus fettigen Papieren wollüstig entfalten, aber es fehlt nicht an gastlichen Häusern mit örtlich gestimmter Küche, worunter man je nach Geschmack Kalbsstelzen, Schnitzel, Geselchtes oder auch Mehlspeisen wie den berühmten Milchrahmstrudel verstehen mag. Backhendeln natürlich nicht zu vergessen, welche mit den heute mehr gefragten Brathühnern alternieren. Für diese knusprigen Freuden ist die Gegend besonders zuständig. Gleich um die Ecke gibt es dafür eine Extra-Tankstelle, welche Tag und Nacht von Autoschlangen belagert wird. Trotzdem findet jeder Hungrige Platz und wird jeder Skeptiker durch eine flinke Bedienung dahin belehrt, dass er seine Wartezeit-Schätzung auf die Hälfte reduzieren darf. Gemeint ist: das ummauerte Weingütchen *Thallern* bei Gumpoldskirchen, eine Schenkung, die 1141 der Babenberger Leopold IV., und zwar auf seinem Totenbett, dem Stift Heiligenkreuz vermacht hat. Gewiss, außer der guten Weinlage von damals ist nichts mehr übrig, aber das Anwesen in Schönbrunnergelb mit einer Kapelle aus dem Jahre 1516 und eine aus der gleichen Zeit stammende Weinpresse wären allein schon sehenswert genug, fände sich hier nicht auch die Kostbarkeit eines spätbarocken Christus, welcher in zeitgenössischer Symbolik an einen Weinstock geheftet ist, wozu die tröstliche Aufschrift

»Sum vitis vera – Ich bin der wahre Weinstock« gehört. Hier sind uraltchristliche Vorstellungen in naiver Frömmigkeit zu einer anschaulichen Sublimation gelangt, welche wohl auch dazu geführt hat, dass hier alljährlich nach der Weinlese ein Dankgottesdienst abgehalten wird.

Was nun aber die nichtgeistigen Seiten von Thallern betrifft, dieses biedermeierlichen Schmuckstücks, dessen nicht geringster Reiz die spürbare Landwirtschaftlichkeit neben einer sanften Derangiertheit ist, so soll über dieses Cannae der Hühnerwelt nur andeutungsweise gesprochen werden. Man erhält Portionen, die selbst einen Falstaff in Verlegenheit setzen, macht sich beherzt an die Bewältigung und sieht diese besser als manche andere gelingen: Man hat nachher nicht einmal das Gefühl, zu viel inhaliert zu haben. Das kommt wohl daher, dass das Hühnerfleisch eigens zart und die Zubereitung tolerant ist. Es mag aber auch an unwägbaren Umständen liegen, deren Geheimnis wir der gastlichen Stätte nicht entreißen wollen.

Verlassen wir wohlgesättigt Thallern und reisen wir über das ländliche *Pfaffstätten* ins mondäne *Baden,* wo uns ein Lumpentürl neue Freuden öffnen wird. Ist ein Lumpentürl so viel wie eine Hintertür, austrophäakisch »Hintertürl« ausgesprochen? Ja und nein. Im Mittelalter wurden die Stadttore von Baden wie überall bei einbrechender Dunkelheit geschlossen, und damit waren die fröhlichen Zecher in den Weinbergen ausgesperrt. Das konnte die wohllöbliche Stadtverwaltung so wenig dulden, wie es heute die Polizei übers Herz bringt, Heurigenbesucher im Auto aufzuschreiben. Deshalb wurde das Tor, welches der Vorschrift getreu geschlossen blieb, mit einer Nebentür versehen, durch die Nachtschwärmer oder Lumpen heimlich heimkehren konnten – und sie gab dem Spitzenwein von Baden den Namen.

In Baden werden die kulinarischen Genüsse auf eine höhere Ebene gehoben, man ist Kurort und kennt die große Welt. Ob die Kurgäste auch immer geradewegs zu den berühmten Kaffeezuckerln finden, im Mund zerfließende Kunstprodukte eines örtlichen Zuckerbäckers? Wir meinen, ja. Die Weine von Baden haben einen etwas angehobenen Standard, man zieht sie vornehm in Flaschen, versieht sie mit einer hübschen Halskrause - aber auch der offene Badener hat seinen vorzüglichen Ruf.

Sollen wir uns nach alldem ins Wasser des Thermalbades stürzen? Wir wollen das lieber im nahen Vöslau tun. Dabei kommen wir an dem Ort vorbei, den witzige Menschen gern Tunke nennen, weil er nämlich *Sooss* heißt, und das ist schließlich die fast dudengerechte Form von Sauce. Hier beginnt die Domäne des Rotweins, welcher in *Vöslau* noch stärker vorherrscht. Die Rotweine (»wie Burgunder«) wurden einst von dem Weingutbesitzer Schlumberger so veredelt und hochgezüchtet, dass sie, es ist 111 Jahre her, die jahrelangen Kreuzfahrten der Segelfregatte »Novara« mit viermaliger Überschreitung des Äquators, eingeengt in Flaschen, unbeschadet mitmachen konnten. Die Qualität des Weins wurde sogar noch besser!

Ebenfalls aus blauen Trauben - wer weiß schon, dass Rotwein einzig und allein nur dann entsteht, wenn die Bälger mitgepresst werden, sonst bleibt er weiß - macht derselbe unternehmende Mann dann den ersten österreichischen Schaumwein nach dem Modell französischen Champagners. Dazu wurden die Trauben, siehe oben, nur halb ausgepresst. Heute gibt es wohl einen roten Champagner, und in vorzüglicher Qualität, aber damals hätte man's als Zeichen von Verlegenheit angesehen, wenn er rot geworden wäre.

Vöslau hat eine Therme, die das Baden höchst angenehm macht, nicht zu warm, nicht zu kühl: Der vulkanische Untergrund schlägt durch. Der Ort selbst aber ist im Hochsommer infolge dieser altrömischen Bodenheizung, die dem Wein so wohl bekommt, mitunter beinahe tropisch heiß. Der Verfasser dieses Berichts erinnert sich ferner Kinderzeiten, wo er, schon damals ein Anhänger der Vor- und Voraussicht, daheim im Salzburgischen mitten im Juni noch dick bemantelt spazieren ging, um dann später den Temperaturen während der Ferien bei der Großmama in Vöslau gewachsen zu sein.

»NOCH WICHTIGER
ABER IST, AUS GUTER
GESELLSCHAFT ZU
KOMMEN«

Charlotte von Saurma

NACHT DER ILLUSIONEN

Dies ist die Nacht der Nächte: Zum alljährlichen Opernball tanzt sich die Wiener Gesellschaft in den Rausch einer Walzerwelt aus Leihfrack und Glückseligkeit. Hunderte von Debütantinnen schweben über das Parkett, Tausende von Gästen trinken Champagner dazu. Hier und da spekuliert eine echte Prinzessin darauf, ihre Rechnung nicht bezahlen zu müssen. Die Stadt feiert sich in einem Lichterfest des Scheins und der Scheinbarkeit oder, wie Charlotte von Saurma in kaum verhohlener Süffisanz bemerkt, in einer Mischung aus Riesenrad und Mozartkugeln.

Als wär's ein Stück von Nestroy, Herzmanovsky, Musil. Ein Ball ohne Eigenschaften. Wie die große Literatur des Landes spielt der Opernball in einem Zustand von Zeitlosigkeit, der zu der geschichtlichen Zeit keine rechte Beziehung mehr hat. Spielt in jenem magischen »Vergangenheit-Gegenwart-Zukunft«-Takt, dass man nicht mehr weiß, ob die Zeit vorwärts oder rückwärts fließt. Die Donau so blau, so blau, so blau. »Damals«, so definiert Herzmanovsky die Zeit in seinem Hauptwerk, »zur Zeit, da unsere Geschichte spielen wird ...«, wenn also Realität und Phantasie zusammenfließen, wird wieder einmal der Opernball stattfinden. Der Herr Bundespräsident wird den Ehrenschutz übernehmen, die österreichische Bundesregierung das Ehrenpräsidium bilden, die Bundeshymne wird intoniert werden, das Staatsopernballett tanzen und die Hofoper – im wahrsten Sinne des Wortes

Staatstheater - Kulisse sein, in der die Österreicher als Österreicher-Darsteller ihren wichtigsten Auftritt haben. Was für ein phantastisches Land, in dem ein Faschingsball dem staatlichen Selbstverständnis dient.

»Wo ein Paar Wiener Würstchen 14 Mark kosten« (*Bunte*)

Der Opernball ist das Glamourereignis des Jahres. Jede Donnerstagnacht vor Aschermittwoch wird die Wiener Staatsoper für siebentausend Gäste in den schönsten Ballsaal der Welt verwandelt. Der Eintritt kostet um die 350 Mark, Sitzplätze sind zwei- bis zwanzigtausend Mark teuer. Das ergibt einen Einspielgewinn von über einer Viertelmillion Mark, das einzige Plus, das die Oper im Jahr macht. Die Eröffnungszeremonie mit den ewig gleichbleibenden Präliminarien ist streng geregelt: Nachdem die 180 Debütantenpaare ihren Linkswalzer abgedreht haben, dürfen alle anderen Ballgäste zur Musik von acht Kapellen, einem eigens gegründeten Opernballorchester, der *Ö3*-Disko, tanzen. Dürfen sich an Austern- und Kaviarschnittchen, am Opernballwein »Ochs von Lerchenau«, an Champagner (Flasche 700 Mark) laben, über Gänge und Ränge huschen und die Freitreppe in höchster Kultiviertheit zu gesellschaftlichen Höhen auf- oder absteigen. Davon träumen alle Töchter aus gutem Haus: nur diese eine Nacht sich als Amateurschauspielerin nostalgisch verspielt in eine Dame zu verwandeln. Sich einmal dem nie aufzulösenden Widerspruch zwischen femininem Auftritt in aufreizender Kleidung und sachlicher Kompetenz entziehen zu dürfen. Nur diese eine Nacht zwischen den Großen der Welt in dieser österreichischen Minioperette aufzugehen. Darf es denn im Leben keinen Cinderella-Traum geben?

»Ohne Furcht und Adel« (*profil*)

Damals, zur Zeit, da unsere Geschichte spielen wird ..., begann zu Anfang des 19. Jahrhunderts der Versuch, den Wiener Kongress nachzutanzen. Traumgespinst. Später folgte der Versuch, die berühmten Pariser Bälle nachzuahmen. Wunschtraum. Als endlich dann 1935 der erste Ball arrangiert werden konnte, war die schöne k. u. k.-Herrlichkeit ganz zu einem geographischen Blinddarm verkümmert. Österreich stand kurz vor der Machtübernahme und wollte doch aller Welt per Ball zeigen, dass dies Land wieder wer sei und auch in der Lage, Feste zu feiern. Der falsche Traum vom falschen Österreich verging sofort. Dann endlich, von 1956 an, wurde der Opernball gemäß Paragraph 1 des Hofkanzleidekrets vom 12. Mai 1827, PGS, Band 55, Nr. 60 ..., bewilligt. Seitdem ist man endlich wer, laut Umfrage glauben 51 Prozent aller Österreicher, der Ball hebe das Ansehen des Volkes. Also wird er besonders von den Medien erhört, aus allen Lautsprecherlöchern quillt der süße Walzer. Kann denn ein Staatstraum wirklich Sünde sein?

»Die lange Nacht der starken Frauen« (*Kurier*)

Nur diese eine Nacht der Illusion zu realisieren ist harte Arbeit von choreographischer Qualität. Ein Fulltime-Job für Lotte Tobisch, die Zeremonienmeisterin des Balles. Nach 15 Jahren Amtszeit haben sich die zwei banalen Bürozimmerchen der Angestellten der Österreichischen Bundestheater zu Devotionalienräumen verplüscht, so kurz vor dem Tag X quellen sie über von Blumengrüßen glücklicher Kartenbesitzer. Das Telefon klingelt pausenlos, »nein, verehrter Herr Kommerzialrat, es ist kein Tisch mehr frei«. Der *ORF* schaut kurz vorbei, »bittschön, ich kann Ihnen heuer die Sitzpläne nicht geben, Sie werden's verstehn«. Doch wie selbstverständlich sickert dann schließlich die Teilnahme der beiden einzigen repräsentativen Blaublütigen durch (Monaco/Japan), gilt es doch, die Utopie vom Highlife der oberen Zehntausend, vom Savoir-vivre aufrechtzuerhalten. Die Tobisch ist eine mit allen Wassern gewaschene Dame und durch überhaupt kein Computerprogramm zu ersetzen: »Der Herr mit dem Klumpfuß links braucht einen Tischplatz zur rechten Seite.« Die emeritierte Burgschauspielerin ist klug genug, den Ball nicht zu ernst zu nehmen, aber ihn ernst zu machen; so hat sie ihn einst ihrem Freund Theodor W. Adorno verkauft als eine Mischung aus Riesenrad und Mozartkugeln. »Natürlich kann man aus Lipizzanern Würsteln machen. Nur, wem nutzt das?« So scheute sie sich auch nicht, sich mit den Opernball-Demonstranten solidarisch zu erklären, was den Abbau der Sozialleistungen betrifft. Mehr aber nicht, denn später wird sie, ganz blassblau gefedert, als Hausdame in ihrer Dienstloge zum Fernsehstatement bitten, »der Ball ist eine ungeheure noble Geschichte«. Ein doppelzüngiges Lottchen.

»Twist to my Sobriety« (*Falter*)

Damals, zur Zeit, da unsere Geschichte spielen wird ..., kam es 1986 zur ersten Antiball-Demonstration. Dennoch waren die Auseinandersetzungen vorprogrammiert, auch der Gegner entwickelte Traditionsbewusstsein. Der Wiener Protest war das diffuse Ergebnis einer Summe berechtigter sozialer Widersprüche. Das politische Missbehagen ist schwer zu packen, das wiederum löste Missbehagen auf der anderen Seite aus. Wiens Polizisten bekamen neue feuerfeste Uniformen, zwei Wasserwerfer, hüfthohe Absperrungen, und was dem einen der Ehrenschutz des Bundespräsidenten Waldheim, ist dem anderen die Sympathie-Annonce der Künstlerprominenz – gleich zweimal Worthülsen.

1991 fiel zum einzigen Mal in seiner Geschichte der Opernball aus; der Schock über den Golfkrieg bewog die Veranstalter zu diesem schier undenkbaren Schritt. Doch schon die folgenden Kriege verloren angesichts des Wiener Ballkalenders an Bedeutung – in gewohnter Pracht wurde ab 1992 sofort wieder gewalzt, auch wenn auf dem Balkan vor Österreichs Haustür bald darauf gemordet, vertrieben, vergewaltigt wurde. Warum sollte auch eine Ballinstitution von der ständig wechselnden Betroffenheit betroffen sein? Nur die traditionelle Demonstration überlebte die einmalige Absage des Balls nicht, nicht einmal 1995, als die neu gewählte Bundesregierung ein rigides Sparprogramm beschloss, das das Luxusgebahren des schönen Staatsballs konterkarierte.

»Der Kampf bis auf Messer und Gabel« (*Kurier*)

Wer den Opernball besucht, muss sich eine Weile ernsthaft mit bedeutungslosen Details auseinandersetzen wollen, muss Lust haben am verspielten Sich-Verschönern. Der Herr hat's hier einfacher, er trägt gezwungenermaßen Frack. Doch selbst noch das eherne Schwarz-Weiß-Schema »Lackpumps - Frackhemd - Weste-Mascherl - Frack - Seidenstrümpfe« druckt die Presse schlagzeilengroß, wenn irgendein Trainer der österreichischen Fußballmannschaft zur Anprobe eilt. Wer nicht kauft, leiht, und das ohne Skrupel seit drei Generationen bei Lambert Hofer. Dort, im Keller unter einer Kneipe, hängen an die fünfhundert Fracks, die probiert, gestärkt, geändert und für rund 400 Mark per Telex geordert werden können.

Später dann in der Nacht X werden bis 23 Uhr wieder mal an Manschettenknöpfen gescheiterte Herren halb angezogen vorgefahren kommen. Nur mit Leihorden will Lambert Hofer nicht aushelfen, bittschön, dafür gibt es in diesem Land genügend Vereine, die noch aus jedem Rentner einen Ritter des Burgenlandes gemacht haben. Gegen Geld, versteht sich.

Weil befrackte Männer in Massen eher egalitär als elitär aussehen, bleibt als rollenspezifische Dekoration nur die eigene Dame. Die Zeiten, als diese schon Monate zuvor ins Haute-Couture-Haus des Professors Adlmüller eilten, sind freilich vorbei. Mit dem Tod dieser Wiener Mode-Institution hat sich auch seine Kundschaft zerstreut. Heute geht man in irgendeinen Salon der Stadt. Was zählt, weil von Kameras wahrgenommen, sind nicht mehr Rüschen, Pailletten, pompöse Farben, sondern nur noch die Tiefe des Ausschnitts. Später dann, nachdem die Damen zusammen mit

Hunderten ihresgleichen das Fegefeuer bei Hoffriseur Bundy & Bundy überstanden und jede Haarspitze im Hinblick aufs Dekolleté drapiert worden ist, wird alles für die Katz sein. Zu Tausenden werden sie sich aufs Parkett quetschen, nach ordinären Würstchen Schlange stehen, auf Stühlen ermattet niedersinken, in die Lastenaufzüge drängeln. Soll denn alles umsonst gewesen sein? Aber nein, es gibt ja die sieben Fernsehteams und 75 Pressefotografen zuzüglich der Sofortentwickler: »Nach ein Uhr können Sie Ihre Erinnerung an die schönste Ballnacht bewundern.« Der Staatsball - ein Schützenfest.

»Für eine Kaffeesiederballdemo« (*Der Standard*)

Damals, zur Zeit, da unsere Geschichte spielen wird ..., und genau drei Nächte zuvor, wenn um Mitternacht ausländische Putzkolonnen die einsamen Gassen leer fegen, ist die Oper hell erleuchtet. Das alte, miefige Haus knarzt und stöhnt, alle Sitzreihen werden abmontiert, das Parkett mit den Bühnen auf gleiche Ebene verlegt und eiserne Logen Sprungtürmen gleich per Hydraulik aus der Unterbühne gehoben.

Zwei Uhr nachts Schichtwechsel. Ein paar Arbeiter montieren in unendlicher Langsamkeit Tischbrettchen in jene Logen, in denen später die Hautevolee residieren wird. Jede dieser Waben ist möbliert mit abgewetzten Stühlen, einem ovalen Spiegel, Schirmständer plus Ablage.

Später dann, am Morgen vorher, werden 24 Schüler des dritten Lehrgangs der Bundesgartenfachschule im klammen Gewölbe der Hofburg die 15000 Nelken in Styroporpuffer stecken, ein Geschenk der österreichischen Erwerbsgärtner: Nelken, weil sie durabler sind als andere Blumen. Beim Transport ihrer rosigen Blütentrauben von der Hofburg zur Oper werden die Schüler heftig von Touristen fotografiert. Sie bleiben ernst stehen, sich ihrer Aufgabe als Kleindarsteller in diesem Stegreiftheater bewusst.

»Meine Nacht mit Caroline« (*Kurier*)

»Das ist der Ball der Bälle, ein gesellschaftliches Muss, und Eröffnen ist die Attraktion«, schwärmt Debütant Norbert. Beherrschen Bewerber perfekt den Linkswalzer und sind auch nicht älter als 26 Jahre, so können sie wie der 19-jährige Schüler eine Nacht Prinz/Prinzessin spielen. Noch wichtiger aber ist, aus guter Gesellschaft zu kommen, um in dieselbe wieder eingeführt zu werden. Aus verständlichen Gründen sind VIP-Kinder vom ersten Vortanztermin befreit, müssen aber, um die Auswahl zu legitimieren, zwischen den drei Proben per Crashkurs nachwalzen. Wiens feinste Tanzschule, Elmayer, trimmt Japanerinnen – das Fudji-Fernsehen ist dabei. Da stehen nun die zierlichen Geschöpfe und drehen und drehen und drehen, noch eine Runde, gezwirbelt vom Gettoblaster, verfolgt von Kameras, getrieben vom Ehrgeiz. Das wird die ganze Woche so sein, bis sie später dann in der Nacht X, vom Producer gehetzt, wieder und wieder über Treppen schweben, an Hummerschwänzen naschen, in den Armen ihrer Kavaliere dahinträumen werden. Die wirklichen zukünftigen VIPs aber drillt Heinz Mundstein draußen in der Wiener Arbeitervorstadt Ottakring.

Dort, wo der Tanzlehrer sonst Behinderte trainiert, trampeln die japanische Prinzessin, eine deutsche, eine südafrikanische, eine amerikanische, eine österreichische Fabrikantentochter ... links zwo drei vier ... durch die Vielzweckhalle des Jugendzentrums Ottakring. Gackernde Teenager im Holzfällerhemd und Jeans stolpern zu Strauß' Melodie »Mein Lebenslauf ist Lieb und Lust« ... links zwo drei vier ... in schicklicher Geduld, artig und angepasst. Das Leben treibt in die eine oder andere Richtung.

»Austern & Kuttel für Nachtvögel« (*Neue Kronenzeitung*)

Damals, zur Zeit, da unsere Geschichte spielen wird ..., als zur Oper kein Durchkommen mehr ist, sodass die Taxifahrer Unaussprechliches daherreden, steht der Bundespräsident im Wiener Rathaus und begrüßt achthundert Pensionäre aus dem 7. Bezirk zum Kleinen Opernball. »Eine gute Sache«, sagt er, »weil man nicht nur gegen, sondern auch für etwas sein kann.« Es gibt Opernball kleinklein für die Ärmsten der Armen: ein paar Debütanten, Kantonalräte, Bezirksvorsteher. Eine Formation niedlicher Balletteleviinnen. Dazu Schnitzel, zwei Berliner Weiße, Schnaps und Grünen Veltliner. Das Wunderbare rettet einen aus der irdischen Scheiße. Währenddessen nehmen im Hotel Imperial die feinen Leute Platz zum Opernballdiner. Serviert werden heuer Charlotte von Seezunge und Hummerkrabben, Perlhuhnconsommé, Rindsfilet Cordonrouge und dergleichen Köstlichkeiten mehr. In dieser Saison hat man weniger Gäste, da sich die Hotelleitung geweigert hat, Prinzessin Caroline samt Hofgefolge kostenlos einzuquartieren und zu verköstigen.

In der Bar prallt der alltäglich gestimmte Wiener auf Ballbesucher in fiebriger Vorfreude: »Das lässt sich im Fernsehen doch gemütlicher anschauen.« Viel später, vermutlich gegen drei Uhr morgens, wenn die Herren schon nach der Dekoration greifen, um sie galant ihren Damen zu überreichen, wird endlich so viel Platz auf dem Parkett sein, dass auch die letzten tausend einmal Walzer tanzen können, mit viel Armschwung und Seligkeit in den Augen. Die Donau so blau, so blau, so blau. Über den Walzer schreibt in den zwanziger Jahren der Wiener Feuilletonist Anton Kuh: »Diese kutschierenden, breiten, weinseligen Rhythmen hatten etwas vom Dulliäh der Vorstadt und der Frechheit des Gassenbubenpfiffs. Er war ein bei den Gouvernanten unbeliebter, bei den Kommerzialräten allmählich in Gnaden aufgenommener Plebejer.«

»Eine riesige Obszönität« (*die tageszeitung*)

Damals, zur Zeit, als unsere Geschichte spielen wird ..., sind die Logen von Industriellen besetzt. Bayer, Philips, Daimler, Ruhrgas, Underberg – österreichische Wirtschaftsgrößen laden ihre Geschäftsfreunde gern in die Oper ein zwecks Geschäftsanbandelung, das gibt ihnen die Möglichkeit, stilvoller zu erscheinen. Viel lokale Prominenz paart sich mit Schlagersängern, für viel Geld lassen sich alternde Filmdiven als Ballbegleitung einkaufen, und alle zusammen erscheinen sie durch die Öffentlichkeit des Fernsehens als herrliche Individuen. »Siebentausend feine Leute, die gibt's auf der ganzen Welt nicht«, entschuldigt die Tobisch. »Die gute alte Zeit des Johann Strauß«, so heißt es bei Anton Kuh, »sie war die vorklassische Periode des Schiebertums, das Biedermeier der Neureichen. Aus nichts wurden Millionenvermögen und aus Millionen nichts. Eine ganz neue Gesellschaft kam ans Licht, besetzte die ersten Theaterplätze, tat es dem Hof gleich.« Österreich ist ein phantastisches Land. Es definiert sich über einen Ball, auf dem scheinbar eine scheinbar auserwählte Gruppe von Menschen in eine scheinbare Gesellschaft eingeführt wird gemäß einer Schein-Tradition, die es nie gegeben hat. Der Wiener Opernball ist ein nicht absetzbarer Theaterhit von höchster Dramaturgie mit höchst glücklichen Laiendarstellern. Einen grauslichen letzten Akt prophezeit der österreichische Schriftsteller Josef Haslinger in seinem jüngst erschienenen Roman »Opernball« dem Spektakel: Neonazis leiten am Tag der Tage durch Lüftungsschächte Giftgas in die Oper, vor laufenden Kameras sterben Festgäste und Gesellschaftsreporter eines qualvollen Todes. Das Ende des Opernballs als Metapher für das Ende der bürgerlichen Gesellschaft oder nur wieder die Wiener Todessehnsucht? Das Leben treibt in die eine oder andere Richtung.

Armin Thurnher

UNTER FREUNDEN

Wir reden von Netzwerken und halten das für sehr fortschrittlich – dabei hat sich das Spiel mit Beziehungen in Wien schon längst zu einer äußerst gewinnbringenden Kunst entwickelt. Als Reporter des Stadtmagazins* Falter *kennt sich Armin Thurnher bestens aus mit den Karrierebündnissen und ihren schlauen Inszenierungen. Da wäre etwa die Geschichte vom Zuckerbäcker, dem tragischerweise ein Schiff mit einer Aufbereitungsanlage für Uranerz im Indischen Ozean absoff. Kann ja passieren. Oder die Geschichte vom Intendanten des öffentlich-rechtlichen Rundfunks …

»Klar Schilf zum Geflecht«

(Hermann Schürrer,
österreichischer Lyriker)

Niemand ist unbeteiligt. Oder kaum jemand. Sicher niemand, der in dieser Stadt in irgendeiner Weise öffentlich tätig ist. Das Geflecht überwuchert alle. Die Beziehungen innerhalb des Geflechts gleichen einer vieltausendköpfigen Laokoongruppe, von der ab und zu verschiedene Teilgruppen ins Blickfeld treten.

Ein vormaliger Bundespräsident des Landes liebte es, die Zustände Wiens in Politik, Wirtschaft und Kultur als »Sümpfe und saure Wiesen« zu bezeichnen, die es trockenzulegen gelte. Dieses Wort blieb übrigens als einziges aus seiner

Amtsperiode in Erinnerung. Je mehr es ans Trockenlegen gehen sollte, desto feuchter wurde es. Rudolf Kirchschlägers Nachfolger im Amt stellte bekanntlich selbst eine Art Feuchtbiotop dar, auf dessen Oberfläche die Wahrheit je nach historischem Forschungsstand schillert. Dementsprechend schüchtern, quasi hinter vorgehaltener Hand, fielen seine turnusmäßigen Moralappelle an die Nation aus.

An der Person des Herrn Waldheim ließ sich übrigens eine erste wichtige Verhaltensweise des österreichischen Geflechts beobachten: das Aussitzen. Im hoffnungslosen Kampf des Gedächtnisses gegen die Zeit steht der einsichtsvolle Politiker auf Seiten der zweiten. Natürlich nicht nur in Wien. Denn es scheint wichtig, gleich am Anfang dieser fragmentarischen Andeutungen über den Wiener Filz zu betonen, dass man, bloß weil von Österreich die Rede ist, nicht gleichzeitig ausdrücken will, hier sei alles schlechter als anderswo.

Diese scheinbar überflüssige Bemerkung zielt auf eine geläufige Immunisierungsstrategie. Sie weist gerne darauf hin, wie viel besser wir seien als unser Ruf. An Aggressivität ist sie kaum zu übertreffen. So nannte einst ein Sekretär der Industriellenvereinigung Karl Kraus einen Psychopathen. Er bezog sich dabei auf dessen Formulierung, Österreich sei eine »Versuchsstation des Weltuntergangs«. Kaum jemand protestierte gegen diesen Ausritt. Wer hierzulande etwas mit dem Filz am Hut hat, tut also gut daran, erst einmal darauf hinzuweisen, dass in Italien Mafia und Camorra existieren, sich deutsche Ministerpräsidenten im Ausland zu entleiben pflegen und der Lobbyismus im Schweizer Parlament seinesgleichen sucht. Man ist in Wien mit der Dialektik von Österreichbeschimpfern und Österreichverteidigern vertraut. Jeder bessere österreichische Spitzenschriftsteller hat das Land mindestens einmal tiradenartig als »Sumpf« und »total korrupt« beschimpft, vorzugsweise unter Verwendung des bildungsdeutschen Feuilletons. Jeder bessere heute als liberal geltende Spitzenpolitiker hat in seiner Aufstiegszeit einen jener Österreichbeschimpfer zumindest als »Fall für den Psychiater« bezeichnet. Kraftworte werden ausgetauscht, Differenzierendes bleibt auf der Strecke. Auch diese Verklammerung gehört zum Geflecht. Nörgelverbot und Nestbeschmutzung bedingen einander. Sie machen immun gegen Kritik. Mit einem allerdings haben die Österreichverteidiger recht. Wenn einmal in Wien aufgedeckt wird, dann mit Lust und Liebe. Vielleicht mit mehr Lust als anderswo. Auch dafür bietet sich eine Erklärung an. Die laokoonartige Verklammerung aller öffentlichen Akteure bringt rätselhafterweise mit jedem roten zugleich auch einen schwarzen Skandal ans Tageslicht, und vor der Arbeit des Aufdeckens kommt die Mühsal des Abwägens, wer wem womit wie viel politischen Schaden zufügt.

Was den Roten der Fall Proksch und Lucona, war den Schwarzen der Skandal der Bundesländerversicherung mit Millionenunterschlagungen und einem trotz jahrelanger Haft schweigenden Verantwortlichen. Was den Roten die Noricum-Affäre, wo es um nach österreichischem Gesetz illegale Waffenlieferungen an die Kriegsparteien im Iran und Irak ging, war den Schwarzen ihr genossenschaftlicher Milchwirtschafts-Sumpf mit seinen verschwendeten Stützungsmilliarden. Was den Roten ihre Konsum-Pleite, ist den Schwarzen ihr sich an Knaben vergreifender Kardinal. Und so weiter. Eine bloße Aufzählung aller Skandale der letzten zehn Jahre samt Kurzcharakteristik müsste den Umfang mehrerer Bücher annehmen. Wichtig ist, auf die Balance der Skandale hinzuweisen. Es wird nicht nur überlegt, ob man einen Skandal aufdeckt, sondern auch, wie lange man in den Wunden des Gegners wühlt. Das österreichische Geflecht, so viel wollen wir festhalten, ist ein paritätisches Geflecht.

Das Gleichgewicht des Aufdeckens nährt den Verdacht,

hier würden nur Bauernopfer getauscht, während die wahren Hintergründe, beispielsweise illegale Parteienfinanzierung, im Dunkeln blieben. Lieber überlassen es die beiden Großparteien SPÖ (Sozialdemokraten) und ÖVP (Christlichsoziale) der Opposition, diesen Verdacht publikumswirksam auszuweiden, als die gegenseitige Verklammerung zu gefährden.

Dass man sich erst lustvoll mit Skandalen befasst, wenn sie wirklich nicht mehr zu vertuschen sind, zeigte am besten die Affäre Lucona. Udo Proksch, Designer, Künstler, Narr und ehemals Besitzer der Hofkonditorei Demel, war angeklagt, einen Versicherungsbetrug begangen zu haben. Er habe das Schiff »Lucona« mit wertlosem Schrott beladen, den er als Uranerzaufbereitungsanlage deklarierte und auf 212 Millionen Schilling (etwa 30 Millionen Mark) versichern ließ. Außerdem habe er eine Sprengladung an Bord anbringen lassen, die am 23. Oktober 1977 im Indischen Ozean plangemäß explodiert sei, wonach das Schiff sank und sechs Besatzungsmitglieder den Tod fanden. Der Versicherungsbetrug Prokschs und seines Kumpans Daimler, dem seit Jahren in Bremen der Prozess gemacht wird, ist bewiesen. Die Geschworenen schlossen sich aufgrund der vorliegenden Indizien der Meinung der Anklage an und sprachen Proksch auch des Mordes schuldig; er verbüßt nun seine zwanzigjährige Haftstrafe. Der Prozess war zum aufwendigsten der Zweiten Republik geworden. Ursprünglich hatte sich Proksch in der Rolle des Klägers befunden; er hatte die Bundesländerversicherung 1978 auf Bezahlung der Haftungssumme verklagt. Trotz des hohen Betrags hatte es die Versicherung nicht der Mühe wert befunden, die Fracht zu besichtigen, und trotz des Tatbestands entschloss sich die Versicherung ihrerseits nicht zu einer Anzeige. Aufgedeckt wurde der Fall letzten Endes nur, weil einerseits der Journalist Hans Pretterebner, bis dato ausschließlich bekannt durch die Herausgabe der rechtslastigen Zeitschrift *Politische Briefe,* mit seinem Lucona-Buch einen Bestseller landete und weil sich andererseits der von der Versicherung mit Recherchen beauftragte Privatdetektiv ohne Deckung seines Auftraggebers schließlich zu einer Anzeige aufraffte. Ein Jahr vor Prozessbeginn hatte ein parlamentarischer Untersuchungsausschuss den Fall aufgerollt, in dessen Verlauf sowohl der Innenminister Karl Blecha – nach einer für ihn verheerenden Aussage – als auch der Parlamentspräsident Leopold Gratz, beide Sozialdemokraten, zurücktreten mussten. Blecha hatte mitgeholfen, die Ermittlungen der Polizei zu behindern. Gratz wiederum hatte – damals noch als Außenminister – über die Österreichische Botschaft in Bukarest ein Papier besorgt, das vermutlich vom rumänischen Geheimdienst hergestellt worden war. Es sollte beweisen, dass es sich doch um eine Uranerzaufbereitungsanlage handelte. Proksch wurde daraufhin aus der Untersuchungshaft entlassen und floh. Leopold Gratz entzog sich der Aussage vor dem Ausschuss durch seinen Rücktritt.

Ein dritter Minister aus dieser Ära der kleinen Koalition kam verhältnismäßig gut davon. Der freiheitliche Justizminister Harald Ofner – heute noch Nationalratsabgeordneter von Jörg Haiders Freiheitlicher Partei – hatte stets behauptet, die Fakten reichten nicht aus, um Proksch den Prozess zu machen. Sein ständig wiederholter Ausspruch »Die Suppe ist zu dünn« legte den Verdacht nahe, Ofner halte sich an eine Koalitionsabsprache mit der SPÖ, was natürlich nicht bewiesen werden konnte. Jedenfalls waren Anzeigen von der an die Weisungen des Ministers gebundenen Staatsanwaltschaft jahrelang abgeblockt worden. Die betroffene Bundesländerversicherung gehört übrigens zum schwarzen Einflussbereich. Ironie des Schicksals: Leopold Gratz selbst hatte, von der Öffentlichkeit in die Enge gedrängt, den parlamentarischen Ausschuss vorgeschlagen. Die Sozialdemokraten fühlten sich sicher, als sie zustimmten. Bei solch einem Ausschuss sei noch nie etwas herausgekommen. Warum also diesmal? Aus zwei Gründen: Erstmals waren Journalisten zugelassen (nur akkreditierte Parlamentsredakteure, aber immerhin). Erstmals waren die Grünen in einem solchen Gremium vertreten. Nicht ins Geflecht eingebunden, hielten sie sich an keine Konventionen und stellten die entscheidenden Fragen. Ihre Partei war auch erst 1982 gegründet worden.

Bereits am ersten Tag des Prozesses äußerte ein gut gelaunter, durch Gesichtsoperationen veränderter Udo Proksch den Schlüsselsatz für diese und für alle anderen österreichischen Affären. Die Presse schwelgte in kuriosen Details, hörte aber gerade weg, als Proksch sagte: »Meine Aufgabe war es, Leute zusammenzuschweißen, zu einem Haufen von Freunden.«

Damit führte er uns in das Zentrum des Wiener Problems. Eine scheinbare Nebenfrage könnte lauten, wie es einem Mann von seinem Schlag gelingen konnte, Minister, hohe Offiziere, Richter, Beamte, adlige Damen, Künstler und fast die gesamte Öffentlichkeit in seinen Bann zu ziehen und zu Toleranz, wenn nicht Mittäterschaft zu bewegen. Ein Teil der Antwort liegt in der Persönlichkeit Prokschs. Er ist komisch wie der altösterreichische Kasperl, mit einem Schuss Dämonie. Er besitzt angeblich beträchtliche erotische Fähigkeiten. Er repräsentiert als Künstler, Designer und anarchistischer Querkopf das kreative Element der Bohème. Dazu kommt seine Obsession für alles Militärische. Insgesamt stellte er offenbar für Politiker und Wirtschaftsleute die Gegenwelt schlechthin dar. Sein erster Dienstvertrag, den er nach seinem Abgang von der Hochschule für angewandte Kunst aushandelte, enthielt vier Punkte. Erstens: das Gehalt. Zweitens: freie Einteilung der Arbeitszeit. Drittens: freie Wahl der Dienstkleidung. Viertens: jeden Tag eine frische Rose auf dem Schreibtisch. Diese in Bohemekreisen legendäre Abmachung aus den fünfziger Jahren (damals bedeutete das alles noch viel mehr) illustriert zweifellos Udos Originalität. Auch stellte Proksch seine Qualitäten als Designer unter Beweis. Mit den von ihm entworfenen Brillen - heute noch bekannt: die Carrera-Brille - verhalf er der Firma Wilhelm Anger zum Aufstieg. Er war schon einer, der Udo. Das spürt das Volk, das in ihm eine Art Räuberhauptmann verehrt, das spüren die Journalisten, die ihn mit Attributen und Histörchen schmücken, und das spürten auch die, die er zu einem Haufen von Freunden machte.

Prokschs Freundeskreis umfasste Medienleute wie den einstmaligen *ORF*-Generalintendanten Thaddäus Podgorski, der mit Proksch den Vorstand des Vereins Cum (Civil und Militär) bildete, und früh schon Minister wie den Verteidigungsminister Karl Lütgendorf, der Proksch schrottreife Düsenjäger überließ und ihm Truppenübungsplätze für Sprengübungen zur Verfügung stellte. Lütgendorf verübte später unter nicht ganz geklärten Umständen Selbstmord. Der Verein Cum diente ebenso dazu, Propaganda für die platzsparende Form der Senkrechtbestattung zu machen sowie »mobile industrielle Großanlagen« für vom Krieg zerstörte Drittweltregionen zu konstruieren. Podgorski qualifizierte seine Mitgliedschaft bei Cum vor dem Ausschuss als »b'soffene G'schicht'«. Eine Formulierung, mit der man in Wien seine Zurechnungsfähigkeit einschränkt und auf beschränkte Haftung hofft. Was das bei einem Land bedeutet, dessen Bewohner im Schnitt pro Kopf elf Liter reinen Alkohol im Jahr zu sich nehmen, mag sich der Leser selbst ausrechnen.

Im Urteil des Langzeit-Generalintendanten des *ORF*, Gerd Bacher, war Proksch ein »phantasievoller Österreicher mit Weltniveau«. Dies scheint umso beachtenswerter, als der zu saftiger Sprache neigende Konservative Bacher stets strenge Maßstäbe an seine Landsleute legte. Bruno Kreisky fand eines Tages in den Tageszeitungen eine Wahlkampagne, die unter dem Titel »G'schichten vom Dr. Kreisky« zu seiner Unterstützung lief. Angeblich war er überrascht, als er erfuhr, dass Proksch die Kampagne organisiert hatte.

Udo Prokschs genialster Schachzug aber war der Erwerb der ehemaligen k. u. k.-Hofzuckerbäckerei Demel. Denn damit konnte er seine Fähigkeiten auf einem scheinbar traditionsreichen Terrain ausspielen, das jene traditionslosen Aufsteiger, auf politische Karrieren versessen, mühelos zu beeindrucken vermochte. Dort wurde mit Proksch als Spiritus Rector der Club 45 gegründet, in dem sozialistische Karrieristen das taten, was Proksch in seinem zentralen Satz beschrieben hatte. Sie schlossen sich zu einem Haufen von Freunden zusammen, um einander gegenseitig bei ihren Karrieren zu helfen. Zu diesem Zweck aßen Politiker, Bankdirektoren, Anwälte, Richter und Minister miteinander, hörten Vorträge und gaben sich dem Ambiente des Hausherren hin. Miteinander essen, das trifft die Urbedeutung des wienerischen Wortes »Haberer«. Der Haberer ist ein Freund, aber einer, der einem verpflichtet ist oder dem man sich verpflichtet. Jedenfalls keine zweckfreie Beziehung. Etwas Mit-Esserhaftes schwingt mit, um nicht zu sagen, etwas Parasitäres. »Der Parasit ist ein thermischer Erreger ... Seine Rolle ist es, das Ambiente zu animieren ... Seine Rolle ist gesellschaftlich und von daher dem Theater verbunden ... Durch sie wird die Vorstellung nicht zum Fiasko. Es bleibt wahr, dass es ohne sie keine großen Männer gäbe. Gelegentlich kommt es vor, dass sie selbst große Männer werden, da sie nun einmal Experten in dieser Strategie sind« (Michel Serres, »Der Parasit«). Proksch, der Wirt, der Parasit? Unter bestimmten Umständen können die Rollen ununterscheidbar werden.

Um das Phänomen Proksch zu verstehen, um zu verstehen, wie es ihm gelingen konnte, Menschen aus anderen Milieus zu bösen Taten anzustiften, reicht die Faszination der Persönlichkeit des kreativen Konditors nicht aus. Man muss die Perspektive wechseln und den Blick wieder auf das österreichische Geflecht richten. Die Freundschaft der Guten beruht auf Gleichheit. Das lässt sich schon in der »Nikomachischen Ethik« des Aristoteles nachlesen. Auch die Nutzfreundschaft wird dort anerkannt, freilich nur, sofern sie das Gemeinwohl fördert. Wien heute ist hingegen aus lauter Zweckgemeinschaften zusammengesetzt, die ihre Zwecke längst aus den Augen verloren haben. Österreich ist ein Parteienstaat, aber der weltanschauliche Freundschaftsbund der Parteien hat sein klassenkämpferisches Fundament eingebüßt. Ist der Gegner oder das Ziel verloren, bleibt allein die Erhaltung des Bundes als Zweck; an die Stelle der Solidarität tritt zuerst die Sicherung des Status quo und dann unverhohlener Eigennutz. Der alte sozialdemokratische Gruß »Freundschaft«, bei Maiaufmärschen und Begräbnissen noch zu hören, hat einen seltsam hohlen Klang bekommen.

Die Schutzgemeinschaft der Arbeiterkammern ist in Österreich zu einem Synonym für überhöhte Mehrfachbezüge ihrer Funktionäre geworden. Es herrscht Zwangsmitgliedschaft, aber keinerlei öffentliche Kontrolle. Ähnliches gilt für die landwirtschaftlichen Genossenschaften. Zum Schutz der Bauern gegründet, betreiben sie heute »Strukturbereinigung« in der Landwirtschaft. Ihre Funktionäre, sofern an Skandalen beteiligt, treten niemals zurück, sondern ruhen sich auf lukrativen Abstellgleisen aus. Bei Streitigkeiten entscheiden nicht die Gerichte, sondern von den Kammern selbst bestellte Schiedsgerichte.

Das gesamte Staatswesen ist mit intimen Strukturen ausgestattet. Die Sozialpartnerschaft führt die Regierungsgeschäfte: Die Interessenvertretungen der Arbeitnehmer und der Arbeitgeber sprechen wesentliche Gesetzesvorhaben ab, ehe sie im Parlament zur Sprache kommen. Ehe die Regierung eingreift, haben Gewerkschaftsbund und Wirtschaftsbund den Rahmen abgesteckt. Hinter den Kulissen. Bis zu welchen absurden Zügen man dieses paritätische Intimwesen treiben kann, zeigt folgendes Beispiel aus der parlamentarischen Praxis: »Im Juni 1987 stand der Finanzausschuss vor wichtigen Beratungen. Mit der Teilprivatisierung der ÖMV (Staatliche österreichische Mineralölverwertung) sollte die große Privatisierungswelle eingeleitet werden. Für die schwer angeschlagene verstaatlichte Industrie sollten weitere dreißig Milliarden beschlossen werden. Eines Morgens wartet der Finanzausschuss. Fast alle sind anwesend. Nur die Wichtigsten von ÖVP und SPÖ wie Taus und Novotny fehlen. Nach einer knappen Stunde Warten kommt ein Klubsekretär. Man habe sich noch nicht geeinigt. Der Ausschuss möge bitte noch ein wenig Geduld ... Eine halbe Stunde später sind die Sozialpartner einen Stock höher noch immer nicht so weit. Ein weiterer Sekretär kommt und schickt den Ausschuss nach Hause. Der Vorsitzende bedauert, man werde uns wieder rufen ... Tage später sind wir wieder geladen, Taus und Co. fehlen. Nach einer halben Stunde ein Klubsekretär. Geduld ... Dann ein Sozialist: Die ÖVP habe ihre Zustimmung zur Einkommenssteuerreform von einer Erhöhung des Margarinepreises abhängig gemacht. Nach einer weiteren halben Stunde sind Taus und die anderen plötzlich da. Die Koalitionsabgeordneten werden in Sekundenschnelle informiert und haben sofort eine Meinung. Einer nach dem anderen beginnt die Vorzüge des neuen Gesetzes zu preisen. Das Ritual wird unter peinlich genauer Beachtung aller Usancen absolviert. Die FPÖ protestiert ›im Namen der Wirtschaft‹, alle lachen einander freundlich an. Abstimmung, aus.«

Diese Schilderung stammt vom Grünen-Parlamentsabgeordneten Peter Pilz, aus seinem Erfahrungsbericht »Land über Bord«. Die Große Koalition ist die höchste und offiziellste Form der Haberei in Österreich. Die große Haberei kann nur auf dem Boden einer weitverbreiteten kleinen Haberei gedeihen. Nehmen wir die Parteibuchdichte. Allein Wien weist bei einer Bevölkerung von 1,6 Millionen rund 220 000 SPÖ- und 55 000 ÖVP-Mitglieder auf. Jedes Jahr, schätzte eine konservative Wochenzeitung, wird in Wien 300 000-mal interveniert. Jobs, Wohnungen, Ausnahmeregelungen erhält man durch Fürsprache mächtiger Freunde. Mir wurde persönlich durch einen postalischen Irrtum der Fall eines Journalisten bekannt, der bei einem Politiker erfolgreich um Intervention für eine Wohnung bat. Der Journalist gehört zu denen, die solche Praktiken kritisieren. Der Politiker behauptet seit Jahren, solche Interventionen seien nur böswillige Unterstellungen oppositioneller Politiker und Journalisten. Posten in Verwaltung und im öffentlichen Bereich werden nach wie vor nicht nach Qualifikation, sondern nach Parteizugehörigkeit vergeben. An diesen Posten ist aber meist nicht nur die Abhängigkeiten schaffende Art der Vergabe bemerkenswert; sie sind meist schlechter bezahlt als Stellen in der Industrie, sodass man mehrere von ihnen haben muss. Will einer ein wirtschaftsadäquates Salär, muss er Multifunktionär werden. Wird er das, hat er sich rettungslos ins Geflecht der Abhängigkeiten verstrickt. Der gewiefte Flechter geht mit seinen Interventionen sparsam um. Er weiß, »der andere hilft ihm in der Erwartung, ein Gleiches zurückzuerhalten« (Aristoteles). Die gegenseitige Verpflichtung und die Aufrechnung gegenseitiger Verpflichtungen werden zur täglichen Umgangsform. Erst, wenn sie in einer kriminellen Sache vorgenommen werden, die zudem noch wider Erwarten publik wird, wie die Affäre »Lucona«, erlangen sie einen besonderen Status. Der Alltag aber, das sind die 300 000 Interventionen im Jahr. Der Alltag, das ist die Fähigkeit, »hinaufzugehen und es sich zu richten«, wie es in den »Letzten Tagen der Menschheit« heißt. Daran kann man etwas Anarchisches bemerken, jedenfalls etwas Vordemokratisches. Die Wiener sind stolz, unter Umgehung der allgemeinen Spielregel für sich selber durch Bekanntschaft mit einem Mächtigen einen Vorteil herauszuholen. Der Staat wird nicht als eigener erlebt. Ihm etwas wegzunehmen wird nicht nur als legitim empfunden, es schafft sogar Sozialprestige. Man kennt jemanden bei der Post, also bekommt man schneller einen Anschluss. Dort eine Theaterkarte einer ausverkauften Vorstellung, da einen Rabatt, einen Auftrag oder eine Mitgliedschaft ... Und überall richtet man ein kleines Schuldkonto ein. Man tauscht. Diese Tauschvorgänge mögen gerecht sein, edel kann man sie nicht nennen. Sie verweben sich zum Geflecht. Das Geflecht ist parasitär. Was tut ein Parasit? Nach Serres immunisiert oder blockiert er, zwingt zur Anpassung oder tötet. Sind das nicht die Merkmale unseres Geflechts? Es immunisiert gegen Kritik. Es blockiert und grenzt aus. Wer sich integriert hat, muss sich anpassen. Wer sich nicht anpasst, muss sehen, wo er bleibt.

Wir brauchen bloß den staatlichen Rundfunk zu nehmen: Nicht nur bei Intendantenbestellungen bietet er ein klägliches Spektakel. Unermüdlich fordern Parteisekretäre per Intervention die Schulden der durch Intervention auf Posten Gekommenen ein. Zudem hat der *ORF* seit Jahren die intimste Form der Freundschaft offen begünstigt, die unter Blutsverwandten. Beim dort herrschenden Nepotismus bekommt das Wort Familiensendung einen neuen Sinn. Selten fällt ein offenes Wort. Etwa von Herrn Podgorski, dem, wir sagten es schon, früheren Generalintendanten des *ORF*. Ihm löst die Verbitterung die Zunge. Er schildert eine Episode vor seiner Abwahl. »Schaun S', sind S' g'scheit, hat der Kukacka zu mir gesagt, wir wollen den Bacher ohnehin nicht. Aber machen wir doch die Intendanten aus, hauen S' den Zeiler raus, hauen S' den Rudas raus. Dann machen wir uns noch die Hauptabteilungsleiter aus, und dann müssen wir vielleicht noch schauen, ob wir nicht einen Zweiten Aktuellen Dienst brauchen. Weil der jetzige ist zu linkslastig, da braucht man proporzmäßig einen zweiten. Und dann, Herr Podgorski ... wählen wir Sie.« Kukacka war ÖVP-Generalsekretär, Bacher sein - gewählter - Kandidat, Zeiler und Rudas sind ehemalige Bundeskanzler- beziehungsweise Ministersekretäre, die von der Politik in den *ORF* fanden. Heute ist Zeiler Generalintendant, Rudas sein Generalsekretär. Das Ganze war nachzulesen in der Wiener Tageszeitung *AZ* vom 3. August 1990. Podgorskis Sohn arbeitet damals wie heute übrigens beim *ORF*.

Wollen Sie weitere Details über das Geflecht? Unmöglich. Andeutungen sprengen bereits den Rahmen. Die verstaatlichte Industrie, die energieerzeugenden Betriebe, die Post, der Konsum, die ländlichen Genossenschaften, das Tabakmonopol, die großen Banken, die Fluglinie, die Spitäler, Lebensmittel-, Chemie-, Metallindustrie, Hochschulen, Heer, Polizei und die öffentliche Verwaltung in Bund und Ländern bieten dem Geflecht ein weites Feld. Mindestens ein Viertel der drei Millionen Arbeitnehmer ist erfasst. »Die primäre ökonomische Beziehung ist eine des Missbrauchs« (»Der Parasit«). Wer seiner Partei im öffentlichen Dienst treu gedient hat, den lässt sie nicht verkommen; wer darauf nicht bauen mag, für den wurden Unterorganisationen der politischen Lager geschaffen. Sie kümmern sich um die Karriere ihrer Mitarbeiter. Für die Schwarzen sorgt der Cartellverband (CV), für die Roten der Bund Sozialistischer Akademiker (BSA). Auch so lässt sich übrigens die Affäre Proksch aufschlüsseln: Der Anwalt der Bundesländerversicherung ist eingefleischtes CV-Mitglied, der Club 45 war dicht mit BSA-Mitgliedern besetzt.

Es nimmt auch nicht wunder, wenn sich in den großen Freundschaftsverbänden, die doch leicht unflexibel werden, kleinere Untereinheiten organisieren, Partien genannt, die einander bei der Vermittlung des Nötigen beistehen. Die Bezeichnung »Partie« erinnert wohl an das gemeinsame

Kartenspiel. »Ausschnapsen« ist ein politischer Terminus. In der Kultur nennt man die Partien Seilschaften. Sonst ist dort, gilt es einen Posten zu besetzen, kein von der Politik abweichendes Verhalten zu beobachten. In der Politwirtschaft brachte es die Partie des ehemaligen Finanzministers und Kreisky-Kronprinzen Hannes Androsch zu legendärem Ruf. Androsch überstand zwar rechtlich den AKH-Skandal mühelos, scheiterte aber an einer Steuererklärung. Seine politische Karriere war beendet, als die Freundschaft Kreiskys verlorenging. Als Wirtschaftskonsulent hat er im Hintergrund seine alte Macht indes beinahe erneuert. Die Personalpolitik des nunmehr scheidenden Außenministers Alois Mock bestand hauptsächlich in einer konsequenten Besetzung der Posten seines Amtes mit CV-Leuten.

Besonderes war auch an der Job-, Einfluss- und Vermittlungsbörse Club 45 vorerst gar nicht festzustellen. Vielleicht nur die Art, in der Proksch seine Tauschgeschäfte machte. Zur Verblüffung bot er neben dem Exotikum seiner Person etwas, das Spitzenpolitikern meist unbekannt ist: freundschaftliche Zuwendung. Dem vereinsamten Leopold Gratz haben anscheinend ein, zwei Wochenenden mit Proksch in Venedig so gut getan, dass er bereit war, dafür mit einem Amtsmissbrauch zu bezahlen. Eine primär ökonomische Beziehung, ein gerechter Tausch.

Die Rolle der Medien im Geflecht darf nicht unerwähnt bleiben. Sie beleuchten es wohl; aber sie kreisen darüber wie ein Suchscheinwerfer, sodass man nicht wirklich etwas finden und erkennen kann. Der ganze österreichische Medienmarkt ist bekanntlich durch das Zerbrechen einer Männerfreundschaft – der zwischen Hans Dichand und Kurt Falk – neu strukturiert worden. Von den großen Boulevardzeitungen, beide in Dichands Einflussbereich, verlegte sich die *Neue Kronen Zeitung* mehr aufs Menschliche. »Udo soll reden und weiß nicht, was er sagen soll«, berichtete sie nach dem ersten Prozesstag und teilte in der Schlagzeile, entgegen ihren drastischen Gepflogenheiten, korrekt mit, die Anklage sei auf Mord ausgedehnt worden. Der *Kurier* hingegen titelte schlicht: »Es war Mord«. Von Anfang an war ihm die Rolle der »verfolgenden Unschuld« zugekommen, steht er doch im Einflussbereich von Raiffeisen und damit auch der betroffenen Versicherung. Die *Krone* hingegen verbindet persönliche Freundschaften einiger Journalisten mit Proksch. Daran ist nichts Böses, denn in den Lokalen des Ersten Wiener Bezirks konnte man nicht umhin, den Herrn Udo zu kennen. Insgesamt bildete die Art, in der die Rechte des Angeklagten von der *Krone* hochgehalten wurden, jedoch einen gewissen Stilbruch. Ihr Starreporter durfte Proksch in Manila nach dessen kosmetischer Operation treffen, brachte Fotos von Udos bandagiertem Gesicht heim und berichtete von einem Ekzem. Kurz nach der Verhaftung Prokschs präsentierte er allerdings ein Foto aus derselben Serie, auf dem plötzlich Nähte einer Gesichtsoperation zu sehen waren. Die Öffentlichkeit nahm's gelassen; von einer Behinderung ermittelnder Behörden war nicht die Rede.

Eins sollte noch erwähnt werden. Kaum ein Skandal wird in Wien von Journalisten aufgedeckt. Nicht tüchtige Recherchen bilden in der Regel die Basis ihres Handwerks; das besorgt der anonyme Brief des Politikerkollegen an das Nachrichtenmagazin. Genug davon. Genug von diesen Freundschaften. Wundert es Sie, dass Proksch am Flughafen von einem Oberst mit dem schönen Namen »Django« Rupf verhaftet wurde, mit dem er einmal gemeinsam einen Urlaub in den Vereinigten Arabischen Emiraten verbracht hatte? Nein. Keine Details mehr.

Udo Proksch war eine besondere Blüte, etwas exotischer, aber nicht grundsätzlich anders als die vielen, vielen anderen am Geflecht.

Die Realverfassung des Landes wurzelt in den alltäglichsten Beziehungen und wächst empor in den großen Baum des Staates. Vor ihr verblasst alles Paragraphenwerk. Die informellen Verkehrsformen der Staatslenker sind dabei durchaus edlen Ursprungs. Ihre Protagonisten lernten einander in Hitlers KZs schätzen, erzählt man. Da die Sozialpartnerschaft und die Große Koalition im Schatten der Besatzungsmächte ihren Anfang nahmen, hatte man einen Grund, die Vorbedingungen des neuen Österreich, seien es die in der Ersten Republik oder die in Hitlers Deutschland, nicht mehr zu erörtern. Man fühlte im Gegenteil die Pflicht, um des lieben Friedens willen weltanschauliche Konflikte totzuschweigen, deretwegen man zu den Waffen gegriffen hatte. Dieses Verdrängen aus Staatsräson (auch aus Opportunismus gegenüber den rund 700 000 NSDAP-Mitgliedern, die bald wieder als Wähler zählten) formte das Geflecht mit.

Nach dem Abzug der Besatzer blieb die Freundschaft als Gesamtform des Staates. Wunderbar ergänzt sie sich mit Mentalität und Umgangsformen der Wiener Bevölkerung. Seit Jahrhunderten höfisch geprägt, mit schwachen demokratischen Traditionen, war diese weder imstande noch willens, den Wunsch nach öffentlicher Kontrolle durchzusetzen. Das Geflecht machte dicht. Die riesige Laokoongruppe rührt sich kaum. Sie spielt ein Spiel, das jeder spielt. Ein Spiel, in dem der Schwarze Peter weitergereicht wird. Selten wird einer mit ihm in der Hand erwischt, wie Udo Proksch. Er war auch eine zu auffällige Figur, ein kleiner Dicker mit magischen Verführungskräften, der dämonische Zuckerbäcker, das Böse in Gestalt des Süßen. Der Erwischte reißt einige wenige mit. Oder er steht nur für die anderen ein. Das Geflecht platzt nicht. Rücktritte sieht es nicht gern, allenfalls Platzwechsel. Nur kurz bewegen sich einige Verästelungen. Der Scheinwerfer wandert weiter.

Das klingt alles ganz schrecklich. Die geschilderten Lebensformen sind erstens Klischees, zweitens die reine Wahrheit und drittens nicht von vornherein verächtlich. Denn der unbedingte Wille zu öffentlicher Reinheit, das unbeugsame Verfolgen von Idealen hat bekanntlich viel Unglück in die Welt gebracht. Das weiß der Wiener, und dem fügt er sich. Ein Trost bleibt: Nicht alle unter seinen 1,6 Millionen Mitbewohnern mögen widerspruchslos hinnehmen, wie er sich im Erreichbaren einrichtet.

Markus Huber

SCHNÄPPCHEN VON TANTE DOROTHEE

Wo Dynastien kommen und wieder vergehen, da entwickelt auch der Hausrat eine gewisse Mobilität. Schön für alle, die sich eine Familiengeschichte erst noch kaufen müssen, meint Markus Huber: Im Dorotheum wechseln seit gut 300 Jahren Ahnenporträts und Perlenketten ihre Besitzer, bisweilen auch ein innig geliebter Oldtimer. Gegründet wurde das Haus, um dem Zinswucher einen Riegel vorzuschieben – heute lauern reiche Russen und Amerikaner auf ihr Schnäppchen aus den Salons der alten Zeiten.

Niemand soll sagen, dass sich das Dorotheum nur an ein elitäres Publikum wende! Die Pelzauktionen zum Beispiel – immer gut besucht. Die Mäntel und Capes sind meist wunderschön anzuschauen und bestechen durch ihre Qualität, sagen die Auktionatoren. Und vor allem mit ihrem Preis: Das Erstgebot liegt in der Regel bei einem Zehntel dessen, was die Pelze im Laden kosten würden.

Solche Gelegenheiten locken angeblich auch die Damen aus dem horizontalen Gewerbe in das wunderschöne Palais in der Dorotheergasse. »Bei den Pelzauktionen geht es immer katastrophal zu! Wenn da jemand überboten wird, fallen Begriffe, die man sonst in diesem Haus nicht hört«, erzählt einer der Versteigerer.« Schließlich ist die »alte Tante Dorothee«, wie die Wiener das Haus nennen, eine Institution in der Stadt.

Das Dorotheum gibt es seit 300 Jahren, und es gehört zu Wien wie der Stephansdom und die Spanische Reitschule. Als sogenanntes »Versatz- und Fragamt« wurde das Haus 1707 von Kaiser Joseph I. gegründet und war im Grunde eine soziale Einrichtung: Die Gewinne finanzierten den Erhalt des Wiener Armenhauses, und im Übrigen sollte mit dem Dorotheum der grassierenden Wucherei das Handwerk gelegt werden. Die Bewohner Wiens konnten fast ihr gesamtes wertvolles Hab und Gut ins Versatzamt bringen – zwei Drittel des geschätzten Wertes wurden ihnen dann zu einem geringen Zinssatz in bar geliehen.

Das Pfandleihgeschäft wird immer noch getätigt, hat jedoch bei weitem nicht mehr die wirtschaftliche Bedeutung wie in den Nachkriegsjahren: Heute werden 90 Prozent der versetzten Güter von den Eigentümern zurückgeholt. Darum ist für das Image, aber vor allem für den Umsatz des Dorotheums die zweite Unternehmenssparte sehr viel bedeutender – und das sind die Auktionen. Bis zu 600 Versteigerungen finden jedes Jahr statt, im Stammhaus in Wien – fast täglich –, in den 26 Filialen in ganz Österreich und in den sieben ausländischen Repräsentanzen. Seit der Privatisierung 2001 ist »das Pfandl« endgültig zum internationalen Kunsthaus gereift.

Mitten in der Wiener Innenstadt liegt das Dorotheum. Die Dorotheergasse ist eine kleine Seitenstraße des Grabens, und sehr viel zentraler geht es in Wien wirklich nicht. Seit 1787 befindet es sich hier, zunächst in einem Gebäude, das einst ein Kloster des Dorotheer-Ordens beherbergte – daher der Name. Doch von der klösterlichen Kargheit ist nichts mehr übrig geblieben. Im Gegenteil: Das Palais Dorotheum von 1911 ist ein Prachtbau, wie es ihn selbst im imperialen Wien nur selten gibt.

Dort, wo einst die Kutschen in den Innenhof gefahren wurden, stehen heute Vitrinen mit Schmuck und Uhren,

Münzen und anderen Kleinoden daneben. Gleich rechts werden ausgewählte Exponate sofort verkauft. Links geht es über eine große Freitreppe in den ersten Stock, wo, auf viele Säle verteilt, die Schaustücke zu sehen sind. Die Auktionatoren und Bieter sitzen noch ein Stockwerk höher. Hier also finden sie statt, jene Versteigerungen, die das Dorotheum heute so unglaublich faszinierend machen.

Versteigert wird im Dorotheum alles: von Antiquitäten über Designermöbel der sechziger und siebziger Jahre bis hin zu Schmuck, Uhren, Oldtimern und vor allem Malerei. Neben der zeitgenössischen Kunst sind es gerade die Alten Meister, auf die sich das Dorotheum spezialisiert hat. Was wiederum die italienischen Käufer sehr erfreut, die das Gros der Alten Meister kaufen. Amerikaner und Deutsche hingegen steigern vor allem bei den Designklassikern mit. Russische Käufer, die erst seit kurzem das Haus auf ihrer Shopping-Liste haben, sind vor allem an opulent barocken Teilen interessiert. Lüster, Vasen und Möbel – je protziger, desto höher die Wahrscheinlichkeit, dass das gute Stück nach Russland auswandert, sagen die Mitarbeiter.

Gleich 70 Experten gibt es im Haus, unterteilt auf die einzelnen Fachbereiche. Und diese Mitarbeiter sind es auch, die die Auktionen organisieren. Sie sorgen sowohl dafür, dass genügend Exponate ins Haus kommen, klassifizieren diese und kümmern sich auch darum, dass bei Versteigerungen die möglichst richtigen, potenziellen Käufer anwesend sind. Vor allem in der Sparte der Alten Meister ist das manchmal nicht ganz einfach: Die Werke sind häufig weder signiert noch datiert. Doch zu den Versteigerungen muss nicht nur die Epoche feststehen – für die Experten eine Fingerübung –, sondern auch, ob es sich um ein Original oder eine Fälschung handelt, ob das Bild vom Meister oder doch nur von einem seiner Schüler stammt.

Da können bisweilen auch Fehler passieren. Vor ein paar

Jahren etwa kam im Dorotheum in der Kategorie »Alte Meister« eine kleine Gouache zur Versteigerung, die die Experten für das Werk eines Rembrandt-Schülers hielten. Dementsprechend niedrig war der Rufpreis - knapp mehr als 50 Euro. Doch während der Versteigerung entwickelte sich eine Dynamik, die einmalig war für das Haus. Die Bieter lizensierten sich immer weiter nach oben, weil schon in der Vorbereitung gemunkelt wurde, dass es sich bei der Gouache um einen originalen Rembrandt handele. Zum Schluss läutete das Versteigerungsglöckchen bei einer Summe jenseits der Hunderttausend. Tatsächlich konnte sich der Ersteigerer über einen echten Rembrandt freuen. Doch nur kurz. Im Zuge der Nachforschungen eruierten die Experten des Hauses, dass das Werk aus dem niederländischen Königshaus gestohlen worden war.

Eine Peinlichkeit, zugegeben. Derartige Dinge sollten einem Auktionshaus grundsätzlich nicht unterlaufen. Darum hat das Dorotheum in den vergangenen Jahren seine »Provinienz-Abteilung« erheblich ausgebaut.

Dass die Exponate heute genauer auf ihre Herkunft überprüft werden, hat auch mit der Geschichte des Dorotheums in der Zeit des Dritten Reichs zu tun. Als staatliche Institution des alten Österreich wurde das Haus damals gleichgeschaltet: Die Führungsebene wurde komplett ausgetauscht, und danach spielte das Haus bei der Arisierung des jüdischen Vermögens eine hässliche Rolle. Schmuck, Perlen und viele andere persönliche Gegenstände jüdischer Mitbürger wurden bis 1945 im Auftrag des NS-Staates über das Dorotheum verkauft. 1944 erbrachte zum Beispiel eine Schmuckauktion etwa ein Viertel des Geschäftsaufkommens in jenem Jahr - der Schmuck war Juden aus Böhmen und Mähren geraubt worden.

Ein Forschungsbericht hat dieses dunkle Kapitel des Dorotheums mittlerweile aufgearbeitet. Weil man damals ja vom Weiterverkauf enteigneten jüdischen Besitzes profitiert hatte, zahlte die neue Holding-Geschäftsführung als symbolische Wiedergutmachung 32 Millionen Dollar in den Entschädigungsfonds für Opfer des Nationalsozialismus.

Stücke, die heute unter den Hammer kommen, werden besser auf ihre Herkunft überprüft. Natürlich auch die Pelzmäntel.

»KEINE STADT VEREHRT
IHRE BÜHNENHELDEN
EMPHATISCHER ALS WIEN«

Peter von Becker

EIN BURGHERR RÄUMT AUF

Wenn es einen ewigen Maßstab für den »Hamlet« gibt, dann hat die Burg ihn gesetzt. Ebenso für den »Wallenstein«, für Schnitzler, Johann Nestroy oder Thomas Bernhard. Das Hof- und Nationaltheater, 1776 gegründet und damit so alt wie Amerika, ist nicht einfach eine Institution – es ist eine Großmacht. Und genießt daher gerade in Österreich besondere Verehrung. Peter von Becker nähert sich dem Mythos in der einzig angemessenen Weise: betont sachlich. Auch wenn es ein Deutscher ist, der das kaiserliche Kronjuwel in seinen Händen hält.

Zweihundert Jahre lang hat das Wiener Burgtheater sich immer wieder träumen lassen, es sei als österreichisches »Hof- und Nationaltheater« zugleich das führende Schauspielhaus »teutscher Zunge«. Und spricht man von »der Burg«, ist nicht die Residenz der Habsburger gemeint, sondern eine Bühne, die Staats- und Welttheater im doppelten Sinne bedeutet. Wer in der Burg das Sagen hat – in der Direktion oder auf der Bühne –, der rührt an ein Stück Wiener Weltanschauung und an eine Institution des Landes. Wenn noch irgendein Mythos des Habsburgerreichs überlebt, dann der Traum vom Ausnahmerang ebendieses »k. k. Hofburgtheaters«, wie es sich über seinem Hauptportal bis heute in goldenen Lettern nennt.

Nur ein Traum? Das 19. Jahrhundert schwärmte von der »Vermählung« der Goethe'schen Sprache von Weimar mit dem Geist der Wiener Musik. Und zur Zeit des legendären Burgtheaterdirektors Heinrich Laube, 1849 bis 1867, später dann auch während der Spielzeiten des vergötterten Darstellers Josef Kainz, der 1899 ans Burgtheater ging, war der Traum vom Inbegriff aller Schauspielkunst wohl Leben und Wahrheit.

In diesem Jahrhundert haben freilich andere deutschsprachige Theaterstädte – Berlin und nach 1945 auch Hamburg, Düsseldorf, Bochum, Stuttgart und München – das Burgtheater oft genug als Stätte der reinen Einbildung, der tragikomischen Selbstüberhöhung erscheinen lassen. Bis ausgerechnet aus dem fernen, grauen Bochum der Theaterdirektor Claus Peymann kam und gleichermaßen als Enfant terrible und als Schulmeister der österreichischen Kulturszene binnen zwei, drei Jahren das Gesicht des Burgtheaters veränderte. Der neue Direktor und sein vom dramaturgischen Adlatus Hermann Beil angeführtes Leitungsteam schlugen Schneisen in den bürokratischen Dschungel des internen Betriebs, räumten mit zahllosen scheinbar selbstverständlichen Privilegien auf und vertrieben tagsüber beim Probieren und abends auf der Bühne jene eitel-gemütliche Sprechoper-Haltung, die sich – Spielbein, Standbein, Brustton – im donaustädtischen Theater nur zu gerne breitmachte.

Seitdem sind die von Peymann uraufgeführten Stücke Thomas Bernhards – »Der Theatermacher«, »Ritter, Dene, Voss«, »Heldenplatz« – in Wien zu wahren Kultveranstaltungen geworden, ebenso wie ein Shakespeare-Zyklus der Regisseure Peymann, Peter Zadek und George Tabori: »Richard III.«, »Der Sturm«, »Der Kaufmann von Venedig« und »Othello«, jeweils mit Gert Voss, dem schier unerschöpflichen Superstar des neuen Burgtheaters, in den Hauptrollen.

Unter den Zuschauern hat sich der Anteil der Schüler, der

Studenten und der großstädtischen Intelligenz, denen die Burg oft nur ein Museum oder gar Mausoleum war, gegenüber der Ära des gleichfalls reformwilligen, aber künstlerisch schwächeren Peymann-Vorgängers Achim Benning verdoppelt. Claus »Bähmann«, wie er im lokalen Idiom genannt wird, ist vom deutschen Piefke zum Darling (oder Hassliebling) dieser Stadt geworden; und selbst die Wiener Presse, zu deren beliebtesten Instrumenten die Säge am Stuhl eines jeden Burgtheaterdirektors gehört, hat inzwischen halbwegs ihren Frieden mit C.P. geschlossen. Man registriert hier auch nicht ohne Stolz, dass die Burg erst jüngsthin bei einer Umfrage der Zeitschrift *Theater heute* unter den vierzig meinungsbildenden Kritikern in Deutschland, Österreich und der Schweiz mit großem Abstand zum derzeit besten deutschsprachigen Theater gewählt worden ist. Also schon wieder eine erste Adresse? Tatsächlich lautet die postalische Anschrift des in Sichtweite der kaiserlichen Hofburg und des Präsidenten-Palais, des Bundeskanzleramts sowie gegenüber dem Wiener Rathaus und dem österreichischen Parlament gelegenen Theaters: Dr.-Karl-Lueger-Ring 2.

Das sei die bezeichnende Lage, ein solches Theater am »Lüger Ring«, meint mit einem Schalkslächeln George Tabori, der ungarische Jude mit britischem Pass, drei Jahre auf seinem turbulenten Lebensweg in Wien zu Hause, wo er als Grandseigneur in den Siebzigern noch einer der jüngsten und erfolgreichsten Regisseure des neuen alten Burgtheaters geworden ist.

Tabori erinnert mit seiner Pointe nicht nur daran, dass die Wiener Ringstraße vor der Burg nach einem wegen seines Antisemitismus durchaus berüchtigten früheren Bürgermeister der Stadt benannt ist. Vielmehr heißt »Lüge« in der Kunst ja auch: Erfindung, Dichtung – und im Theater: der schöne Schein.

Claus Peymann, als Ex-Revoluzzer der 68er-Szene ein

mittlerweile in die reiferen Jahre gekommenes Kind der deutschen Aufklärung (und Klassik), er hätte 1986 als frisch gekürter Direktor an der Burg am liebsten ein Transparent mit der Aufschrift »Dem Wahren, Guten, Schönen« angebracht. Vorher aber fragte er noch seinen Freund und Stachel Thomas Bernhard um Rat. Der Schriftsteller winkte ab und antwortete: »Um Himmels willen, nein. Sie müssen drüberschreiben: ›Mord und Totschlag!‹«

Wie kein österreichischer Autor seit Johann Nestroy mit gallig-poetischem Humor begabt, wusste Thomas Bernhard, wovon er hier im Scherz mit Ironie und tieferer Bedeutung sprach. Wenn Theater nämlich Kunst kreieren will und nicht nur eine mit Schmäh und Sentimentalitäten gepflegte Gefälligkeit, dann hat es mit oberflächlichen Harmonien sehr wenig zu schaffen. Dann gehört zur Grazie meist auch ein Stück Grausamkeit. Und die grausame Wahrheit, für die in Wien statt eines Ensembles im Dialog eher die monologischen, monomanischen Solisten in der Tradition von Karl Kraus bis Helmut Qualtinger für zuständig gelten.

»Mord und Totschlag«, die Schlagworte bezeichnen freilich noch mehr. Jedes Theater ist hinter den Kulissen nicht allein ein Ort der Liebe, sondern ein Raubtierkäfig. Und der Wiener Kulturbetrieb, wie jeder Kulturbetrieb auf dieser Erde, ist dazu eine Schlangengrube – in diesem Fall gar eine besonders große, unheimlich tiefe. Das allerdings hat mit der Geschichte, den besonderen Disproportionen der Stadt zu tun.

Wien ist ein Wasserkopf – der Architektur, dem grandiosen äußeren Schein nach noch immer die Hauptstadt einer europäischen Großmacht. Aber das barocke Haupt hat seit dem Ende der österreichisch-ungarischen Doppelmonarchie fast keinen Körper mehr. Den aufgeblähten Kopf Wien decken nicht mehr die Insignien einer realen Macht, ihn füllen vielmehr Gespinste, Luftschlösser, Halluzinationen. Sigrid Löffler, heute Wiens führende Kulturkritikerin, sagt: »Die reale Ohnmacht des Kleinstaates klammert sich umso heftiger an die geträumte Großmachtstellung des Burgtheaters.«

So kommt es, dass nach dem österreichischen Bundespräsidenten und dem Kanzler der Republik der jeweilige Direktor des Burgtheaters, was sein publizistisches Auf- und Ansehen betrifft, als dritter Mann im Staate gelten kann: ein wahrer Bürgerkönig, den – aber nur kurzzeitig – ein österreichischer Olympiasieger oder ein Weltmeister in der Ski-Abfahrt zu entthronen vermag. Kräche, Intrigen, Triumphe oder auch nur die jährlichen Kassenberichte der Wiener Bundestheater – die vornehmlich durch die Staatsoper und noch vernehmlicher durch die Burg repräsentiert werden –, sie füllen Leitartikel, Kolumnen, Nachrichtensendungen der österreichischen, sprich Wiener Medien. Ein Phänomen sondergleichen.

Als in den zehn Amtsjahren des Peymann-Vorgängers Achim Benning am 3. September 1976, an einem Freitag, das Burgtheater zum ersten und einzigen Mal eine angesetzte Vorstellung aus technischen Gründen ersatzlos ausfallen ließ, wechselte die größte Wiener Tageszeitung ihr einziges Titelfoto aus: Statt eines Bildes vom Bürgerkrieg im Libanon waren nun sieben enttäuschte Theaterbesucher vor den geschlossenen Burg-Toren zu sehen, und die Presse sprach von einem »schwarzen Freitag«.

Als gar im Frühjahr 1988 Claus Peymann der Hamburger Wochenzeitung *Die Zeit* ein Interview gab, in dem er sich unter vielem anderen auch schnoddrig-abschätzig über Wiener Widersacher, über einige Schauspieler und den Schauplatz Österreich äußerte, eskalierten die empörten Reaktionen (vom Bundespräsidenten bis zum Burg-Betriebsrat) zu einem »Kulturkampf«, der sich über viele Monate hinzog; gegen Ende des 20. Jahrhunderts also erregte ein in tausend Kilometer Entfernung veröffentlichtes Künstler-Gespräch die Kapitale einer mitteleuropäischen Industrienation mit einem fast religiösen Eifer. Politiker und Fernsehmoderatoren, Journalisten und Schauspieler, Taxifahrer und Straßenpassanten streiten sich dann mit unergründlicher Leidenschaft darum, ob der Burg und damit ganz Österreich durch das Peymann-Theater nun wieder eine neue »Germanisierung« drohe - oder vielmehr (nur) die künstlerische Modernisierung eines leicht angestaubten Musentempels. Vorerst scheint Claus Peymann, scheint auch der größte Teil eines verjüngten oder neu enthusiasmierten Burgtheaterpublikums den »Kampf« gewonnen zu haben. Mit Regisseuren wie Peter Zadek, George Tabori, Achim Freyer, Cesare Lievi und Peymann selbst, mit Bühnenbildkünstlern wie Karl-Ernst Herrmann, Erich Wonder, Daniele Lievi und Freyer, vor allem aber mit Schauspielern wie Gert Voss, Kirsten Dene, Traugott Buhre, Klaus Maria Brandauer, Erika Pluhar (einer entschiedenen Peymann-Opponentin), Annemarie Düringer, Therese Affolter und Anneliese Römer, mit Gästen wie Bernhard Minetti, Marianne Hoppe, Peter Fitz, Hans Michael Rehberg, Ulrich Wildgruber und Thomas Holtzmann, mit Eva Mattes und Ilse Ritter zaubert die Burg heute in Hülle und Fülle wie Anfang der neunziger Jahre wohl keine andere europäische Bühne.

Das Wiener Burgtheater, zwischen Traum und Morgengrauen, geben wir ein paar Stichworte:

Geschichte: Im Jahre 1741 eröffnete Kaiserin Maria Theresia im Ballhaus der Hofburg eine Spielstätte, die am 23. März 1776 (dem offiziellen Gründungsdatum) von Kaiser Joseph II. zum Nationaltheater proklamiert wird. Der heutige Bau an der Ringstraße wurde am 14. Oktober 1888 mit Franz Grillparzers »Esther« und »Wallensteins Lager« von Schiller eingeweiht; nach Bombenschäden im Zweiten Weltkrieg findet die Wiedereröffnung im Oktober 1955 statt. Auch diesmal wird zuerst Grillparzer gespielt, über den Karl Kraus einmal spottete, er sei »vornehmlich aus dem Bedürfnis Österreichs nach einem Klassiker entstanden«.

Architektur, Innenräume: Für jedermann schön ist diese Stein- und Marmortorte nicht, aber imposant. Gegen den Plan eines amphitheatralischen, aus der Perspektive des Zuschauers »demokratisch« entworfenen Hauses, wie er dem ersten Architekten Gottfried Semper in seinen Plänen vorschwebte, setzte sein Partner und Nachfolger Carl von Hasenauer einen klassizistischen Repräsentationsbau durch (der Kritiker Alfred Polgar nennt solcherlei neureiche Gebilde im Jahre 1897 kurzerhand »Wiener Gschnas, plump und protzig«). Der Zuschauerraum ist ohne eine besondere Beachtung der Akustik und der Sichtverhältnisse mit vier Rängen in der symbolischen Form einer Lyra angelegt und fasst heute 1310 Sitz- und 210 Stehplätze; dem Publikum öffnen sich zwei marmorne, goldbestuckte Treppenhäuser (»Feststiegen«, eine davon ist nur den Abonnenten vorbehalten) und ein von zehn Kronleuchtern und den Gemälden früherer Burg-Größen geschmücktes Hauptfoyer, an dessen beiden Enden unter Glas die Totenmasken berühmter Burgschauspieler dieses Jahrhunderts zu sehen sind, letzte Erinnerungen zum Beispiel an Werner Krauß und Oskar Werner.

Tradition: »Einige verstehen als Tradition des Burgtheaters eine Schauspielkunst von großem, festlichem Format. Andere die Pflege eines pathetischen Darstellungsstils, andere eine feudale Ausstattungstechnik, echte Möbel und Stoffe, tadelloses Gesellschaftszeremoniell. Wieder andere ein vornehm gemäßigtes Klima der Geistigkeit, das nicht unter ein bestimmtes Niveau sinken, nicht über ein bestimmtes Niveau sich erheben dürfe. Zur eisernen Tradition des Burgtheaters gehört jedenfalls: der Hinweis auf die Tradition ... (auch) bei freudigen Anlässen, wie Direktionswechsel oder Absterben hartnäckiger Rolleninhaber« (Alfred Polgar, zu Beginn des Jahrhunderts).

Direktion, Ensemble: Von 1776 an wurde das Theater zunächst von Regiekollegien geleitet (»Die Künstlerrepublik«); vom ersten Amtsinhaber Franz Brockmann bis zu Claus Peymann gab es bisher 36 (zum Teil provisorische) Direktoren. Zu den Gründungsideen des ursprünglichen Hoftheaters gehörte das Konzept einer stehenden Schauspieltruppe. So gehören die Mimen der Burg neben den Mitgliedern der Comédie Française zum ältesten festen Ensemble der Welt; seit 1789 sind langjährige Mitglieder pensionsberechtigt; heute gehören etwa achtzig Schauspieler und fünfzig Schauspielerinnen zum Stamm des Hauses.

Das Vorhangverbot: Es bildete bis 1983 (!) eines der Kuriosa des Theaters. Die Darsteller hatten am Ende einer Burg-Aufführung ohne Beifall und Verbeugung sofort abzutreten, weil seit Joseph II. »das dreymalige Applaudiren bloß als Ehrbezeigung des Publikums gegen den allerhöchsten Hof« galt, Bravos oder Pfiffe gegenüber den Komödianten aber als »unangenehmes Gethöse verursachende Handlungen« verpönt wurden.

Finanzen, Gagen, Eintrittspreise: 1990 betrug die Subvention des Burgtheaters (einschließlich seiner zweiten Spielstätte, des Akademietheaters) rund 300 Millionen Schilling (43 Millionen Mark), dazu werden noch etwa 60 Millionen Schilling im Jahr eingespielt. Der Burgtheaterdirektor erhält ein Jahresgehalt von umgerechnet 210 000 Mark, hinzu kommen als Regiegage pro Inszenierung etwa 60 000 Mark. Spitzenspieler wie Gert Voss und Kirsten Dene verdienen einschließlich Sonderzulagen rund 130 000 Mark im Jahr. Die teuerste Karte im Burgtheater kostet derzeit 450 Schilling (65 Mark), für ein Studentenbillet an der Abendkasse sind 50 Schilling zu berappen.

Premieren, Repertoire, Stücke und Autoren: In der Saison 1989/90 gab es an der Burg und im Akademietheater zwölf Neuinszenierungen, im Repertoire befinden sich gegenwärtig 35 bis 40 Stücke. Seit dem Jahr 1776 am häufigsten gespielt wurden mit je über 500 Aufführungen »Maria Stuart« und »Hamlet«.

Zeitgenossen: In den siebziger und achtziger Jahren war das Burgtheater unter Achim Benning die wichtigste (Ur-) Aufführungsstätte für Stücke des damals verfolgten Bürgerrechtlers und heutigen tschechoslowakischen Präsidenten Václav Havel. Claus Peymann favorisierte bis zu Thomas Bernhards Tod im Jahr 1989 die Dramen dieses Autors, der sein Österreich als Lieblingshölle verfluchte und vergötterte, der dem Land Mozarts und Hitlers mit seinem späten Stück »Heldenplatz« ein Schauspiel-Denkmal der Trauer, Wut und letzten Liebe gesetzt hat. Vier Monate nach der triumphal umstrittenen Premiere des »Heldenplatz« im Burgtheater starb der Dichter - und schlug nochmals zurück. Denn in seinem Testament verbat sich Thomas Bernhard für die Dauer des gesetzlichen Urheberrechts alle weiteren Aufführungen innerhalb der Grenzen Österreichs. Also wird auch die Burg noch bis zum Jahr 2059 auf ihren letzten Hausautor verzichten müssen.

Nun setzt das Haus auf die Österreicher Peter Turrini (»Die Minderleister«) und auf Peter Handke. Die Uraufführung von Handkes neuem Stück »Das Spiel vom Fragen« geriet im Januar 1990 zu einem der glänzendsten Peymann-Erfolge. Nie gespielt am Burgtheater wurde dagegen Elfriede Jelineks »Burgtheater«: eine böse Komödie über die Wiener Schauspieler-Dynastie Hörbiger und das Verhalten von Burg-Größen im Dritten Reich ...

Tod eines Spielers: Keine Stadt verehrt ihre Bühnenhelden emphatischer als Wien. Das gilt bis zum Tod. Stirbt eines der Ehrenmitglieder des Burg-Ensembles, wird der Sarg unter den Fresken Gustav Klimts auf der Feststiege zum Volksgarten hin aufgebahrt und nach der Trauerfeier einmal rund ums Haus getragen, gefolgt von den Schauspielern, Trauergästen und Fanfarenbläsern; zuletzt wurde diese Ehre 1987 Attila Hörbiger zuteil ... Heroen der Burg, Max Reinhardt oder Fritz Kortner, sind früher häufig in die deutsche Theatermetropole nach Berlin weggelockt worden. Heute aber sind es die Schauspielkünstler aus Deutschland, die ans Burgtheater drängen. Und seit dem Verlöschen Oskar Werners hat noch kein anderer Schauspieler das Wiener Publikum so sehr fasziniert wie der aus Bochum gekommene Gert Voss – dessen Othello 1990 bereits mit seinem grandiosen Vorbild Laurence Olivier verglichen wird. Doch eine wirkliche Symbiose zwischen den zugereisten Akteuren und den älteren österreichischen Mitgliedern des Burg-Ensembles ist bisher nicht geglückt. Klaus Maria Brandauer kann man außer in einer angestaubten »Hamlet«-Inszenierung, die Thomas Bernhards Diktum über die Burg als »permanente Schauerbühne« und »Stückevernichtungsmaschine« rechtfertigen könnte, nur noch im Film sehen. Auch andere Protagonisten der Vor-Peymann-Zeit, die Pluhars und Muliars, suchen kein Zusammenspiel mit Ritter, Dene, Voss. Das Peymann-Team beruft sich zwar auf seinen »Reformauftrag« durch die österreichische Regierung; doch das Auftreten der deutschen Reformatoren erinnert viele alteingesessene Wiener Schauspielkünstler eher an das Gebaren von Kolonisatoren. So ist das neue Burgtheater im alten auch ein Kunst-Produkt im doppelten, im zwieträchtigen Sinne.

Was hier guttäte, wäre die vermittelnde Stimme der kritischen publizistischen Vernunft. Sie fehlt in Wien. Sosehr sich die österreichische Metropole von der »westlichsten Stadt des Balkans« in den letzten Jahren auch in eine internationale Allerweltsgroßstadt mit postmodernen Hotels, Boutiquen und Sushi-Lokalen verwandelt hat – das alte Herz schlägt noch immer. Und ein Herzstück der Stadt ist (neben den Beiseln) das Burgtheater. Aber mit einer Ausnahme, der *profil*-Redakteurin Sigrid Löffler, besitzt die Wiener Presse keine

Feuilletonisten und notabene auch keine Theaterkritiker mehr von überregionalem Rang. Die Grande Dame der Wiener Kritik, Hilde Spiel, schreibt ihre Memoiren, und bis jetzt ist kein neuer Kraus, kein Polgar in Sicht. Also ein Kopf, der zur ersten Aufführung des »Weiten Lands« am Burgtheater noch schreiben konnte – Wien und den Wienern in die schöne, wehe Seele: »Ohne ein paar Tropfen Verwesungsparfum im Taschentuch geht die Schnitzler'sche Muse niemals in Gesellschaft.« Herz und Galle hat Wien für immer. Aber solch eine Nase fürs eigene Odium und Fluidum? Ich denke, das Burgtheater hätte wenigstens eine neue Adresse verdient: Es gehörte als Hausnummer 1 an den Alfred-Polgar-Ring.

Franziskus Kerssenbrock

ERST DIE »BURG« UND DANN DIE WELT

Siebenhundertachtzig Quadratmeter Bühne sind zu füllen, mit Drama oder Komödie, mit großer Geste und tiefer Emotion. Und das ist noch die geringste Herausforderung, die das Burgtheater an seine Schauspieler stellt. Weit anspruchsvoller ist das Publikum, das alles hier schon gesehen hat und jeden Abend zu neuen Höhen geführt werden will. Manchmal halten alle den Atem an, erfuhr Franziskus Kerssenbrock. Und manchmal steigt auch ein Star wie Gert Voss aufs Dach des Hauses, um einfach mal allein zu sein.

Am Abend des 5. Februar 1987 betritt Gert Voss die Bühne des Wiener Burgtheaters. Er erscheint humpelnd, gebückt aus einer kleinen Kammer, in der er die letzte halbe Stunde vor Aufführungsbeginn verbracht hat. Jetzt steht er im Scheinwerferlicht, in der Figur Richards III. Stille umfängt ihn. Das Theater ist bis auf den letzten der 1175 Sitzplätze besetzt.

Die Spannung ist mit Händen zu greifen. In den Wochen zuvor gab es Probleme. Zwischen Gert Voss und Claus Peymann, dem frisch bestellten Direktor des Burgtheaters, der ihn mitgenommen hatte von Bochum nach Wien. Es hatte Angriffe seitens der Presse gegeben, Fäkalattacken, Schmäh- und Drohbriefe. Wien befindet sich im Ausnahmezustand: Das heilige Burgtheater ist in die Hände einer deutschen

Truppe geraten. Schlimmer noch, in die Hände eines Skandalregisseurs, der Thomas Bernhard wie Elfriede Jelinek inszeniert, der, und mit ihm seine Truppe, des Burgtheaterdeutschen nicht mächtig ist, des – in Wiener Ohren – schönsten Deutschs auf Erden. Jetzt wartet Wien. Auf Niederlage oder Triumph. Auf der Bühne steht Gert Voss, allein. Claus Peymann ist nicht im Theater.

»Ich sagte mir ständig: Es läuft toll. Ganz super. Klasse. Aber die Leute im Saal waren totenstill«, erinnert sich Voss später. »Es gab keinerlei Reaktion. Nichts. Dabei bietet die Rolle ab und zu kleine Pointen.« In der Pause kommt seine Frau Ursula, versichert ihm, dass es wunderbar liefe. Doch das Wiener Publikum verharrt weiterhin in Schweigen. »Dann war die Aufführung zu Ende. Als der Vorhang hochging, das Ensemble sich verbeugte, war der erste Applaus schon enorm – gemessen an der Zurückhaltung des Publikums während der Vorstellung. Als ich dann allein herauskam, glich der Beifall einer Explosion. Das hatte ich noch nie erlebt«, erzählt Voss. »Ich dachte, die Wiener würden uns nicht akzeptieren. Aber das stimmte nicht. Das Wiener Publikum schloss uns ganz schnell ins Herz.«

Das Wiener Burgtheater ist ein Mythos. Immer schon. Spätestens, seit das alte Burgtheater 1888 am Michaelerplatz abgerissen wurde, allen Protesten zum Trotz. Kaiser Franz Joseph I. wünschte die Hofburg zu erweitern. Er wollte zudem eine große Bühne. Einen Palast, der dann von Gottfried Semper und Karl Hasenauer an der Ringstraße gleich gegenüber dem Rathaus errichtet wurde.

»Als ich das Burgtheater zum ersten Mal sah, bekam ich einen Schreck. Was ist das denn?, dachte ich. Das sieht aus wie ein Museum! Alles monumental, die Treppen, die Wege, die Stockwerke – alles kam mir düster vor. Und dann die Bühne, überlegte ich, um Gottes willen, wie kann man denn diesen Raum mit Realität füllen? 780 Quadratmeter!«, meint

Voss. Alle Bühnen, auf denen er bisher stand, waren kleiner gewesen, ob in Stuttgart oder Bochum. »Die erste Zeit«, so Voss, »spielte ich viel lieber im Akademietheater (einer der vier Spielstätten des Burgtheaters), das in seinen Umfängen diesen Bühnen entspricht.« Das Haupthaus erinnert ihn an ein Opernhaus. »Steht man auf der Bühne, muss man laut sprechen. Eigentlich deklamieren, damit einen auch die Menschen auf den hinteren Rängen hören.«

Das Burgtheaterdeutsch, das früher an der »Burg« (so nennen die Wiener ihre größte Bühne) gesprochen wurde, hat sich, so Voss, vermutlich aus dem Umstand der Größe seines Theatersaals entwickelt. »Das Deutsch der Wiener ist ungleich singender als jenes in Deutschland. Ich habe es in 20 Jahren noch nicht erlernt«, meint er. Und imitiert unvermittelt jenen melodiösen Sprachsingsang, der an André Heller erinnert. »Das ist das Wienerische«, sagt er und vollführt mit seinen Händen fließende, kreisende Bewegungen nach oben und unten. »Und das ist das Deutsche«, seine Finger beschreiben eine Gerade. »Wobei das so ja auch nicht stimmt – das Schwäbische, das Sächsische, das Hessische sind auch sehr melodiöse Varianten des Deutschen. Aber in der Hochsprache trifft es zu.«

Voss ist nicht der Einzige, für den die Größe des Saals eine Herausforderung ist. »Bei einer Ensembleversammlung kam einmal Paula Wessely zu mir und fragte, wie mir das Burgtheater gefiele.« Wieder ändert sich seine Stimme. Paula Wessely ist zu hören, die ihm gegenüber eben die Größe des Saals beklagt. Dabei hätten sie, Werner Krauss und andere, schon früher an die Regierung appelliert, den Raum zu verkleinern. Vergebens. »Ich bin«, sagte Wessely, so Voss, »eine Schauspielerin des leisen Tons. Und nicht des Brülltheaters.«

Vorbild für die neue Burg ist die Dresdner Semperoper. Klagen über die Akustik begleiten das Haus von Anfang an. 1888 wird es nach 14-jähriger Bauzeit (Gottfried Semper zieht sich nach zwei Jahren zurück) eröffnet. Um die Akustikprobleme zu mindern, wird es bereits 1897 umgebaut - beseitigt werden sie aber nicht. Dem Ruf des Hauses tut das keinen Abbruch. Es ist »das« Theater Wiens - eine Bühne, deren Strahlkraft weit über die Grenzen der Stadt reicht. Es zählt damals wie heute zu den wichtigsten Bühnen Europas.

»Wir blickten von Deutschland aus mit einem gewissen Lächeln auf das Burgtheater«, sagt Voss. Von Stuttgart, von Bochum aus erscheint die Burg verstaubt und alt. Verzopft. »Hätte ich damals Peymann gesagt, dass ich ans Burgtheater wechseln will, hätte er gelacht und gemeint, ich könnte ja gleich ins Grab steigen.« Dann aber wird Peymann die Direktion angeboten. Peymann fährt nach Wien. Peymann kehrt nach Bochum zurück. Peymann hat zugesagt. »Da bin ich dann zu ihm gegangen und habe gefragt, was denn jetzt anders ist mit der Burg als vorher.« Peymann, so Voss, gerät ins Schwärmen. Über die Schauspieler, die Möglichkeiten. Und widerruft alle Vorurteile. Vor allem aber müsse er, Voss, mit nach Wien. Gemeinsam mit Kirsten Dene und anderen. »Meine Mutter«, erinnert sich Gert Voss, »war glücklich, dass ich an das Burgtheater ging. Jetzt könne mir nichts mehr passieren, meinte sie.«

Tatsächlich aber passiert sehr viel. »Für uns war das aufregend und ungewohnt, in eine Stadt zu kommen, wo jeder Taxifahrer über die neuesten Aufführungen und Produktionen Bescheid weiß; wo die Abendnachrichten im Fernsehen mit Meldungen über die Burg eröffneten und die Weltnachrichten erst später folgten.« Ja, meint Voss, den Wienern liege nun mal das Theatralische.

In den 20 Jahren, die Gert Voss nun in Wien lebt und arbeitet, hat sich vieles verändert. Aus der Erregung ist längst Erinnerung geworden. »Heute finden an der Burg Veranstaltungen statt, die früher undenkbar gewesen wären. Wenn zum Beispiel Campino (Frontmann der Punk-Rock-Band

»Tote Hosen«) ein Unplugged-Konzert gibt.« Selbst die Rufe nach dem Burgtheaterdeutsch sind verhallt. Längst wird ihm nicht mehr, wie noch in den 80ern geschehen, per Inserat Sprechunterricht angetragen. Ist die Burg ein normales Theater geworden? Nein, sagt Voss. »Es ist in vielen Inszenierungen wagemutiger als viele Bühnen der Bundesrepublik. Das Eherne, Pathetische von früher, das ist Vergangenheit. Die Jungen haben einen ganz anderen Zugang zum Burgtheater.«

Und es hat seine eigenen Traditionen, die es so nur hier gibt. Anachronistisch anmutende Zeremonien wie etwa der Trauerkondukt rund um das Gebäude, wenn ein Ehrenmitglied des Ensembles verstirbt, wie im Falle Josef Meinrads 1996. Anachronistisch, aber »auch toll, dass, wenn ein großer Schauspieler stirbt, man ihm noch eine große Vorstellung schenkt.« Eine Spezialität.

Speziell sind freilich auch die Garderoben der Schauspieler an der Burg. Sehr zum Leidwesen Voss'. »Da hängen Spiegel, die kein richtiges Licht haben, vergilbte Fotos von Schauspielern, die mir nichts sagen. Ich kämpfe seit Jahren darum, dass die Garderobe, die ja Arbeitsraum ist, kein Wohnzimmer sein kann. Ich kämpfe darum, dass man richtige Spiegel hat, an denen Lampen arretiert sind, sodass man sich sehen und schminken kann. Ich kämpfe seit Jahren darum, dass man sich nach der Vorstellung richtig waschen kann und sich nicht unter einen Hahn würgen muss, um Wasser auf den Kopf zu bekommen. Dass es eine Dusche gibt für die Schauspieler, dass man nicht in den zweiten Stock hinuntersteigen muss, um sich dort zu waschen. Es ist erstaunlich, dass ein Theater, das doch für Schauspieler da ist, solche selbstverständlichen Rechte negiert. Aber ich bin gescheitert mit meinem Kampf.« Einmal, erinnert sich Voss, fragte er, warum dies nicht geändert wird. Der Besucher wegen, die das Burgtheater wie ein Museum besichtigen, so die Antwort. »Damit das Theater seinen musealen Charakter behält, dürfen diese Garderoben nicht verändert werden. Pervers!«

Der Bau ist eine Sache, die andere ist das Theater selbst. Voss, der stets nur kurze Zeit in verschiedenen Städten verbrachte, der am liebsten in Metropolen wie New York oder in einer Stadt am Meer mit Hafen lebte, findet mit dem Burgtheater eine Bühne, die ihm große Rollen, hervorragende Regisseure, wunderbare Inszenierungen bietet, »sonst wäre ich längst wieder gegangen. Die schönen, die aufregenden Erlebnisse, die ich hier am Theater hatte, sind so dominant, dass sie alles andere überdecken. Ihretwegen bin ich geblieben.«

Schade nur, bedauert Voss, dass die anderen, kleineren Bühnen so sehr im finanziellen Schatten des Burgtheaters stehen. Frecher wünscht er sie sich, herausfordernder. Dass sie dem »Riesentanker, diesem unbeweglichen Topf, mehr entgegensetzen«. In Berlin befinden sich alle Bühnen auf gleicher Augenhöhe, in Wien aber dominiert die Burg alles.

In jeder Hinsicht. Auf der Suche nach einem speziellen Ort steigt Gert Voss selten, ganz selten hinauf in das Dach des Theaters: »Auf die Krone. Diesen Platz habe ich aus Zufall einmal entdeckt. Von dort hat man einen phantastischen Blick über Wien. Wie von der Zugspitze.« Von dort sieht man die Masse der Wiener Repräsentationsbauten, den riesenhaften Komplex der Hofburg mit der Präsidentschaftskanzlei, blickt auf das Bundeskanzleramt, Parlament, Wiener Rathaus, die sich alle um das Burgtheater gruppieren. Die es in ihren Kreis aufnehmen und zur Staatsbühne machen. Eine, die jederzeit gut ist für ungeheuerliche Erregung und Staatsaffären.

»SO UNANSTÄNDIG
WEISS UND NACKT
GAB ES IN WIEN NOCH
KEINE FASSADE«

Joachim Riedl

LABOR DER MODERNE

Die Stadt war reich. Und satt. Verliebt in ihre Größe, ihren Ruhm, den Glanz ihrer Geschichte. Wie kommt es also, dass Wien trotzdem zum Labor einer Moderne wurde, die den pompösen Schwulst der alten Zeiten überwand und dem Rest der Welt neue Maßstäbe setzte in Literatur und Musik, in der Kunst, der Wissenschaft und der Architektur? Joachim Riedl kennt die Antwort – und sie ist schmerzlich: Die Pioniere des neuen Denkens hatten keine andere Chance. Sie handelten aus Notwehr.

Am 27. April 1879 bewegte sich ein seltsam kostümierter Huldigungszug über die Ringstraße. Noch säumten den neuen Prachtboulevard der kaiserlichen Residenzstadt zahlreiche Baustellen. Einmal fertiggestellt, sollte bereits an den überfrachteten Fassaden bürgerlicher Paläste, den sogenannten Ringstraßenpalais, ablesbar sein, dass eine neue Klasse im Habsburger-Reich den Ton angab: Industriebarone und Geldritter, die den alteingesessenen Adelsgeschlechtern den Rang abgekauft hatten.

Ganz im Einklang mit ihrem noch jungen Selbstbewusstsein beschlossen die neureichen Wiener Bürger, das silberne Hochzeitsjubiläum des Kaiserpaares, Franz Joseph I. und Elisabeth, prachtvoll zu begehen. Die »Genossenschaft der bildenden Künstler« war aufgerufen, 35 Festwagen zu gestalten. Jeder von vier Rössern gezogen und reich mit Gold und teurem Zierrat geschmückt: Handel und Wandel der eitlen

Wiener Parvenüs märchenhaft verkitscht zu allegorischen Karossen eines Prunkkorsos. Vierzehntausend Menschen hatte man für das denkwürdige Defilee eingekleidet; in einer eigens eingerichteten Großschneiderei wurden Damast, Seide und Brokat zu stilechten Renaissancekostümen genäht.

Zuletzt kam die Künstlerschaft. Alle Maler, Bildhauer und Baumeister, welche die Stadt aufbieten konnte, beteiligten sich an der pompösen Ehrbezeugung. Der Architekt Otto Wagner, später Oberbaurat, entwarf die Kaisertribüne vor dem Burgtor, die aussah wie das Zelt eines Paschas. Der junge Gustav Klimt fertigte Entwurfskizzen an. Sie alle aber überragte einer, hoch zu Ross, mit kühn geschwungenem Hut: der Malerfürst Hans Makart, der umschwärmte Liebling der Gesellschaft, ein zweiter Rubens.

Gerade erst angebrochen war die moderne Zeit, und schon hatte die Epoche ihren Höhepunkt erreicht. Unter »moderner Zeit« verstand man damals allerdings ein historisches Ausgedinge, in welches sich das Imperium hatte abschieben lassen. Auf sanft geschwungener elliptischer Bahn näherte es sich nun dem Untergang. An Bismarck war der Anspruch auf die deutsche Kaiserkrone gescheitert. In Königgrätz und Solferino waren die Statisten der Habsburger Großmachttragödie verblutet. Der österreichische Liberalismus war von einer erzkatholischen Fronde sich immer stärker antisemitisch gebärdender Dorfpfarrer und Kleinbürger schimpflich verjagt worden. Der Börsenkrach von 1873 hatte die meisten der kühnen Gründerzeitträume zerplatzen lassen, und die Wiener Weltausstellung des gleichen Jahres war in einem grandiosen finanziellen Fiasko geendet.

Wien, der Metropole des dahinsiechenden Reiches, blieben nur historistische Scharaden und bombastische Verkleidungskünstler. In Hans Makart fand die Stadt ihr die Epoche prägendes Genie. Er lieferte jene großflächigen Kulissenvorhänge, vor denen unbekümmerte Wiener einen letzten Totenwalzer wirbeln konnten. So war die Stadt zu verkitschtem Rubens-Format geschrumpft: Diese geistige Makart-Zeit sollte sie nie mehr verlassen – bis zum heutigen Tag.

Noch rechtzeitig in der »Epoche des allgemeinen Menschenjammers, der in der österreichischen Versuchsstation des Weltuntergangs die Fratze des gemütlichen Siechtums annimmt«, wollte der unerbittliche Polemiker und apokalyptische Satiriker Karl Kraus die Wiener aus ihrem Dämmertraum reißen, damit sie »nicht ihren Tod verschlafen«. Doch die Stadt war bereits zu tief in ihrem »Wert-Vakuum«, so nannte dies ein anderer Außenseiter, der Schriftsteller Hermann Broch, versunken, um noch aus der apathischen Ruhe gerüttelt zu werden. Wien schmückte sich, wohl auch in nebelhafter Ahnung der Unentrinnbarkeit, für ein großes Leichenbegängnis. Putzsüchtig schichtete es monumentale Bauten, prächtige Bilder und weltumspannende Ideen zum Autodafé. Das Wiener Bürgertum, schon immer ein Commis Voyageur der Geschichte, richtete es sich in der Frist bis zur Totenfeier behaglich ein, wie in einem Wartesaal allererster Klasse. Seinen Stil nannte es die »Moderne« – eine Etikettenfälschung. Hugo von Hofmannsthal, der frühreife Gymnasiast aus dem Café Griensteidl, meinte, dass »heute zwei Dinge modern zu sein scheinen: die Analyse des Lebens und die Flucht aus dem Leben«.

Vergeblich denunzierte Adolf Loos, der Pionier der modernen Architektur, die »potemkin'sche stadt« Wien, in der eine »ornamentseuche« grassiere. In Wien waren verlogene Phrasen zu Stein geworden und zierten als protzige Ornamente die Hausfassaden. Doch die Wiener reagierten wie ihr Kaiser. Als ihm Loos in den letzten Friedensjahren vor dem Ersten Weltkrieg sein glattes, scheinbar schmuckloses »Haus auf dem Michaelerplatz« vor die historistische Protzfassade der imperialen Residenz setzte, dekretierte die »Mauschelmajestät« (Kraus), die Vorhänge jener Fenster, die

Ausblick auf den Schandfleck bieten, müssten zu aller Zeit geschlossen werden. Einer der treuesten Loos-Jünger, der Schriftsteller Richard Schaukal, huldigte daraufhin seinem Meister so: »Loos will Wahrheit. Er sagt nein, wo alles mitmacht, alles bejaht. Er riskiert, wo jeder ausweicht.«

In Wien, wo damals wie heute Lemuren und Larven das Bild prägen, wo Mitmacher und Pflichterfüller alle Dissonanz in ihrem pflichteifrigen Konsens ersticken, musste solch monomaner Fanatismus Außenseitern vorbehalten bleiben. Sie waren es, die in einem Traumlabor kühner Gedanken die Moderne schufen, die eine Gegenwelt errichteten, bestimmt vom Wissen um die Relativität von Sprache, Ideologie, Erkenntnis und aller Erneuerung.

Ein Spaziergang am Stadtrand an einem heißen Juli-Tag. Die Luft ist erfüllt vom Duft der Blumen, die Heckenrosen sind voll erblüht. Es sei plötzlich geschehen, behauptete er später. Dem Dr. Sigmund Freud enthüllte sich das Geheimnis der Träume. Neuland. Ein kühnes Konzept neuer Zusammenhänge, unbekannter Bedeutungen, verborgener Wahrheiten. Nichts ist, was es scheint; jedes Bild ein Code – nur wer den Code knackt, erlangt Klarheit und Kontrolle über sich selbst, über sein Ich. »Das Träumen setzt sich an die Stelle des Handelns, wie sonst auch im Leben«, heißt es nahezu versteckt in der »Traumdeutung«. Auch in diesem Fall war die offizielle Ablehnung radikal. Es sollte acht Jahre dauern, bis die sechshundert Exemplare der ersten Auflage der »Traumdeutung« – jenes Werkes, das am Anfang der Psychoanalyse steht – verkauft waren. Zum Motto des Buches wählte der Seelenpionier eine Zeile aus der »Aeneis«, jenem Epos, das von dem herumirrenden Trojaner erzählt, der seine Heimat verloren hatte und nach einem Land suchen musste, das ihm Sicherheit und Zukunft bot: Auf dieser verzweifelten Reise begibt sich Aeneas sogar an den Rand der Unterwelt und schaut in den Abgrund. Ein Blick, wie auch

Freud ihn wagte, und so zitierte er: *Flectere si nequeo superos, Acheronta movebo.* – Kann ich die höheren Mächte nicht beugen, bewege ich doch die Unterwelt.

Freud hat diesen beschwerlichen Weg einmal mit einem Spaziergang durch einen finsteren Wald voll falscher Hinweisschilder und trügerischer Markierungen verglichen, ein Anstieg einen steilen Abhang hoch, bis schließlich der irrende Wanderer am Gipfel steht und seinen Blick frei schweifen lassen kann. Erkenntnis endlich dem, der durch das Dickicht der menschlichen Natur gedrungen ist.

War dies auch der Weg, den Arthur Schnitzlers Romanheld Heinrich Bermann suchte? »Ich glaube überhaupt nicht, dass solche Wanderungen ins Freie sich gemeinsam unternehmen lassen«, sagt er, »denn die Straßen dorthin laufen ja nicht im Land draußen, sondern in uns selbst. Es kommt nur für jeden darauf an, seinen inneren Weg zu finden.«

Man war eine geschlossene Gesellschaft. »Weil ich Jude war, fand ich mich frei von vielen Vorurteilen, die andere im Gebrauch ihres Intellekts beschränken«, so erklärte Freud ein Vierteljahrhundert nach seiner grundlegenden Entdeckung das Rüstzeug, das es ihm ermöglichte, seinen Weg zu finden und zu beschreiten. »Als Jude war ich dafür vorbereitet, in die Opposition zu gehen und auf das Einvernehmen mit der kompakten Majorität zu verzichten.«

Er wäre es ja eingegangen, hätte die »kompakte Majorität« es zugelassen. Der Sohn eines jüdischen Wollhändlers erfuhr die Ablehnung von Jugend an. Einer ganzen Generation, die zur kulturellen Elite der Stadt heranwachsen sollte, wurde ein Platz in der Gesellschaft verweigert. Freud studierte Medizin: eine der wenigen Studien, in der junge Juden Zukunftschancen sehen konnten.

Er ging nach Paris, wo Jean Martin Charcot, den seine Zeitgenossen spöttisch den »Napoleon der Neurosen« nannten, an der Salpêtrière dozierte; zu gerne wäre der eifrige Schüler

Charcots Statthalter in Wien geworden. Doch das medizinische Establishment gestattete es nicht. Die Assimilation, nach Jahrhunderten der Ächtung und der Pogrome herbeigesehnt und mit aller Kraft angestrebt, hatte versagt. Erschrak nicht auch der Nervenarzt Schnitzler, als er nach einer Probeaufnahme aus einem Phonographen erstmals seine eigene Stimme hörte, weil er noch einen jüdischen Unterton, ein schwaches Echo seiner Herkunft, zu vernehmen meinte?

In Wien regierten die Antisemiten, Bürgermeister Lueger, der »schöne Karl«, schwang dröhnende Hetzreden und wurde von seinen christlich-sozialen Parteigängern wie ein populärer Heurigensänger verehrt. Von den Kanzeln der Vorstadtkirchen predigten Volkspfarrer Judenhass; der antisemitische Stutzer trug ein Accessoire, das modisches Bekenntnis war: Ein gehenkter Jude aus Silber baumelte an seiner Uhrkette. Der Spießermief der Wiener Kleinbürger und die schwülstige Protzsucht der aufgeblähten Bourgeoisie füllten jeden Winkel der Öffentlichkeit. Es gab nur einen Weg, den gebildete Juden beschreiten konnten: Sie mussten ihre eigene Kultur gegenüber der herrschenden Kultur aufbauen. Es ist falsch, diese Um- und Abkehrdenker Avantgarde zu nennen: Denn niemand folgte nach, wo sie vorangingen. Vielmehr haben sie der radikalen Gleichgültigkeit ihrer Zeit ein ebenso radikales Gegenmodell vorgehalten: Wo Plüsch und Pathos herrschten, waren sie konkret; auf Schnörkel antworteten sie mit klaren Linien, auf Phrasen mit geraden Worten.

Vieles waren Kaffeehausideen, denn das Kaffeehaus war der einzige gesellschaftliche Ort, der den Neuankömmlingen offenstand; eine Art von Basar, in der eine klassenlose Gesellschaft mit Ideen und Geistesblitzen Handel trieb.

Es mag ein Paradoxon sein: Die in vieler Hinsicht epochenmachende Wiener Moderne ist Produkt der antisemitischen Ablehnung, der Fremdenfeindlichkeit und der satten

Agonie der selbstvergessenen Metropole. Weil die gefräßigen Wiener nicht Platz machen wollten, schufen sie genau das, was sie zu verhindern suchten: die geistige und kulturelle Erneuerung. Dass die Wiener sie nicht einmal dann zur Kenntnis nahmen, als nichts weiter von ihrem Glanz und ihrer Herrlichkeit übrig geblieben war als eine touristische Dekoration, ist lediglich ein spezifisch wienerischer Aspekt. Experiment Weltuntergang hier, Labor Moderne dort: Wien war und ist bis heute eine zweigeteilte Stadt.

Die Vergangenheit hatten die Neuerer hinter sich gelassen, die Gegenwart blieb ihnen verschlossen, nur die Zukunft stand ihnen offen. Wie Pfadfinder erkundschafteten sie einen Ausweg, erdachten, erträumten und erfanden ihr neues Universum. Die Juden, meint Schnitzlers Romanheld Bermann, wären ein Volk, in dessen »Seele sich die Zukunft der Menschheit vorbereitet«.

Es ist eine endlose Liste an Namen: Kraus, Schönberg, Mahler, Berg, Roth, Altenberg, Musil, Freud, Wittgenstein, Schnitzler, Schwarzwald, Adler, Kokoschka, Mach, Schumpeter, Schlick, Polgar, Werfel, Friedell, Kuh ... gegensätzlich, widersprüchlich, eifersüchtelnd, untereinander zerstritten, miteinander verbündet, gegeneinander polemisierend – ein Mikrokosmos, in dem viele Sonnen strahlten, um die zahlreiche Planeten kreisten; manche dieser Gestirne um mehrere Sonnen zugleich, Tag- und Nachtseiten ineinander verschmelzend.

Der Kraus-Biograph Edward Timms aus Cambridge hat den Versuch unternommen, dieses planetarische Chaos zu systematisieren. »Sie bildeten kleine Eliten innerhalb der kulturellen Elite, deren Kreise sich überschneiden. Man kann sie daher als ein konzentriertes System von Mikro-Schaltkreisen darstellen.« Timms Versuch einer Astronomie des Wiener Geistes ist noch unvollständig, und die Bahnen, die er zeichnet, sind ungenau. Doch zeigt sein Diagramm, dass sich nicht bloße Kaffeehauszirkel gebildet hatten, sondern dass ein komplexes Beziehungssystem, ein geistiges Universum entstanden war.

Dass »Der Weg ins Freie« zur Entdeckung der Modernen führt, war kein Wiener Phänomen, doch nirgendwo wurde es so deutlich wie in der Residenzstadt des Habsburger Vielvölkerstaates. Hier waren die Juden eine Minorität unter vielen, doch die einzige, die keine geographische Heimat besaß, sondern nur eine geistige. Der Historiker Steven Beller meint in seiner Studie über das Wiener Judentum, in dem neuen intellektuellen Vater- und Mutterland habe eine »Ethik der Außenseiter« geherrscht: »Ihre Taktik, sich mit den Ideen der Zukunft zu verbinden, war hauptsächlich ein verzweifelter Versuch, sich nicht als isolierte Außenseiter identifizieren zu müssen ...«

Für die Moderne gab es keinen dauerhaften Platz. Das Universum der kulturellen Elite hatte keinerlei Fundament und Basis. Es war ein Wolkenkuckucksheim, ein Traumland, in dem spielerischer Gedankenflug Kunst schuf und die Kultur zum Schleier wurde, der sich verdeckend über die Realität senkte.

Traumverloren stürzte an einem der letzten Tage des kaiserlichen Wien Peter Altenberg auf der Treppe seines Hotels und brach sich den Arm. Die wahre Eminenz Wiens, Dichter, Schwärmer, Heiliger und Narr, dessen Wohnraum immer die Öffentlichkeit gewesen war, verbarrikadierte sich fortan und verschloss sich der Welt. »Vorgestern Nacht, 1 Uhr, 19. Dezember, fiel ein volles Glas Wein auf mein Leintuch, und ich schlief in der eisigen Nässe ruhig bei weit geöffneten Fenstern. Des Morgens hatte ich meinen Bronchialkatarrh aus der Jugendzeit. *Sunt certi denique fines!*« Wenige Tage später starb er am Lebensekel. Wahrscheinlich war Peter Altenberg der exemplarischste unter den Wiener Laborbewohnern: ein genialer Dilettant, dessen zerflattertes Lebenswerk, ein weitverstreuter Zettelkasten liebevoll gedrechselter Miniaturen, ganz beiläufig zum Gesamtkunstwerk geriet, übertroffen nur noch von der Art, wie Altenberg sein Leben zu gestalten pflegte. Nirgendwo war er zu Hause und überall daheim. Das Café Central, sein eigentliches Domizil, verwandelte er zu seiner Welt, die ihm Anschauungsmaterial und Auseinandersetzung lieferte. Dort saß er, ein Wegelagerer am Gang zum WC, und borgte seinen geistigen Lebensunterhalt von zufälligen Passanten. So nachlässig war dieser schrullige Dandy, dass viele hinter den Marotten schon wieder einen eigenen Stil vermuteten. Er leistete sich den Luxus, nichts zu besitzen. Und es fehlte ihm an nichts, außer an dem Eigentlichen, einem Lebensziel. Er ging nicht seinen Lebensweg, er flanierte. Er glich der Stadt, die ihn so vollkommen in der Überlegenheit des Nicht-Wollens geschult hatte. »Ich wünsche auf meine Art *allein* zugrunde zu gehen«, schrieb er einmal, »da mir die Art aller anderen nicht imponiert!«

Sie hatten den zerstörerischen Griff nach den Tabus gewagt: Nichts ist, wie es scheint. Doch die Pioniere des Zweifels knackten nicht den Code, erkannten nicht die verborgene Wahrheit ihres Traumes. Die alte Form der Assimilation – Integration – sollte einer neuen weichen: der Konfrontation. Das Kleinbürgertum, das eben erst das Erbe der Monarchie angetreten hatte, entzog sich der Auseinandersetzung. Der späten Blüte der Moderne folgte nur ein kurzer, trügerischer Nachsommer. Man hatte eine Gegenwelt herbeigeträumt, nun hielt man sie für Realität – ein Irrtum, der Millionen das Leben kostete. Der Nationalsozialismus, der seinen Sturmlauf aus den Provinznestern antrat, pferchte den metropolitanen Geist in Konzentrationslager, verjagte ihn ins Exil, erstickte ihn in den Gaskammern. Wien war, wie das Joseph Roth nach der »Heimat des Führers« phrasierte, »verlinzert, daher verloren«.

Wieland Schmied

DÄMONIE IN JEDER SOFAECKE

Weil Kunst ja bekanntlich von Kunst kommt, ist Wien ein fruchtbarer Boden geblieben. Die Architektur der Stadt, die Ideen, die sie hervorgebracht hat – alles hat nach dem Krieg einer jungen Generation von Künstlern ein Fundament geboten, auf dem sich Neues aufbauen ließ. Für den Kunsthistoriker Wieland Schmied formulierten Maler wie Friedensreich Hundertwasser und die Wiener Schule des Phantastischen Realismus entscheidende Impulse für die Kunst der Gegenwart.

Es begann 1945. Albert Paris Gütersloh, wie so viele andere als Künstler verfemt, kehrte nach Wien zurück und übernahm eine Malklasse an der Akademie der Bildenden Künste. Diese Klasse wurde rasch das Zentrum einer Gruppe von Künstlern, die in vielfacher Weise phantastisch-symbolistischen Traditionen verhaftet war. Da gab es den gerade fünfzehnjährigen Ernst Fuchs, ein zeichnendes Wunderkind, für den eine Sondererlaubnis erwirkt werden musste, damit er schon studieren durfte; den siebzehnjährigen Wolfgang Hutter, der sich von Barock und Biedermeier so angezogen fühlte wie Ernst Fuchs von den Manieristen am Hofe des Habsburger Kaisers Rudolph II. in Prag, vor allem Arcimboldi; dann kam Anton Lehmden hinzu, in dessen Malerei die Donauschule wieder aufzuleben schien, und schließlich Erich Brauer, der sich vorwiegend von Bosch und Breughel beeindruckt zeigte. Von allen Malern der »Wiener Schule«

hat nur der ältere Rudolf Hausner, der die Akademie schon in den dreißiger Jahren absolviert hatte, nie bei Gütersloh studiert. Hundertwasser, der in die Klasse Andersen geriet, verließ die Akademie enttäuscht nach wenigen Monaten, um es dann für drei Tage noch einmal in Paris zu versuchen – mit der gleichen Einsicht, nirgends anders etwas lernen zu können als bei den geliebten Meistern, die für ihn Klimt und Schiele, Klee und Rousseau hießen.

Treffpunkt der Maler und der Dichter war in jenen Jahren der »Art-Club«, dem ebenfalls Albert Paris Gütersloh präsidierte und der sein Domizil in einem Seitengässchen der Kärntner Straße unter einer noch von Adolf Loos eingerichteten Bar hatte, im sogenannten »Strohkoffer«. Tagsüber dienten die strohverkleideten Nischen des Kellergeschosses als Galerie, abends war es eine Bar. Hundertwasser hatte hier seine erste Ausstellung, ebenso Fruhmann, Mike, Rainer; Artmann las seine Gedichte vor, Gerhard Rühm oder Friedrich Gulda saßen am Klavier.

Hundertwasser, schon seit seinem zwanzigsten Jahr ruhelos unterwegs in endlosen Spiralen durch Europa und die mittelmeerische Welt, erzählte von seinen Reisen nach Marokko und Tunis und zeigte die ersten Werke, die er von dort mitgebracht hatte. Sie waren ganz anders als die Bilder, die damals allgemein gemalt wurden, die geometrischen Abstraktionen und expressiven Gesten. Für uns, die wir noch nicht so weit gereist waren, brachte er die ganze Märchenhaftigkeit des Mediterranen mit, die naive Poesie der arabischen Welt, die Unbefangenheit von Menschen, die ohne Radio, Auto und festen Ort leben können. Sein »Europäer, der sich seinen Schnurbart hält« (Hundertwasser beharrte eigensinnig darauf, »Schnurbart« mit einem »r« zu schreiben) ist das Bildnis des weißen Mannes, gesehen mit den Augen eines Beduinen. Hundertwasser lächelte über die Diskussionen, die seine Person und seine Kunst hervorriefen. Sie amüsierten ihn, aber er antwortete stets mit großem, kindhaftem Ernst auf alle an ihn gerichteten Fragen. Er war damals völlig allein; er kam in den Art-Club, aber er gehörte zu niemandem. Doch wurde er von allen respektiert.

Die anderen begannen damals gemeinsame Ausstellungen zu veranstalten, und auch der Name »Wiener Schule« kam um 1950 zu ihrer Kennzeichnung auf. Allabendlich konnte man im Art-Club Wolfgang Hutter begegnen, wohl dem Einzigen der »Wiener Schule«, den es nie von Wien wegzog, dem schon ein Ausflug nach Mariazell zu weit war, dem Wien der Kosmos war, in dem er alles fand, was er zum Leben, zum Lieben, zum Malen brauchte. So saß er in seiner Nische, das Haar schon auf dem Jünglingskopf ergraut, stets umgeben von einem Flor schöner Frauen wie ein lockender Pan im Schilf. Manchmal sah man Ernst Fuchs, neben Hundertwasser der Ruheloseste von allen. Stets schien er auf dem Absprung zu sein, nach Paris, nach Israel, nach Amerika, umhergepeitscht von allerhand Ideen, Räuschen, Vorstellungen. Um ihn, der schon damals seinen Prophetenbart und das reichgeschmückte Käppi trug, versammelte sich immer eine Schar von Jüngern und Schülern, jungen Malern und Mädchen, vor denen er mit beredtem und bezwingendem Pathos die alttestamentarische Fülle seines Wissens ausbreitete – wenn er nicht tanzte. Ich habe kaum jemanden je so tanzen gesehen wie Ernst Fuchs, mit solcher Leidenschaft, solcher Hingabe, solcher Selbstvergessenheit.

Und dann der stille Anton Lehmden, der sich gern im Hintergrund hielt und der doch nie übersehen wurde; ihn umgab stets ein Hauch von Landschaft. Selten war Rudolf Hausner da – ein Odysseus, der sein bürgerliches Ithaka kaum je verließ –, selten auch Erich Brauer, der damals erst seine afrikanischen und jemenitischen Wanderjahre hinter sich brachte.

Wie viel die Künstler auch den Anregungen in der Klasse

Güterslohs und den Begegnungen im Art-Club verdanken mögen – ihre eigentliche Hochschule waren die großen Wiener Gemäldegalerien, das Kunsthistorische Museum, die Galerie der Akademie und die im Belvedere sowie die Graphische Sammlung Albertina. Hier haben sie die Faszination großer Kunst verspürt; hier haben sie die gültigen Maßstäbe ihrer eigenen Arbeit gefunden. Es ist oft gesagt worden, ihre Malerei hätte nirgendwo sonst entstehen können als in Wien, dieser traditionsreichen und traditionsbewussten Stadt, in einem Klima, in dem jeder Schritt über das Biedermeier oder gar über den Jugendstil hinaus als avantgardistisches Unternehmen erscheinen musste. Wien lugt an allen Ecken und Enden aus diesen Bildern hervor, und wir entdecken einen verborgenen Hintersinn, wo man dem Augenschein vertrauen will; Schwermut, wo man nur Heiterkeit begegnen möchte; Dämonie in jeder Sofaecke; geschliffene Formulierungen, wo man anderswo nur ungestüme Expression treffen würde.

Alle Bilder Hutters scheinen aus einem verzauberten Prater oder Stadtpark zu kommen, in dem plötzlich alles, die Menschen, die Schwäne, die Bäume, die Wiesen, die Wege, die Wurstelbühnen und die Würstelbuden, den Atem angehalten hat und erstarrt ist, um zu lauschen, so wie ein Denkmal lauscht, denn im Hintergrund scheinen Mozart, Schubert, Strauß und die Schrammeln ihre Instrumente zu stimmen.

Für Hausner hat der Park eine andere Bedeutung; er ist ihm nicht Lustgarten und Gartenlaube, sondern repräsentiert das Beherrschbare, die geordnete Welt. So sind ihm die Parkanlage Schönbrunns, von der Gloriette aus gesehen, und die Gärten des Belvedere in ihrer konstruktiven Geometrie Sinnbild einer »Zone des Menschen« geworden, in der die bedrohende Triebwirklichkeit überwunden und humanisiert erscheint. Und dann die Rolle, die die Architektur Wiens bei Hausner spielt! »Adam, gut getroffen« ist nicht denkbar ohne die drückende Last der Gründerzeitfassade. Karlskirche und Gemeindebau, barocke Kuppel und profane Urbanität markieren für Hausner verschiedene Möglichkeiten des Menschen, Kindheitserinnerung und Gleichmaß beruflichen Alltags, ererbte und erschaffene Umwelt.

Lehmdens Stadtbilder sind Stillleben und voll Natur; sein großes Wienbild ist neben der Tafel von »Istanbul-Byzanz-Konstantinopel« das geschichtlich tiefste seiner Stadtporträts, das am meisten transparente.

Wien ist aber nicht nur ein Ort der Tradition, es ist auch immer ein Ort der Synthese gewesen. Die Malerei der »Wiener Schule« müsste uns nicht interessieren, versuchte sie nicht auch die Errungenschaften der Abstraktion sich einzuverleiben, die Formerfindungen und Formerfahrungen anderer Künstler, zeitgenössischer wie lange vorausgegangener, auszunutzen und sie in einer großen Synthese dienstbar zu machen der eigenen Aufgabe einer umfassenden Sinngebung.

Dieses Streben nach Sinngebung unterscheidet die Maler der »Wiener Schule« von den klassischen Surrealisten. Der reine psychische Automatismus, die willkürlichen und unkontrollierten Sprünge einer entfesselten Assoziationsmechanik sind nie ihre Sache gewesen. Eine Malerei »ohne jede durch den Verstand ausgeübte Kontrolle, außerhalb jeder ästhetischen oder moralischen Voreingenommenheit«, wie André Breton sie forderte, hat sie nie faszinieren können. Wie Hundertwasser bewusst am Jugendstil anknüpfte und seine endlosen Wellen zur Spiralform umbog, so darf man die »Wiener Schule« vielleicht als eine Spätblüte des internationalen Surrealismus bezeichnen, in der sich viele seiner ursprünglichen Tendenzen in ihr Gegenteil verwandelt haben, und von ihr sagen, dass hier phantastische Vision und realistische Dingbeschreibung eine logische und unauflösliche Einheit eingegangen sind. Das Reale wird verfremdet, indes das Phantastische nüchtern und exakt dargestellt wird, als wäre es das eigentlich Reale dieser Welt.

In der »Wiener Schule« hat der Surrealismus humane, logische, austriazistische Züge angenommen, und wie der klassische Surrealismus enthält die Malerei der »Wiener Schule« viele Rückgriffe auf Stilmittel, die der Kunstgeschichte angehören. Die Verwendung dieser Stilmittel wäre anachronistisch, würden sie nicht von einem Kunstverstand in teils ironischer Absicht, teils zur Verfremdung von gegenwärtiger Wirklichkeit eingesetzt. In der Malerei der »Wiener Schule« wird der Versuch unternommen, eine Sprache zu entwickeln, die es uns erlaubt, die Phänomene der technisierten Welt der Sphäre des Menschen anzuverwandeln und ihrer habhaft zu werden, und die es uns möglich macht, die Gegenwart aus der Distanz des Historikers zu sehen und sie so zu bewältigen - eine Parallele zu den Romanen Güterslohs und Doderers, die, recht gesehen, ja immer »historische Romane aus der Gegenwart« geschrieben haben.

Was die Maler der »Wiener Schule« untereinander und mit ihrem Freund Hundertwasser - der freilich nie mit ihnen zusammen ausgestellt hat - verbindet, ist keineswegs ein gemeinsames Programm. Sie kennen keine Dogmen, die alle verpflichten, sie haben nie ein gemeinsames Manifest herausgegeben, und in ihren Bildern haben sie sich oft sehr weit voneinander entfernt. Was ihren - freilich immer loser werdenden - Zusammenhalt noch ausmacht, ist die Erinnerung an den gemeinsamen Anfang. Sie alle haben im Wien der Nachkriegsjahre zu malen begonnen; sie fanden, dass sie einander verwandt wären in ihrer Einstellung zu den Problemen der modernen Kunst, wie sie sich damals dem Studierenden stellten, verwandt auch in den ersten Ergebnissen, zu denen sie gelangten. Persönliche Freundschaft, enger oder weniger eng, je nach Temperament, verband sie. Die einzige gruppenbildende Figur von allen ist immer nur

Ernst Fuchs gewesen; ohne ihn wäre es wohl nie zur »Wiener Schule« gekommen. Hundertwasser, der große Einzelgänger, hatte – vor allem in seinen Pariser Jahren – eigentlich nur zu Erich Brauer näheren Kontakt, so sehr er die ihm diametral entgegengesetzte Kälte Rudolf Hausners bewunderte. Heute ist er wieder häufiger in Wien zu Gast, auch seinen alten Freunden erneut nähergekommen und hat mit Ernst Fuchs und Arnulf Rainer zusammen das »Pintorarium« neu begründet, eine schwer definierbare und kaum fassbare Institution zur Einführung neuer Gedanken in Österreich und zur Beunruhigung des wienerischen Gemüts, mit der er schon einiges Aufsehen und etliche Unruhe hervorgerufen hat.

Das wichtigste Ziel des Pintorariums ist das gleiche wie das von Hundertwassers berühmtem »Verschimmelungsmanifest«: der Tyrannei der funktionellen Architektur entgegenzutreten und die »Herrschaft der geraden Linie« zu brechen, sich für eine menschenwürdige, schöpferische, individuelle Bauweise einzusetzen.

Architektur ist das erste und letzte Thema Hundertwassers und kommt auf beinahe allen seinen Bildern vor. Auch der Dampfer ist eine Burg, und wenn keine schützenden Häuser da sind, dann wenigstens Zäune. Hundertwasser malt, weil man ihn nicht bauen lässt. Jedes seiner Bilder ist ein Haus, ein Haus für die Seele, mit dem Labyrinth der spiraloiden Linien, seinen ungleich gerissenen oder geschnittenen Rändern, seinen kleinen Fenstern mit den »Gründerzeithauben« darauf – eine heimliche und zutiefst österreichische Architektur.

Kristian Sotriffer

DAS ENDE DER BELLE ÉPOQUE

Wien, um das Jahr 1900. Nie war so viel Schönheit; nie gingen die Künste so offen aufeinander zu. Was Architekten und Maler, Möbelbauer, Silberschmiede und Glaskünstler im Abendlicht des Kaiserreichs gemeinsam vollbringen, wird als »Wiener Jugendstil« in die Kunstgeschichte eingehen: klare, fließende Formen, edle Materialien, vollendete Harmonie. Doch warnt der Kritiker Kristian Sotriffer vor allzu euphorischer Begeisterung: Für Abweichler vom Kanon blieb wenig Platz; viele, die dem Strom der Glückseligen nicht folgen mochten, gingen der Stadt verloren.

»In Wien«, schrieb Hermann Bahr im Jahr 1896, »wird von einem Bilde verlangt, dass es zu allen Möbeln passen, nur nicht auffallen und, wenn man es nach dem Essen betrachtet, einen unbedenklichen und hübschen Eindruck machen soll.« Dies war die Art des Kunstgenusses, gegen welche all jene ankämpften, die sich ein Jahr später um die Secession scharten. Sie hielten sich allem Neuen gegenüber offen und sahen sich selbst in erster Linie als Vermittler von Bestrebungen der Künstler in aller Welt, eine neue Basis für ihr Tun zu finden. Dabei orientierten sie sich freilich vorwiegend nach dem Westen, wobei sie der Gefahr nicht entgingen, alles Aufgenommene wiederum ein wenig zu verhübschen, anpassungsfähig zu machen, genießbar für die Bürgerwelt einer Stadt, die ein verbindendes Zentrum zwischen Ost und West geworden war. Das geistige Leben dieser Stadt wurde nicht zuletzt durch den Zuzug von außen aktiviert; die geistigen Leistungen eines kulturell-politischen Großraums konzentrierten sich in Wien.

Aus Mähren und Böhmen stammten die beiden Architekten-Antipoden Josef Hoffmann und Adolf Loos. Einer der interessantesten Schüler Otto Wagners - des Erbauers der heute immer noch weltstädtisches Format beanspruchenden Wiener Stadtbahn, des Postsparkassengebäudes, der Steinhof-Kirche -, der im Bereich der gesamten Monarchie tätige Josef Plecnik, stammte aus Laibach, und Josef Olbrich, Erbauer des 1898 entstandenen Gebäudes der Wiener Secession, kam aus Troppau in Schlesien. 1899 wanderte er nach Darmstadt weiter, als Hofbaurat von Großherzog Ernst Ludwig von Hessen berufen.

Schließlich war auch Adolf Hoelzel, der seine bahnbrechende Tätigkeit in Stuttgart entfaltete, ein Mähre, der Wien passiert hatte, ähnlich wie der tschechische Maler Frank Kupka. Er wäre ohne den Einfluss, den er in Wien aufgenommen hatte - das dekorativ-abstrakte, barocke, linienbetonte, mit der Wiener Abart des Nach-Jugendstils deutlich verwandte Element in seinen Bildern -, gar nicht zu denken.

In Wien wurde damals, und das dauert bis heute an, freilich auch vieles ignoriert. Man blickte, wie gesagt, westwärts und kam selten auf den naheliegenden Gedanken, sich auch dem östlichen Kultureinfluss zu erschließen, wie es die Ungarn und zum Teil auch die Tschechen taten, deren Geschicklichkeit und Talent im künstlerischen Ausdruck sich zeitweise auch in Wien Geltung zu verschaffen wussten. Denn die eigentlichen Revolutionäre der Kunst nach 1900 im Bereich der Monarchie waren, wie Kupka oder Gutfreund, die Ungarn Alfred Reth, Louis Kassak und Laszlo Moholy-Nagy, in ihren Randstaaten zu finden. Sie hießen nicht Klimt, Schiele oder Kokoschka, die der Malerei in Wien nach 1900 zwar neue, aber keineswegs revolutionäre Zielrichtungen gaben. Die Revolution der Künste gab Wien mittelbar weiter; in der Stadt selbst konnten sich extreme Leistungen nie entfalten. Johannes Itten, der von 1916 bis 1919 in Wien entwickelte, was er dann unter Gropius am Bauhaus erweitern und systematisieren konnte, tat einen wesentlichen Schritt vorwärts, ohne – mit Ausnahme von Adolf Loos und dem Zwölftöner Josef Matthias Hauer – zur Kenntnis genommen zu werden.

Wien war, wie Hermann Broch festhielt, »weit weniger eine Stadt der Kunst als der Dekoration par excellence. Entsprechend seiner Dekorativität war Wien heiter, oft schwachsinnig heiter, aber von eigentlichem Humor oder gar von Bissigkeit und Selbstironie war da wenig zu spüren.« Lediglich ein großer Maler, Gustav Klimt, ein eminent wienerischer, zugleich aber auch sehr europäischer Maler, der Tradition und Ansatz zu Neuem miteinander zu verbinden wusste, dessen Bilder eine Art Amalgam zwischen westlicher Sinnesfreude und östlicher Askese, zwischen westlich-weichen Stilformen und östlich-byzantinischem, hieratischem Prunk darstellen, stand als beherrschende Figur über all dem, was sich damals bemüht und die Sphäre der Bürgerlichkeit doch selten überwindend, im Umkreis der Secession entwickelte. Da sein Werk dem Wiener Secessionsstil, den Klimt freilich entscheidend mitgeprägt hat, ebenso wenig einzuordnen ist wie das seiner Schüler Egon Schiele und Oskar Kokoschka, die sich, von dekorativen Anfängen ausgehend, rasch einer Sonderart des Expressionismus annäherten (der sich ebenfalls bei Klimt bereits angelegt findet und der sich entscheidend vom deutschen unterscheidet), hatte er es schließlich schwer, sich in einer Welt durchzusetzen, die ihn noch gefeiert hatte, als er Makarts Nachfolge anzutreten schien. Er hatte sie ebenso rasch und zwingend aufgegeben, wie sich Otto Wagner vom historisierenden Baumeister zu jenem Neuerer wandelte, dem Wiens junge Architekten noch heute ihre respektvolle

Reverenz erweisen und dessen Werk weit über den Jugendstil hinausweist. Obwohl Klimt also durchaus über dem stand, was sich um ihn, nach ihm und unter seiner Ägide als Präsident der Secession bis zu seinem Austritt im Jahr 1905 entwickelte, war doch er es, der dem Wien des Fin de Siècle seinen Stempel aufdrückte und zugleich den verfeinerten Widerschein des Glanzes dieser Stadt vor Ausbruch des Ersten Weltkrieges und dem damit herbeigerufenen eigentlichen Ende des 19. Jahrhunderts in Wien festhielt.

Klimt tat dies vor allem als der Maler von Frauenbildnissen, »in der verzaubernden Verkleidung einer frei waltenden Formenphantasie zugleich auch für immer das Abbild von Typen einer Epoche und ihrer Gesellschaft« (Novotny). Während seine Bilder noch eine Analyse all der Einflüsse von Toroop und Beardsley bis zu den Impressionisten zulassen, wirkt er als der ungeheuer produktive und sensible Zeichner, der er war, völlig zeitlos – und dennoch nicht losgelöst von der feminin-weichen, der enthusiasmierten und gern vergötternden künstlerischen Grundstimmung seiner Zeit.

Wie seine Mitstreiter, die sich unter dem Zeichen des »Ver Sacrum«, des »Weihefrühlings« also, zusammentaten, verstand er Kunst als etwas Heiliges. Das Ende des Krieges lässt heute sehr deutlich einen Einschnitt in der Kunst jener Jahre erkennen, der sich vor allem auch dadurch ergab, dass Klimt, Otto Wagner, Egon Schiele und Koloman Moser das Jahr 1918 nicht überlebten. Die »Lebens-Melancholie«, ein Todessehnen, wie sie in vielen Werken dieser Künstler einer sterbenden Epoche zum Ausdruck kam, hatte sie auf ein Ende vorbereitet, das sie eben nicht nur für sich selbst hatten kommen sehen.

Das Schmuckbedürfnis der besseren, tonangebenden und die Vorkriegskultur Wiens letztlich bestimmenden Gesellschaft wurde allerdings nicht in erster Linie durch Bilder befriedigt. Den Absichten der Jugendstilschöpfer entsprechend, wurde praktisch das gesamte äußere Leben von diesem Neuen Stil durchdrungen.

Kolo Moser zum Beispiel, den sein Zeitgenosse Arthur Roessler als den »unbefangen kühnsten« unter den Secessionsgründern schilderte, war in rascher Folge sowohl Töpfer, Glaser und Schreiner wie auch Stoffmusterzeichner, Teppichwirker, Stuckateur, Drechsler, Ziseleur, Erzgießer, Buchbinder, Emailleur, Intarsist, Baumeister und Gartenarchitekt.

Im Juni 1903 fanden derartige zusammenfassende Bestrebungen in der »Wiener Werkstätte-Produktiv-Gemeinschaft von Kunsthandwerkern in Wien« ihr Zentrum. Hauptinitiator der »WW«, deren Ziele und Arbeit in unseren Tagen wieder besonderes Interesse finden, war Josef Hoffmann, der zu Beginn eine Reihe von exemplarischen und noch heute Maßstäbe setzenden Werken schuf, ehe er dem unheilvollen Einfluss von Dagobert Peche, der einen pseudoeleganten Aufputz kultivierte, keinen hinreichenden Widerstand mehr entgegenzusetzen wusste und damit seine eigenen ursprünglichen Ziele bis zu einem gewissen Grad verriet. Die »WW« überstand den Krieg; sie wurde erst 1932 liquidiert, als sie ihre ursprüngliche Bedeutung, die vor 1914 liegt, längst verloren hatte. Auch sie bildete ein Beispiel dafür, dass in Wien nichts rein erhalten werden kann, was einmal taufrisch begonnen hat.

Der Wiener Jugendstil prägte bis 1914 das architektonische Bild der Stadt entscheidend mit; er bestimmte die Atmosphäre des Salons, das Aussehen des Mobiliars und den Raumschmuck, der das typische Wiener Ambiente der Vorkriegszeit schuf. Der Begriff »secessionistisch« ist noch heute – da man die Möbel und Gebrauchsgegenstände der Zeit um 1900 wieder zu Ehren gebracht hat und benutzt, soweit man ihrer noch habhaft werden konnte – ständig in Gebrauch, wenn auch oft ein wenig missverstanden. An Ausgeburten aller Art, denen entgegenzutreten gerade die

Secessionsgründer mit ihrem heiligen Eifer und ihrem Suchen nach einem neuen Kulturausdruck als wichtigste Aufgabe empfanden, fehlte es schließlich nicht.

Es ist im Grunde genommen phänomenal, dass sich in solch einer Umgebung, in solch einer prägenden Grundstimmung Maler wie Egon Schiele und Oskar Kokoschka weiterentwickeln, dass sie den Ansatzpunkt, den ihnen Wien gab, so rasch und entscheidend verlassen konnten. Noch verblüffender aber ist die Erscheinung des Einzelgängers Richard Gerstl, der zu einer Zeit der Hochblüte des Secessionsstils sein an van Gogh und Munch geschultes und dennoch sehr eigenes frühexpressionistisches Werk in einem Zeitraum von nur vier Jahren schuf. Er war ein großer Einsamer, der mit dem Schönberg-Kreis in Verbindung stand. Im Jahr 1908 bereitete er seinem Leben selbst ein Ende, völlig unerkannt und danach verschollen bis zu seiner Wiederentdeckung im Jahr 1931.

In jenem Jahr 1908 führt Adolf Loos Kokoschka mit Karl Kraus und Peter Altenberg zusammen. Ein Jahr darauf verlässt Kokoschka Wien, kehrt wieder, reist wieder ab, beginnt sein unruhiges Leben, an Wien in einer Art Hassliebe gebunden. Nichts an seinem Frühwerk, in dem die Ahnung des kommenden Unheils so zwingend zum Ausdruck kam, konnte die Wiener für ihn einnehmen, denn seine Bilder ließen sich wirklich kaum nach dem Essen betrachten. Dass der Erzherzog Franz Ferdinand im Jahr 1911 äußerte, »dem Kerl sollte man die Knochen im Leib zerbrechen«, war natürlich. Der große Otto Wagner hielt nach Sarajewo fest: »Mit dem Tode des Thronfolgers war, meiner Ansicht nach, für Österreich das größte Hindernis der letzten fünfzehn Jahre für die Betätigung und Fortentwicklung der modernen Architektur überwunden.« Dazu Robert Musil über die Bürokratie Kakaniens: »Sie empfand Genie und geniale Unternehmungssucht an Privatpersonen, die nicht durch hohe Geburt oder einen Staatsauftrag dazu privilegiert waren, als vorlautes Benehmen und Anmaßung …«

Kokoschka war unter jenen, die, vom Wiener Jugendstil ausgehend, ihre eigene Entwicklung durchmachten, der Einzige, der früh anerkannt und berühmt wurde. Die Tragik des österreichischen Künstlers ist es ja, dass er sich von dem Boden, der ihn nicht trägt, nur dann loszureißen vermag, wenn äußere Umstände es unbedingt zu verlangen scheinen. Kokoschka wurde regelrecht vertrieben.

Im Jahr 1918 zerbrach nicht nur ein Reich, wurde nicht nur ein Kulturboden zerstört; dasselbe Jahr raffte auch die besten und das Bild der Kunst in Wien prägenden Köpfe hinweg: Kolo Moser, Egon Schiele, Gustav Klimt und Otto Wagner. »Graugelber Nebel durchzieht die Gassen und Gemüter«, schrieb Arthur Roessler am Todestag Klimts. »Dunkelfeucht glänzend und träg wie ein Reptil schleicht der Strom zwischen den steinernen Ufern …« Die *belle époque* Wiens mit ihren tragischen Schattenseiten war endgültig zu Ende gegangen.

Niklas Maak

SCHOCK STATT BAROCK

Wer einen Lehrer hatte wie Adolf Loos, der muss in der Architektur auch hundert Jahre später noch Mut und Qualitätsbewusstsein beweisen. Tatsächlich liefern Wiener Architekten seither nicht nur in ihrer Heimatstadt immer wieder Belege dafür, dass sie die Lehren des berühmten Baumeisters verstanden haben: Ornament ist Verbrechen, die Schönheit hat im Material zu liegen. Und der Kritiker Niklas Maak konstatiert nach eingehender Prüfung: In der jungen Architektur steht Wien ganz klar an der Spitze.

Manchmal wirkt Wien wie eine fette Sahnetorte: Am Palais Trautson quillt zu viel Gold über den Mittelrisalit, an manchen Fassaden hängen die Jugendstilornamente wie ein umgekippter Teller Rucolasalat - und wenn man sich all das genauer anschaut, versteht man den Mann besser, dem ein anderes Wien so viel zu verdanken hat: Adolf Loos. Der auf Fotos meist traurig dreinschauende Mann mit einem bürstenartigen Schnurrbart veröffentlichte 1908 unter dem Titel »Ornament und Verbrechen« seinen legendären Wutanfall gegen die Verhübschung der Architektur und gab damit den Startschuss für die Moderne. Ornamente seien vergeudete Arbeitskraft, so Loos, und mit so etwas könne sich die Kunst beschäftigen, nicht aber die Architektur, die Welt brauche die Schönheit des Zweckmäßigen. Thesen, mit denen er endgültig die Vertreter der »Wiener Werkstätten« und des lokalen Jugendstils gegen sich aufhetzte, die die Welt inklusive der

Architektur auch weiterhin gern in ein reichdekoriertes Gesamtkunstwerk verwandelt hätten. Damit war nun Schluss.

Wie es stattdessen weitergehen sollte, zeigte Loos den Wienern schon 1909–1911 mit seinem Bau für den Herrenausstatter Goldman und Salatsch am Michaelerplatz. Was der in den Vereinigten Staaten geschulte Loos dort mit der Fassade tat, wirkte wie ein Witz auf Kosten der Auftraggeber – denn das Haus sah aus, als hätte es sich ausgezogen und stünde nun splitternackt vor der kaiserlichen Hofburg. Hätte Adolf Loos an dieser Stelle selbst in aller Öffentlichkeit die Hosen runtergelassen, der Skandal hätte nicht größer sein können!

So unanständig weiß und glatt und nackt gab es in Wien noch keine Fassade; die Wiener, die es gern opulent hatten, waren schockiert über die Nudistenwände, zumal Loos' neues Haus kein Einzelfall war; auch der große Otto Wagner, der Vorreiter der modernen Architektur in Wien, hatte sich im beginnenden 20. Jahrhundert darauf verlegt, immer nacktere Häuser wie das der Postsparkasse am Georg-Coch-Platz zu bauen, dessen karge Fassade aussieht, als wäre sie von einer geometrisierten Gänsehaut überzogen.

Wagner und Loos standen dabei mit ihrer Strenge durchaus in einer großen Wiener Tradition. Denn anders als man denken mag, war auch der Wiener Barock keinesfalls besonders opulent, sondern vergleichsweise streng, reduziert, vereinheitlichend. Doch Loos' Fassade war so schmucklos gehalten, dass die erbosten Behörden einen Baustopp verhängten – und der Kompromiss, auf den man sich einigte, erschien mindestens genauso absurd wie das Werk der Efeumaler, die nachträglich allzu nackte Renaissancefiguren bekleiden mussten: Loos wurde dazu verdonnert, bronzene Blumenkästen unter den Fenstern anzubringen.

Dabei war sein Bau alles andere als schmucklos, den unteren Bereich der Fassade hatte Loos mit grünem Cipollinomarmor aus dem bereits stillgelegten, eigens für ihn reaktivierten Steinbruch im griechischen Euböa verkleiden lassen. Auch das ein Statement, dessen Nachhall bis heute durch Architektur und Kunst donnert: Dem Wiener Avantgardisten ging es darum, die Schönheit des Materials mit seinen spektakulären Änderungen sichtbar zu machen. Damit war er damals den Minimalisten der 60er Jahre schon näher als den Dekorateuren seiner Zeit.

Loos, der als Architekt mit den ornamentalen Mäandern der Kunst nichts zu tun haben wollte, hatte, ohne es zu ahnen, die Jahrhundertentwicklungen in Architektur und Kunst in seinem Bau vorweggenommen: oben die strenge Reduktion der Fassade auf eine weiße Fläche mit quadratischen Fenstern; unten ein Muster, das ungegenständliche Strukturen gegen eine figurale Tradition von allegorischen Figuren oder Ornamenten setzte. Genau das passierte später auch in der Gegenwartskunst, und Loos' Sockel hat, so gesehen, mit dem abstrakt malenden Jackson Pollock mehr zu tun als mit den Rustikasockeln des Wiener Klassizismus.

Dass Opulenz in der reinen Form liegen kann, nicht bedeuten muss, Fassaden mit kompliziertem Lianengestrüpp zu überziehen, hatte Adolf Loos schon 1908 mit seiner Kärntner Bar gezeigt, die »American Bar« oder auch »Loos-Bar« genannt wird und auf einer Grundfläche von nur 4,15 mal 6,15 Metern eine streng orchestrierte Materialorgie aus Marmor, Onyx, Mahagoni, Bronze und Glas vorführt. Wer die funkelnde und schillernde kleine Zelle betritt, ist schon ohne den Alkohol berauscht, den er dort trinken soll. Ein verwirrender Effekt, der auch architekturgeschichtlich nicht folgenlos blieb. Dass Bauen und Rausch zusammengehören, fanden nämlich auch die Wiener Utopiker der sechziger Jahre, jener Kreis um die Büros Coop Himmelblau, Haus-Rucker und Raimund Abraham. Sie träumten davon, in Polyurethankugeln zu wohnen, die wie Glühbirnen in riesige Fassungen geschraubt werden sollten.

Das Manifest der psychedelischen Wiener Rauscharchitektur war der »Mind-Expander«, den Laurids Ortner von Haus-Rucker 1967 seinen überraschten Zeitgenossen präsentierte: ein surreal aussehender Plastikballon, aus dem Frauen- und Männerbeine herausragten. »Der Sessel hat einen Schalensitz für einen Mann und eine Frau«, erklärte Haus-Rucker die Konstruktion, »darüber ein PVC-Ballon, der über die Köpfe der Sitzenden reicht ... Das Mädchen sitzt etwas höher, und seine Beine liegen über ihrem rechten Oberschenkel.«

Psychedelische Muster wurden vor den Augen der Benutzer eingespielt, ein Takter gab einen Herzton vor, und schon war man in einem Raum, der die Phantasien des Barock in den virtuellen Raum fortsetzte. Die Kollegen von Coop Himmelblau kombinierten das Ganze noch mit Kopfhörern und Geruchsdüsen, die den Benutzer dieser Utopieapparate in ein Gesamtkunstwerk aus Form und Klang, Düften und Tastgefühlen hineinbeamen sollten. Barock für den Kopf.

Was machen die Zeremonienmeister von damals heute? 2007 wird die BMW-World von Coop Himmelblau in München vollendet, eine Auto-Erlebniswelt unter einer spektakulären Wolke aus Stahl und Glas. Laurids Ortner zeichnet unter anderem für das 2001 vollendete Wiener Museumsquartier hinter den ehemaligen Hofstallungen verantwortlich, und man begreift nicht, wie eine Karriere, die mit dem Mind-Expander begann, so enden kann. Denn was Ortner & Ortner da im Hofareal parkten, sind nur zwei Container: Ihr Leopold-Museum ist auf die langweiligste Weise modern, das Museum für Moderne Kunst ist schwarz und wölbt sich an der Decke, als litte der Bau unter Blähungen.

Aber die großen architektonischen Veränderungen finden ohnehin nicht im imperialen Wien statt. Seit der Wende nach 1990 ist Wiens Bevölkerung gewachsen, neue Stadtviertel sind entstanden – die Donau-City zum Beispiel, die um den

1979 errichteten Wiener Sitz der UNO herumgebaut wurde, und die Wienerberg-City, wobei dort architektonisch wenig zu sehen ist, was über »gut gemacht« hinausgeht. In seiner Schlichtheit beeindruckend aber ist der knapp 100 Meter hohe Wohnturm, den Delugan Meissl hier errichteten; die Wohnungen haben alle eine Loggia nach Süden, die eine Art Minigarten in der Höhe schafft, die Fassade wirkt wie eine Haut, die darübergespannt ist, und erinnert in ihrer Materialdelikatesse an den alten Trick von Loos, einfache Formen mit haptisch und optisch aufwendigen Strukturen und Materialien aufzuwerten.

Im Zuge der Reaktivierung toter städtischer Orte sollten auch die vier historischen Gasometer in Simmering wiederbelebt werden – Architekten wie Coop Himmelblau und Jean Nouvel implantierten den riesigen leeren Backsteintöpfen insgesamt 600 Wohneinheiten und 250 Studentenheimplätze. Eine Trutzburg mit sozialem Anspruch sollten die Türme werden, schließlich hat dies große Tradition in Wien. Es war der Oberbaurat Karl Ehn (1884–1959), der unter den Sozialdemokraten das »rote Wien« erfand und der Stadt 1926 den beeindruckenden Karl-Marx-Hof im 19. Bezirk bescherte: eine gigantische Festung der Arbeiterklasse mit 1325 Wohneinheiten und Kindergärten, Wäschereien und Kliniken – eine autonome Wehrstadt der sozialistischen Weltauffassung.

Der militärische Charakter der Anlage war nicht bloß ästhetisch. Die Bewohner lieferten sich in den dreißiger Jahren tatsächlich blutige Kämpfe mit der austrofaschistischen Heimwehr, die die Burg kaum einnehmen konnte, was etwa Hitlers Stadtplaner veranlasste, die deutsche Arbeiterklasse in leichter kontrollierbaren Einzelbauten anzusiedeln. Gemessen an der stilistisch beeindruckenden Anlage der Karl-Marx-Höfe, wirkt die Gasometer-Umnutzung ein wenig unglücklich – so, als hätte man Wohnungen und Einkaufspassagen in ein paar alten Töpfen zu einer urbanen Bouillabaisse zusammengekocht. Und auch wenn das Budget beschränkt ist, sollte doch der Eingang einer Wohnanlage nicht so trostlos wie eine amerikanische Vorstadt-Shopping-Mall aussehen.

Beeindruckender sind die Bauten, die das Erbe des Barock in die Gegenwart überführen. Jene, die den Raum dehnen und knautschen, brechen und knoten, die die anämische Moderne zu einem hochdruckbeschleunigten Wiener Walzer überreden. Wie man großartige barocke Effekte mit reduzierten modernen Mitteln erzeugt, zeigte die moderne Wiener Architektur immer wieder - zum Beispiel, als der Architekt Fritz G. Mayr 1965 zusammen mit dem Bildhauer Fritz Wotruba im 23. Bezirk 157 Betonkuben zu einer Kirche (»Zur Heiligen Dreifaltigkeit«) aufstapelte, die es an Wucht und Raumdynamik locker mit den Meisterwerken des Barock aufnehmen kann.

Die Mission des Barock, mit dynamischen Räumen die starre Sicht auf die Welt, die Depression der Schwerkraft und die Langeweile des Regelmäßigen wegzufegen, steckte auch in dem berühmten Manifest der alten Meister der wilden Wiener Architektur von Coop Himmelblau, die 1980 in einem berühmten Pamphlet forderten, dass »Architektur brennen« und »schluchtig, feurig, glatt, hart, eckig, brutal ... obszön und geil sein« muss - Hauptsache, nicht bieder, durchschnittlich und lauwarm.

Viele Wiener Architekten bauten schon vorher in diesem Sinne. Und wenn es etwas gibt, das die bessere Wiener Architektur über die Epochen verbindet, dann den aus dem Barock hinübergeretteten Willen zum ganz großen, auffälligen Wurf. Günther Domenig donnerte einen metallhautüberzogenen Sparkassenbau in die Stadt, dessen skulpturale Fassade aussieht, als wäre der Bau aus großer Höhe hinabgestürzt und dann mit einem Lastwagen kollidiert. Unter der neueren Architektur fällt vor allem das Ray-1-Apartment auf, dass Delugan-Meissl-Architekten 2003 auf dem Dach eines Wiener Hauses bauten. Eine flach gelegte Schlangenfigur, die als Höhepunkt der neueren Wiener Raumerfindungen gefeiert wurde. Da faltet sich, wie auch bei Delugans Wohn- und Geschäftshaus in der Wimbergergasse, die Architektur über die Dächer und schafft geschützte Winkel und Adlerneste über der Stadt; kristalline Formen werden mit barocker Raumdynamik kurzgeschlossen, zwischen begrünten Dächern bilden sich intime Loggien. So wuchert das wilde Erbe der Stadt in die Gegenwart hinein.

Und dann gibt es die Neuen Wiener Wilden, die dort weitermachen, wo Coop Himmelblau aufgehört hat. Das von den jungen Architekten Heribert Wolfmayr und Josef Saller gegründete Büro »heri & salli«, das besser ist, als der alberne Name vermuten lässt, machte Furore mit dem Vorschlag, das sterbenslangweilige Museumsquartier mit einer künstlichen Hügellandschaft überwuchern zu lassen, die gewissermaßen die Berge in die Stadt holen würde. Das Duo entwarf auch für Wien einen »Schleierraum« mit einer wehenden Fassade. Raumauflösungen und Augentäuschungen haben ihren Ursprung im barocken Denken, sie knüpfen an eine Urwiener Tradition an und führen sie fort – und vieles, was ganz neu aussieht, entpuppt sich schnell als altehrwürdiges Problem: Das Ding, das Wolfmayer und Saller zum Beispiel schwarz und dekonstruktivistisch aus einem ihrer bekanntesten Gebäude ragen ließen, ist etwas, mit dessen Gestaltung sich schon die besten Barockbaumeister herumschlagen mussten: ein Altar.

»WER SIE ENTDECKEN
WILL, DARF NICHTS
ANDERES ERWARTEN ALS
DAS ECHTE WIEN«

Stephan Vajda

DER BASAR AM MEXIKOPLATZ

Das Jahr 1986. Der Eiserne Vorhang teilt Europa in zwei einander sehr fremde, sehr ferne Hälften. Nur auf dem Mexikoplatz in Wien scheint jede Grenze aufgehoben. Das Geschäft brummt – denn gegen Forint, Zloty, Kronen oder Rubel gibt es dort alles, was in Budapest oder Bukarest die Augen leuchten lässt; sogar Westgeld ist zu haben. Und wenn Ware und Geld erst einmal erfolgreich den Besitzer gewechselt haben, so beobachtet Stephan Vajda, dann ist eine Quittung wirklich Nebensache …

Das christliche Abendland endet am Donaukanal. Auf der anderen Seite des schmalen, graugrünen Gewässers, im kaum überschaubaren Gassengewirr der Leopoldstadt, seit mehr als dreihundert Jahren als Judenstadt, Tschuschenstadt, Hurenstadt und Hafenstadt verschrien, beginnt die fremde Welt des Ostens. Für Kenner, Spinner und Forscher birgt sie allerdings mehr kuriose Schönheit und menschliche Wärme als das hochberühmte und tiefmusikalische, überaus höfliche, vorbildlich saubere, glückselige und gemütliche, barock-imperiale Wien.

Der ausgedehnte Vorort zwischen dem Donaukanal und dem Strom, verwinkelt, verarmt, heruntergekommen, scheint Tarnow oder Mostar bedeutend näher zu sein als etwa den Wiener Nobelbezirken Grinzing oder Schönbrunn. Und der Mexikoplatz, ein weiträumiges, zur nahen Donau hin leicht abschüssiges, trostloses Viereck mit Österreichs hässlichstem Gotteshaus, der Franz-von-Assisi-Kirche, einem schmutzig grauen, pseudoromanischen Wasserturm des Glaubens in der Mitte, könnte sich viel eher am Rande einer einstigen k. u. k.-Garnisonsstadt irgendwo in Galizien, in der Kiskunság oder in der Bukowina befinden. Er liegt aber nur fünfzehn Autominuten vom Stephansdom entfernt.

Man hört hier kaum ein deutsches Wort, und wenn doch, dann meist mit dem breiten und harten Akzent des Ostens. Die Luft riecht nach Knoblauch und nach Slibowitz, nach dem dunklen Tabak rumänischer und bulgarischer Zigaretten und nach den Auspuffgasen des osteuropäischen Benzins. Familien kampieren vor ihren vollbepackten Autos, vor betagten Ladas, Škodas, Dacias, Trabants und Polskifiats. Lautstarke Gruppen von Ungarn, Tschechen, Polen, Rumänen, Serben und Kroaten marschieren, mit Tragetaschen, Plastiksäcken und Pappschachteln über und über beladen, scheinbar ziellos von der einen Seite des Platzes zur anderen und wieder zurück. Auf dem verdorrten, zertrampelten Gras rund um die Kirche, zwischen Fruchtsaftflaschen, Konservenbüchsen und Reklamezetteln kauern erschöpfte Gestalten. Sie zählen Geld, haken Listen ab oder packen die herbeigeschaffte Beute um. Der Mexikoplatz, der einzige West-Basar auf europäischem Boden, seltsames Zentrum eines inoffiziellen kommunistisch-kapitalistischen Detailhandels, präsentiert sich dem Besucher als ein nahezu exterritoriales Gebiet mit fremdartigen Farben, Tönen und Gerüchen und mit den spezifischen Spielregeln und ungeschriebenen Gesetzen einer verschworenen Gemeinschaft.

Die mit westlichen Devisen nur äußerst spärlich ausgestatteten Touristen aus den sozialistischen Ländern können am Mexikoplatz, in einem für sie bereits vertrauten Freigehege des goldenen Westens, für ihr sonst wertloses Ostgeld rasch, billig und gefahrlos einkaufen. Die Händler wiederum, fast ausnahmslos ehemalige Bürger der volksdemokratischen

Staaten, richten sich weitgehend nach dem eher sonderbaren Geschmack ihrer Kunden - den sie allerdings durch ihr ebenfalls sonderbares Warenangebot seit mehr als zwei Jahrzehnten stets mitgeprägt haben. Sie machen dabei aber keineswegs so märchenhafte Gewinne und so teuflisch undurchsichtige Geschäfte, wie dies manchmal mit schöner Regelmäßigkeit und mit gehörigem Schaudern geschildert wird.

Der auf etwa 140 Millionen Schilling (20 Millionen Mark) geschätzte Jahresumsatz der rund 60 Geschäfte - die Zahl fluktuiert von Sommersaison zu Sommersaison - wird von den Ladenbesitzern meist ohne faule Tricks, hart und verbissen erarbeitet. Für das Polizeikommissariat Leopoldstadt gilt der »schäbigste Supermarkt von Wien« als der Ruhepol des gesamten zweiten Gemeindebezirks schlechthin. Denn auf dem Mexikoplatz wird weder getrunken noch gerauft, sachbeschädigt oder bedroht, und es wird auch sehr selten Anzeige wegen Betrug oder Diebstahl erstattet: Man passt auf, und man weiß genau, dass man in einer grauen Zone von im Osten streng verbotenen und im Westen auch bloß geduldeten finanziellen Transaktionen agiert und bemüht sich daher, Konflikte nur untereinander und möglichst geräuschlos zu regeln.

Es gibt auch kaum Konflikte; handeln kann man in den bunten, mit Konsumramsch vollgestopften Läden des Mexikoplatzes ohnehin nicht mehr. Die Preise sind fix, sie sind, im Vergleich zu einem »normalen« Wiener Geschäft, auch ziemlich niedrig, die schmale Gewinnspanne lässt kein Feilschen im Stil eines echten orientalischen Basars zu. Doch in Notfällen, wenn jemand sichtlich seinen letzten Pfennig (Kopeke, Banu, Fillér) zusammengekratzt hat und dabei in Tränen ausbricht, gibt es eine Ermäßigung, höchstens jedoch 20 Prozent. »In Gottes Namen, oder im Namen der schwarzen Madonna von Tschenstochau, und weil Sie ein

Landsmann von mir sind und weil Sie nichts dafür können, dass Sie dort leben müssen, wo Sie leben müssen; aber mein Leben hier im Westen ist auch kein Honiglecken, glauben Sie mir, Gospodin (Drug, Dragica, Édeském), ich schufte wie ein Pferd ...«

Sie schuften in der Tat: Die meisten Geschäftslokale am Mexikoplatz öffnen schon um sechs Uhr früh, und sie schließen erst gegen sieben Uhr abends. Eine Mittagspause halten sie nicht, das Personal steht und rennt unablässig, und dabei gibt es immer wieder Leerlauf, viele Kunden fragen, probieren, beraten sich untereinander, bedanken sich und wandern wieder weiter ins nächste Geschäft. Obwohl die Ware bei Bosanac oder Tasowski, bei Ravic und bei Rosenberg, bei Shateswilli, bei Majerowicz und Zemanowicz, bei Nina Svisnikidis und Maria Makarowa stets die gleiche ist und auch dasselbe kostet; sie kommt aus Italien, aus Hongkong, aus der Bundesrepublik, aus Österreich und neuerdings, was der von der Vielfalt des westlichen Angebots berauschte Käufer freilich nicht einmal ahnen würde, aus dem Ostblock: Blue Jeans aus Ungarn, Kugelschreiber aus Rumänien, Dralonstoffe aus Polen und Perlonhemden aus Jugoslawien. Manche Stücke wechseln unterwegs die Verpackung, andere wiederum verlieren das Markenzeichen. Doch, so behaupten zumindest die Händler am Mexikoplatz, verzollt werde alles, und ohne Mehrwertsteuer verlasse keine einzige Stecknadel das Lokal.

Ohne Rechnung jedoch schon. In der Hitze des Gefechts, im oft beängstigenden Tumult der vielsprachigen Kundschaft haben die Verkäufer weder Zeit noch Kraft, Rechnungen auszustellen. Der Kunde besteht ohnehin nicht darauf, er hat Sorge genug, die gekaufte Ware irgendwie über die Grenze zu schaffen; den schriftlichen Beweis, dass er als braver Untertan seines sozialistischen Vaterlandes die Heimat zwar nur mit dem offiziell erlaubten Minitaschengeld verlassen, aber in Wien im Wert von mehr als 6000 Schilling eingekauft hat, braucht man ihm wirklich nicht anzuhängen. Nächstenliebe geht auch vor Gott über das Gesetz, das hatte schon der alte Pope von Taganrog gesagt, ein Weiser des vielgeprüften Ostens, dessen milder Geist am Mexikoplatz immer wieder heraufbeschworen wird.

Nächstenliebe soll auch das Motiv sein, das die Händler veranlasst, in ihren Geschäften Ostgeld in jeder Menge zu wechseln, auch dann, wenn der Kunde sonst keine Ware kauft. Denn der sozialistische Tourist, nicht selten von dem unheimlichen Gefühl verfolgt, der »große Bruder« von drüben könnte ihm auch in Wien heimlich in die Tasche gucken, hat eine kaum überwindbare Scheu, eine Bank zu betreten. Die Banken in Österreich wechseln zwar nach dem von ihnen festgesetzten grauen Kurs alle Ostdevisen, sie verlangen auch keinen Ausweis und fragen nicht nach der Herkunft des Geldes. Doch wer kennt schon die wahren Gedanken, Absichten und Verbindungen dieser so leisen und höflichen, so österreichischen Bankbeamten? Da kommt man lieber, um auf Nummer sicher zu gehen, zu den ehemaligen Landsleuten im Basar. Auch dann, wenn man weiß, dass man ein wenig gerupft wird.

Man wird tüchtig gerupft! Die Kurse sind hart, sie liegen um die 20 Prozent tiefer als die von den Banken gebotenen, dafür aber bleibt vom Wechsel keine Spur zurück. Die österreichischen Bankbeamten fummeln ja immer auf elektronischen Apparaten herum, und sie schreiben auch Quittungen in doppelter Ausfertigung, was die »Mexikaner« niemals tun.

Das Devisengeschäft am Mexikoplatz floriert, es bringt den Ladenbesitzern heute wesentlich mehr Gewinn als der Verkauf der Ramschwaren. Die Händler spüren den kalten Hauch des Herbstes: Namhafte Firmen und Konzerne machen schon über ihre Köpfe hinweg das große Geschäft, sie verkaufen im Comecon-Bereich nicht nur Waren, sondern auch Lizenzen und Know-how, sie richten im Osten einen Konsumkommunismus ein, der bald keinen billigen Basar an der Grenze zweier Welten mehr brauchen wird. Manche altgedienten »Mexikaner« denken bereits ans Aussteigen, an eine Bude irgendwo in Ottakring oder Hernals, an eine Bastlerzentrale oder an eine seriöse Altwarenhandlung. Und sie grübeln über einen schauderhaften Vorfall, der Joschka Lebowitsch, einem Veteranen des Basars, unlängst passiert sein soll:

Lebowitsch ging in den frühen Abendstunden über den Platz, er war im Begriff, die Hintertür seines Lokals für einen alten Freund und Stammkunden aus Subotica aufzusperren, als ihn ein baumlanger Kerl in der Uniform der sowjetrussischen Flussschifffahrtskapitäne ansprach. Der Mann hatte Goldzähne im Mund und schwere Ringe an den Fingern.

Er sagte Lebowitsch, er sei das erste Mal in Wien vor Anker gegangen und er suche ein Geschäft für Damenbekleidung. Lebowitsch, dem man Solidarität niemals absprechen konnte, wollte ihm gerade das »Modehaus Balaton – Wir führen alles, was Sie wünschen« – empfehlen, als der fremde Kapitän ihm einen handgeschriebenen Zettel unter die Nase schob; er wisse genau, was er suche, er wisse bloß nicht, wie er am besten dort hinkäme.

Lebowitsch warf einen Blick auf den in kyrillischer Schrift hingekritzelten Text und wurde blass. Auf dem Papier stand eindeutig: »Kärntner Straße. Adlmüller« – die Adresse des ersten Modesalons von Wien.

Eva Menasse

DAS INNERE AUSLAND

Sumpfig war das Gelände und weit genug entfernt von den Palästen, sodass die Juden sich einst hier niederlassen durften. Der Name »Leopoldstadt« klingt dabei wie Hohn: Gerade Leopold war es gewesen, der sie verfolgt, vertrieben und an die Stelle ihrer Synagoge eine Kirche hatte bauen lassen. Heute leben nur noch wenige Juden in dem Quartier am Prater; Einwanderer aus Osteuropa oder China sind nachgerückt. Aber wer koscher essen will oder eine Kippa sucht, der kommt immer noch in den 2. Bezirk, ins alte Judenviertel.

Fragen Sie die Wiener, was sie mit der Leopoldstadt verbinden, und der eine wird sagen: »Juden«, der nächste: »Zirkusleute«, der dritte dagegen: »Huren«.

Fragen Sie die Wiener, ob sie in der Leopoldstadt wohnen wollen, und der eine wird sagen: »Um Gottes willen, nein.« Der Nächste wird stolz seinen ausgebauten Dachboden an der Praterstraße zeigen, unterbrochen höchstens von Handy-Geklingel. Der Dritte dagegen wird die Schultern zucken und sagen: »Ich wohn schon immer da.«

Dieser Dritte steigt vermutlich Tag für Tag durch ein modrig riechendes Treppenhaus, und wenn er im Hinterhof seinen Müll in die Tonne wirft, sieht er Schilder wie: »Das Verschmutzen der Hoffläche wird gerichtlich geahndet«. Wenn er vor sein Haus auf die Straße tritt, blickt er vielleicht auf die Tafel, die ihm erzählt, dass hier Viktor Frankl geboren wurde, lebte und arbeitete – bis er deportiert wurde.

Die Leopoldstadt ist ein gruseliger Bezirk, ein vielfältiger und ein exotischer. Hier warteten die Juden Wiens, in muffige, feuchte Sammelwohnungen gepfercht, auf ihre Deportation, und in gewissen Gassen ist das heute noch zu spüren. Aber nirgendwo sonst in Wien ist es so hell, nicht einmal im Burgtheater, denn nichts braucht in dieser Stadt so viel Watt wie das Riesenrad und die anderen gleißenden Attraktionen im Vergnügungspark des Praters.

Es ist auch nirgends so dunkel: am dunkelsten am Babystrich im selben Prater, weit entfernt jedoch von der Vergnügungsmeile. Da stehen die blutjungen Mädchen nachts zwischen Kastanienbäumen und machen es auch gleich im Gebüsch. Doch wenn die Sonne wieder scheint, führen hier Rentner ihre Hunde spazieren und junge Familien ihre Kinder.

So war es immer schon. In den zwanziger und dreißiger Jahren, die viele für die beste Zeit der Leopoldstadt halten, war die Praterstraße voll von vornehmen Cafés und Varietés, und in der Taborstraße hatte die wunderschöne Produktenbörse (die heute ein Theater ist) ihre besten Tage. Doch gleichzeitig vegetierten damals in den Hinterhöfen die ärmsten Menschen Wiens, und Joseph Roth schrieb seinen berühmten Essay »Juden auf Wanderschaft« mit einem langen Abschnitt über die Leopoldstädter Juden, die gerade mit nichts als ein paar Koffern den polnischen und russischen Pogromen entkommen waren.

In diesen Jahrzehnten entstand in den Wiener Zeitungen das neue Genre der Sozialreportage, angeführt von Emil Frei und Otto Abeles. Und ein arbeitsloser Maurer bastelte aus Tausenden von abgebrannten Streichhölzern jenes Modell des Riesenrades, das heute in einem Schaukasten des Bezirksmuseums steht.

Das alles war und ist die Leopoldstadt. Wer nach Wien kommt und auf die Schnelle eine *Kippa* braucht, bekommt sie in diesem Bezirk, zusammen mit manch gutem Rat. »Sag mir, welche *Kippa* du trägst, und ich sage dir, wer du bist«, lautet der Titel eines Zeitungsartikels, der im Schaufenster von Ernst Meir Sterns jüdischer Buchhandlung klebt und der über die »Schweizer Sennenkappe« ebenso wie über die »postmoderne gehäkelte *Kippa*« informiert.

Ernst Stern ist ein typischer Leopoldstädter: Geboren auf Mauritius, wohin die Engländer während des Krieges einige jüdische Flüchtlingsschiffe abgedrängt hatten, sozialisiert in den unmöglichsten Berufen, vom Elektromechaniker über Lokalreporter bis zum Sicherheitsmann, bezeichnet er sich selbst als »jüdischen Proletarier«.

Vielleicht noch wichtiger als sein weithin berühmtes Sortiment an Judaica ist seine unermüdliche Tätigkeit als Auskunftsperson. Was hätte jenes Touristenpaar, das auf der Suche war nach einem koscheren Mittagessen, ohne ihn gemacht? Wo doch das einzige koschere Restaurant Wiens gerade wegen eines skandalösen Fleischbetrugs (der Pächter hatte billiges Normalfleisch unter das koschere gemischt) geschlossen worden war? Das Touristenpaar hat Ernst Stern daher zu Bernat Ainhorn in die Große Stadtgutgasse gewiesen: Ainhorn bietet neben »koscher Fleisch« auch »koscher Imbiss«.

Die Leopoldstadt ist voller historischer Ironien. Das beginnt schon bei ihrem Namen. Der jüdischste aller Wiener Bezirke bekam seinen Namen quasi zu Ehren der ersten großen Judenvertreibung. Kaiser Leopold hatte 1670 alle Juden verjagen, ihren Besitz beschlagnahmen, dann die Synagoge niederreißen lassen und stattdessen eine Kirche – was sonst – daraufgebaut, die »Leopoldskirche«. Die steht heute noch, mit einem so nebulösen Verweis auf die wahren Ereignisse, dass es praktisch einer Lüge gleichkommt: »An der Stätte stand bis 1670 die Neue Synagoge.« Und »Leopoldstadt« ist später nur deshalb nie ein Synonym für »Judenviertel« geworden, weil dafür ein eigener, deutlicherer Begriff geprägt wurde, nämlich »Mazzesinsel«. *Mazze* heißt auf Hebräisch Brot.

Der Bezirk ist übrigens wirklich eine Insel: In seinem Rücken fließt träg die Donau, an der Vorderseite hingegen, als Demarkationslinie zum imperialistisch funkelnden Zentrum Wiens, der »Inneren Stadt«, plätschert der graubraune Donaukanal in einem Betontrog dahin.

Für eine Stadt wie Wien, wo die Stadtteile unauffällig ineinanderfließen, wo aristokratisch-großbürgerliche Straßenzüge in kleinbürgerlich-vorstädtische bloß ausdünnen, ist so eine Wasserscheide eine recht manifeste Grenze. Das ist auch der Grund, warum die Juden ursprünglich hierhergekommen sind: Man wollte sie schon im Mittelalter möglichst weit weg haben, zumindest aber im ungesunden Sumpfgebiet, das sich hier befand.

Und kaum war durch ihre bloße Anwesenheit das Umfeld hinreichend stigmatisiert, siedelten sich auch die Armen, die Huren, die Spieler, die Kriminellen und die Luftikusse an. In der Monarchie stiegen Zuwanderer aus allen Teilen des Reiches hier ab: die Tschechen, die Ungarn, die Polen. Für sie alle war der Nordbahnhof beim Praterstern gerade groß genug, damals der größte und prächtigste Bahnhof Wiens.

Vor allem die Juden haben die Leopoldstadt geprägt. Folgenden jüdischen Witz überliefert Ruth Beckermann in ihrem Buch »Die Mazzesinsel«: Als die Wiener Juden zu Beginn der Nazizeit beratschlagten, was mit dem Hitler nachher zu geschehen habe, sagte der eine, man solle ihn im Käfig herumführen und anspucken. Der andere meinte, man sollte ihn öffentlich »abwatschen« (wienerisch für kräftig ohrfeigen). Da sagte der Dritte: »Ich hab was Besseres. Ich soll sitzen im Café Fetzer, und vor mir liegt die *Presse,* das *Tagblatt* und das *Journal.* Und dann wird kommen ein kleiner Mann im Regenmantel und wird fragen: Bitte, ist das *Journal* frei? Und ich werd sagen: Für Ihnen nicht, Herr Hitler!«

Das »Café Fetzer« gibt's nicht mehr, genauso wenig wie das berühmte »Café Produktenbörse«. Das *Tagblatt* und das *Journal* gibt es auch nicht mehr. Die 60 000 Leopoldstädter Juden, die 1938 vierzig Prozent der Bezirksbevölkerung ausmachten, gibt es schon gar nicht mehr, denn die hat der »kleine Mann im Regenmantel« entweder vertreiben oder umbringen lassen.

Heute gibt es in ganz Wien rund 6000 bei der Kultusgemeinde gemeldete Juden und noch ein paar tausend, die von den Behörden nicht erfasst sind. Aber wenn man überhaupt etwas Jüdisches in dieser Stadt sehen will, dann kann man das nur in der Leopoldstadt - und nicht bloß am Samstag, wenn die dunkel gekleideten Familien über die Brücken in den ersten Bezirk zur Synagoge gehen.

Wer genau schaut, findet ihn schon, den kleinen jüdischen Supermarkt in der Hollandstraße, findet auch die jüdische Schule in der Castellezgasse beim Augarten oder die winzige Buchhandlung von Ernst Stern in der Praterstraße. Und überall, wo in einer dunklen Seitengasse ein betreten dreinschauender Polizist vor einem heruntergekommenen Haus steht, verbirgt sich dahinter ein kleines Bethaus, eine *Mikwe* (ein traditionelles Bad) oder eine *Jeschiwah*-Schule der Orthodoxen, die aus der ehemaligen Sowjetunion zugewandert sind.

Die Leopoldstadt war und ist ein Einwandererbezirk. Wo früher bitterarme, fromme Juden gewohnt haben, leben heute Türken, Chinesen und Ex-Jugoslawen. Es ist ein Grundmotiv der Leopoldstädter Partitur, dass ständig etwas stirbt und verschwindet und wieder etwas Neues entsteht, manchmal mit hinterlistigem Bezug auf das Vergangene.

Nehmen wir nur den »Zirkus Renz«. Er war vor der Jahrhundertwende der bedeutendste europäische Zirkus und bei seiner Eröffnung im Jahr 1854 eine Sensation: ein Zwölfeck mit rund 40 Meter Durchmesser, der Kronleuchter mit sagenhaften 150 Gasflammen und weitere zwölf Flammen auf jeder der zahlreichen Säulen. Elegant ausgestattete Logen, die zu »halten« dem Wiener Bürgertum bald unabdingbar schien. Ein täglich neues Programm, das selbst das zirkusverwöhnte Wiener Publikum zu solch außerordentlichen Begeisterungsstürmen hinriss, dass ein geflügeltes Wort die Runde machte: »Wohin eilt das Volk? – In den Zirkus Renz rennt's!«

Das Volk rannte bis 1892, dann starb der alte Ernst Renz, ein gottbegnadeter Pferdedresseur. Sein Sohn brachte das Haus noch weitere fünf Jahre durch, dann musste es geschlossen werden; es wurde Depot, Lagerhaus, Varieté, schließlich 1944 zur Ruine bombardiert. Dann stand es noch eine Weile da und mahnte an die großen vergangenen Zirkuszeiten. Als genug gemahnt war, riss man es nieder.

Aber der Name »Renz« lebte weiter – als Nachtclub. Von einem in Österreich weltberühmten Journalisten ist hier noch immer die ehrfürchtige Rede, der einmal auf die Frage: »Wohin gehst du am Freitagabend immer so früh?«, geantwortet haben soll: »Am Freitag geh ich ins ›Renz‹ *pudern*« (wienerisch für »bumsen«).

Inzwischen gibt es auch dieses »Renz« nicht mehr. Geblieben sind in düsteren Gassen unwirtliche Spelunken, an deren Fenstern in abblätternden Klebebuchstaben steht: »Kaffeehauspreis – nette Mädchen«. Manchmal, wenn die smarten Angestellten der Werbeagenturen, Hochglanzmagazine und Fernsehsender, die in die paar großen, hellen Straßen der Leopoldstadt eingezogen sind, mit ihren Handys zum Mittagessen eilen, stürzt plötzlich eine übergewichtige Thai-Dame im schwarzen Negligé aus einem solchen Lokal und packt ihren flüchtenden Pekinesen.

In den letzten Jahren ist die Leopoldstadt in manchen Teilen fast ein bisschen schick geworden. Ein paar teure Restaurants haben eröffnet, viele große Firmen drängen sich wie die Tauben im Schlag in einem hässlichen Hochhaus auf der Praterstraße zusammen, das an der Stelle des berühmten Carltheater steht. Johann Nepomuk Nestroy selbst war hier viele Jahre Direktor.

Die Praterstraße verfügt inzwischen über eine U-Bahn und ein »McDonald's«. Doch das will gar nichts sagen. In den Seitengassen ist die Leopoldstadt, wie sie immer war: ärmlich, rau und schrullig.

Es gibt das Kriminalmuseum in der Großen Sperlgasse – passend zu der Tatsache, dass im zweiten Bezirk, mit all seinen Huren und Zuhältern, mit den Glückspielern und der Prater-Mafia des Vergnügungsparks die Verbrechensquote traditionell hoch ist.

Es gibt ein Geschäft voller Schuhabstreifer und Wandteppiche mit Motiven des »Letzten Abendmahls«, importiert von Einwanderern aus der ehemaligen Sowjetunion. Es gibt Gassen, in denen es kurz vor Freitagabend zugeht wie in den chassidischen Teilen Brooklyns. Und es gibt Animierlokale mit Huren, die längst im verdienten Ruhestand sein sollten. Natürlich gibt es auch ein Obdachlosenheim, betrieben von der Heilsarmee. Aber biegen Sie jedoch bloß um die Ecke, so finden Sie ein Haubenlokal.

So ist die Leopoldstadt. Wer sie entdecken will, darf nichts anderes erwarten als das echte Wien in konzentrierter Form, abseits seiner Zuckerguss-Herrlichkeit.

Beatrix Füsser-Novy

FESTUNG DES FORTSCHRITTS: KARL-MARX-HOF

Sechzehn Jahre lang schien in Wien die Sonne des Sozialismus. Zugegeben: Das liegt fast ein volles Jahrhundert zurück, und so mancher Fortschritt ist seither in andere Richtungen gemacht worden. Aber was die Kommune nach dem Ende des Ersten Weltkrieges leistete, um den Reichen ihre Privilegien zu kappen und den Armen eine Wohnung zu geben – das gilt immer noch als Glücksfall einer Übersetzung von politischer Idee in gebaute Architektur. Beatrix Füsser-Novy über eine Wohnanlage, in der es sich um 400 Schilling sehr kommod leben ließ.

Rotbraun und ockergelb leuchten seine Fassaden. Die beiden mehr als 1200 Meter langen Trakte, der eine fünf, der andere drei Stockwerke hoch, umschließen große grüne Innenhöfe, in die man durch mächtige Tore gelangt. Was eher wie eine Schutz- und Trutzburg aussieht, ist in Wirklichkeit eine von 398 Wohnanlagen, die die Gemeinde Wien in der Zeit der Ersten Republik nach dem Ersten Weltkrieg erbaute: der Karl-Marx-Hof. Seine etwa 1300 Wohnungen sind klein (50 Quadratmeter – die Stadt fördert heute die Zusammenlegung zweier Wohneinheiten zu einer größeren), sie haben kein Bad, aber – was damals viel bedeutete – ein eigenes WC. Konzipiert wurde der Karl-Marx-Hof nämlich, als 95 Prozent aller Wiener Wohnungen Wasserhahn und

Ausguss - die Bassena - auf dem Gang und 92 Prozent Gemeinschaftstoiletten hatten. Der Karl-Marx-Hof ist Teil eines bis heute beispiellosen Bauprogramms, mit dem die elende Wohnsituation der Wiener Bevölkerung in wenigen Jahren grundlegend verändert wurde.

Das Ende der Habsburgermonarchie signalisierte für Österreichs Sozialisten den Beginn einer entschiedenen Reformpolitik. Als das in einer schwarz-roten Koalition nicht gelang, schied die SPÖ 1920 aus der Zentralregierung aus und konzentrierte ihre Anstrengungen auf Wien. Mit dem »Wiener Modell«, der »Revolution durch Evolution«, wollte sie für die Bundespolitik Zeichen setzen. Die Rechnung ging auf: In Wien steigerte sich der Stimmenanteil der SPÖ in weniger als einem Jahrzehnt von 54 Prozent auf 65 Prozent, auf Bundesebene näherte sie sich dem Traumziel von 51 Prozent. Die Popularität des sozialistischen Aufbauwerks bis weit ins bürgerliche Lager hinein war groß. Delegationen aus aller Welt zollten - je nach politischem Standort - begeisterte oder misstrauische Bewunderung.

Die bedeutendste Leistung jener Jahre war die Wohnungspolitik. 1923 wurde das erste große kommunale Bauprogramm für 25 000 Wohnungen beschlossen. Es wurde vorzeitig erfüllt und aufgestockt. In zehn Jahren entstanden dann fast 64 000 Wohnungen, die nicht nur eine Revolution der Arbeiterwohnkultur bedeuteten, sondern auch ein Novum in der europäischen Baugeschichte, in Stadtplanung und Sozialreform. Diese Wohnungen für immerhin ein Siebtel der Wiener Bevölkerung wurden den Mietern zum Quasi-Nulltarif überlassen. Die Bewohner mussten lediglich drei bis fünf Prozent ihres Einkommens für laufende Kosten und Renovierung aufbringen.

In einer Stadt der Massenelendsquartiere, wo ein großer Teil der Bevölkerung bis 1918 als »Bettgeher« untergebracht war oder in Asylen lebte, war die Sicherung des Rechts auf ein eigenes Bett, auf eine angemessene Wohnung eine soziale Großtat. Wer in die Gemeindewohnbauten einzog, wurde Sozialist. Der Erwerb des Parteibuchs war eine Überzeugungstat, nicht der Schlüssel für die Wohnungen, wie vielfach gelästert wurde. Zugeteilt wurden die Wohnungen an die sozial Schwächsten nach einem Punktesystem, das Jungfamilien bevorzugte. So bekamen etwa 250 000 Wiener innerhalb von zehn Jahren zum ersten Mal eine eigene Wohnung und wurden Teilhaber an den Lebensformen eines umfassenden sozialistischen Gegenmilieus.

An diesen Gemeindebauten war fast alles neu - nur die architektonische Form und die Bautechnik nicht. Das bewirkte, dass die Wiener Bauten bei den progressiven Architekten im Umfeld des Bauhauses keinen guten Ruf hatten. Architektonisch sind die Wiener Gemeindebauten, gemessen an der radikalen funktionalistischen Ästhetik, wie sie im neuen Frankfurt oder in Berlin zum Zuge kam, in der Tat konventionell, freilich in einem sehr humanen Sinne. Anders als in Frankfurt beispielsweise, wo wenige Architekten im Umkreis von Ernst May den gesamten Siedlungsbau mit ihren »progressiven« Dogmen prägten (Ornamentlosigkeit, Flachdach, Fertigteilbauweise, Standardisierung auch der Möbel) und damit Stereotypie produzierten, waren in Wien fast 200 Architekten - die Mehrzahl freiberuflich - an diesem Großprojekt beteiligt. Trotz der wohltuenden Formenvielfalt - zwischen Wiener Sezession und Expressionismus - sind die Volkswohnpaläste unverwechselbar.

Im damaligen Deutschland wurde dagegen die »Neue Sachlichkeit« des ebenfalls großzügigen sozialen Wohnungsbaus, die dem Bündnis von progressiver Architekturideologie und Kommunalsozialismus entsprang, von der Bevölkerung als Schock, nicht aber als »proletarische Ästhetik« empfunden. In Wien aber war die eher bieder wirkende Form der Wohnbauten eine der Ursachen ihres großen Erfolgs. Das Wiener Modell, wie man es damals gern nannte, war also architektonisch und bautechnisch konservativer als seine deutschen Parallelen, es taucht deshalb in kaum einer Architekturgeschichte auf. Ökonomisch und sozialreformerisch dagegen war der Wiener Gemeindebau auf eine nie wieder erreichte Weise radikal.

Ähnlich wie in den anderen vom Krieg betroffenen Ländern hatten Mietenstopp und Inflation das private Bauen in Wien unrentabel werden lassen. Statt aber den Wohnungsmarkt – wie in anderen Ländern – allmählich zu liberalisieren, kämpfte die SPÖ für die Erhaltung des totalen Mietenstopps. Das bedeutete für den Vermieter eine »Nullifizierung der Grund- und Hausherrnrente«. Der restriktiven Wohnungspolitik – Mietenstopp und Kündigungsschutz – folgt die aktive: Wohnungsneubau in kommunaler Regie. Die Kommune wurde Bauherr und Zug um Zug auch Organisator im Baugewerbe: Sie erwarb und gründete Bau- und Baustoffbetriebe. Die städtischen Straßenbahnen dienten als Transportsystem. Auf Plattenbauweise – wie etwa in Frankfurt – wurde bewusst verzichtet, um mehr Arbeitslose auf dem Bau beschäftigen zu können. Der tiefste Bruch mit allen Traditionen war jedoch die Finanzierung. Die 64 000 Wohnungen wurden ohne Kreditaufnahme aus laufenden Einnahmen bezahlt. Der ehemalige Bankier Hugo Breitner, sozialistischer Finanzreferent Wiens und im Bürgertum »meistgehasster Mann«, entwarf ein Steuersystem, das nicht nur die kriegszerrütteten Gemeindefinanzen in Ordnung brachte, sondern auch die Finanzierung des Aufbauwerks ermöglichte, ein System sehr progressiver Steuern auf den Luxuskonsum: Lustbarkeits-, Genussmittel-, Hauspersonal-, Pkw-, Pferdesteuer und so weiter. Es gelang Breitner, was keine andere sozialistische Regierung im Westen schaffte, das Geld dort zu holen, wo es war, und es dorthin zu steuern, wo es sozial den größten Nutzen stiftete. Dieses Steuersystem ermöglichte, obwohl es den Ruf hatte, »steuersadistisch und wirtschaftsmordend« zu sein, eine wirksame Umverteilung der Vermögen. Die Luxusausgaben der Wohlhabenden finanzierten die Grundversorgung der breiten Masse – bei gleichzeitiger Stimulierung der Wiener Wirtschaft. Wien hatte damals die niedrigste Arbeitslosenquote in Österreich. Ohne je zu enteignen, allein durch Ausnutzung der Marktgesetze, gelang der Gemeinde die Kontrolle des Boden- und Wohnungsmarktes. Weil sich Immobilienkapital nicht mehr verzinste, sank dessen Wert. Die Gemeinde konnte großzügig Grund kaufen, heute besitzt sie fast zwei Drittel des Bodens der Stadt Wien. Die Abkehr von der Kreditfinanzierung und damit vom Amortisations- und Renditezwang ließ ein Bauen nach sozialen Kriterien zu: Große Grünanlagen und nichtkommerzielle Gemeinschaftseinrichtungen wurden möglich – und Mieten überflüssig. Die Beiträge zu einem Erhaltungsfonds und zur Deckung der laufenden Kosten machten etwa ein Achtel der früheren Miete aus.

Die Popularität dieser Maßnahmen – Obereigentum bei der Stadt, Gebrauchseigentum bei den unkündbaren Bewohnern – war so groß, dass weder die beiden faschistischen Regimes noch die Nachkriegsregierungen dieses »Wohnen zum Nulltarif« völlig rückgängig machen konnten. Heute zahlen die Bewohner des Karl-Marx-Hofes pro Quadratmeter vier Schillinge (0,57 DM), mit allen Umlagen 400 Schillinge (57 DM) pro Wohnung.

Anders als beim privaten Mietshaus mit seinen typischen Lichtschächten führen die Treppenhäuser der Wiener Gemeindebauten auf große, grüne Innenhöfe. Die Bebauungsdichte wurde von 85 Prozent (vor 1918) auf 25 Prozent gesenkt. Erst von den Höfen aus gelangt man durch große, abschließbare Gittertore auf die Straße. Die Wohnungen waren freilich klein, sie bildeten erst zusammen mit den Gemeinschaftsräumen das »ganze Heim«. Der Karl-Marx-

Hof beispielsweise führte 6000 Menschen zusammen in Sport-, Freizeit-, Gesundheits- und Bildungseinrichtungen und beim täglichen Einkauf in der sozialistischen Genossenschaft »Konsum«, die in den Höfen ihre idealen Abgabestellen hatte. Kindergärten, Kinderhorte, Kinderfreibäder, Mütterberatungsstellen, Ambulatorien, Leseräume, Zentralwäschereien und Bäder, Partei-, Gewerkschafts- und Vereinsräume gehören ebenfalls zu den Gemeinschaftseinrichtungen. Möglichst viele Aufgaben sollten dem überlasteten Arbeiterhaushalt abgenommen und kollektiv - entweder in Selbstverwaltung oder in kommunaler Versorgung - erledigt werden. Sogar mit dem Sozialküchenhaus wurde experimentiert, allerdings ohne Erfolg.

Neben dem Organisationsangebot der Gemeinde gab es noch die Welt der 1500 sozialdemokratischen Vereine, die in den Höfen ihre natürliche Basis hatten. Naturfreunde, Arbeitersportgruppen jeder Art bis hin zur Arbeiterolympiade, Sängervereine, Freidenker, Abstinenzler, Freie Schule, Kinderfreunde, Mieterschutzvereinigung, Akademische Legion, Republikanischer Schutzbund, Arbeiter-Samariter-Bund, Feuerbestattungsvereine, Arbeiter-Radio-Bewegung, Esperantisten, Nudisten und alle nur erdenklichen Hobbygruppen. Historisch neuartige Öffentlichkeitsformen entstanden - jenseits der Autokratie des Hausherrn oder seines Hausmeisters; sinnbildlich dafür ist ein Lassalle-Denkmal in einem der Höfe, das als Rednerkanzel dient.

Diese aktive, produktive und gemeinschaftliche Befriedigung so vieler Bedürfnisse hatte auch wirtschaftliche Folgen. Denn in dem Maße, in dem die sozialdemokratischen Organisationen und ihr gemeinwirtschaftlicher Unterbau wuchsen, wurden die Arbeiter unabhängig vom privatwirtschaftlichen Angebot. Entscheidend für den Erfolg des »Roten Wien« war auch, dass die sozialistische Kultur sich nicht als antibürgerlich, sondern als Vollendung einer mit der bürgerlichen Aufklärung einsetzenden Entwicklung begriff. Die Wiener Höfe sind deshalb nicht nur nach Sozialisten, sondern ebenso nach bürgerlichen Freiheitskämpfern oder nach Dichtern benannt worden. So gibt es einen George-Washington-Hof und einen Goethe-Hof. Dieses Selbstverständnis als humanistische Bewegung machte es der Intelligenz leicht, sich dem Wiener Aufbauwerk anzuschließen.

Im Jahre 1934 war dann alles zu Ende. Es kam, wie es die formierte Rechte schon lange angekündigt hatte. Der ehemalige Bundeskanzler Ignaz Seipel, ein Prälat, hatte schon Jahre vorher die Parole ausgegeben: »Der Schutt der Revolution muss hinweggefegt werden; man muss schießen, schießen, schießen!« Der faschistische Fürst Starhemberg assistierte ihm: »Erst wenn der Kopf dieses Asiaten rollt, wird der Sieg unser sein« (gemeint war Breitner, der Finanzreferent). Mit großem militärischen Aufwand, unter Einsatz von Artillerie, wurde der verspätete Versuch der Sozialdemokratie, sich selbst und die Republik vor dem Faschismus zu retten, zerschlagen. Drei Tage lang tobte der Kampf um den Karl-Marx-Hof, in dem sich der sozialdemokratische Schutzbund verschanzt hatte. Am 14. Februar 1934 konnte die regierungsnahe *Reichspost* melden: »Die rote Bastille ist erstürmt.«

AUTORENVERZEICHNIS

Peter von Becker, Jahrgang 1947, promovierte als Jurist, bevor er als Dramaturg in Frankfurt ans Theater ging und dort Redakteur und Mitherausgeber der Zeitschrift *Theater heute* wurde. Er leitete das Kulturressort des *Tagesspiegel* in Berlin, lehrt Kulturjournalismus an der Hochschule der Künste in Berlin und schrieb u. a. Theaterkritiken und Gedichte, den Roman *Die andere Zeit* und das Theaterstück *Wach auf und träume.*

Die Wiener Theaterwelt hatte in ***Gotthard Böhm*** (1936–2012) eine Stimme, die jung und energisch war, sich in ihrem Urteil gleichwohl auf profunde Kenntnis der Klassiker berufen konnte. Überdies war das Spektrum des Theaterwissenschaftlers breit genug, auch die kulinarischen Errungenschaften seiner Heimatstadt als Ausdruck von Kultur zu erkennen und zu würdigen - etwa im Essay über die k. u. k.-Hofzuckerbäckerei Demel oder in der kulturhistorischen Analyse von Speisekarten in Wiener Restaurants. Die Leser der Tageszeitung *Die Presse* aber mussten auf die klugen, bisweilen scharfen Kommentare des Kritikers verzichten, als Böhm 1976 einem Ruf an die Staatsoper folgte, um fortan hinter den Kulissen des Theaters zu wirken.

Eine Grundausbildung in Psychoanalyse und Erfolg als Autor von Kriminalromanen - das verstört nur auf den ersten Blick. Tatsächlich hat ***Ernest Borneman*** (1915–1995) immer wieder Ausflüge in scheinbar weit auseinanderliegende Themenfelder und Genres unternommen: Er arbeitete als Filmemacher und Jazzkritiker, engagierte sich in der Frauenbewegung und als Kämpfer für den Marxismus und machte sich einen Namen als Sexualforscher - aber immer bildeten die Theorien und Konzepte Sigmund Freuds ein verlässliches Terrain für seine Exkursionen. Er schrieb Bücher wie *Die Psychoanalyse des Gel-*

des, Das Patriarchat, Sexuelle Marktwirtschaft, Die Zukunft der Liebe oder Rot-weiß-rote Herzen, Das Liebes-, Ehe- und Geschlechtsleben der Alpenrepublik. Für seine sexualwissenschaftliche Forschung wurde er 1990 mit der Magnus-Hirschfeld-Medaille ausgezeichnet.

Milo Dor, eigentlich Milutin Doroslovac (1923–2005), kämpfte in der jugoslawischen Widerstandsbewegung gegen die deutsche Besatzung, wurde gefangen genommen, gefoltert und als Fremdarbeiter nach Wien abgeschoben. Dort studierte er nach dem Krieg Theaterwissenschaft, arbeitete als Journalist und – enorm produktiv – als Übersetzer und Schriftsteller. Zu seinen Büchern gehören *Grenzüberschreitungen. Positionen eines kämpferischen Humanisten, Die Leiche im Keller. Dokumente des Widerstands gegen Dr. Kurt Waldheim,* das Drama *Menuett,* die Erzählungen *Meine Reise nach Wien und andere Verirrungen,* der Kriminalroman *Und einer folgt dem andern* und Romane wie *Alle meine Brüder, Die weiße Stadt, Internationale Zone* oder *Nichts als Erinnerung. Der letzte Sonntag. Bericht über das Attentat von Sarajewo* wurde unter dem Titel *Die Schüsse von Sarajewo* für das Theater adaptiert und 2014, im hundertsten Jahr nach Kriegsbeginn, uraufgeführt. Bruno-Kreisky-Preis für das politische Buch, Literaturpreis der Stadt Wien, Österreichisches Ehrenkreuz für Wissenschaft und Kunst, Mitglied der Schriftstellervereinigung Gruppe 47.

Er sei milde geworden, sagt die Kritik und freut sich ein bisschen. ***Ludwig Fels***, geboren 1946 in Franken, galt lange als angriffslustiger, oft zynischer, dabei sprachgewaltiger Chronist der Ausweglosigkeit und der aus ihr hervorgegangenen Existenzen. Bis Udoka kam, ein Flüchtlingskind aus Nigeria, das mit seinen Eltern in Wien auf Asyl wartet. Und plötzlich wird dieser raue und illusionslose Autor milde, dankbar, sieht eine Zukunft: *Die Parks von Palilula* (2009) ist ein Buch der Einkehr und der Hoffnung. Fels hat das Milieu des Lebenskampfes, der Ausbeutung und der verzweifelten Plackerei selbst erlebt, hat eine Lehre abgebrochen und als Packer, Stanzer, Maschinist gearbeitet – bis er seinen Zorn in Worte fasste. Er schrieb Romane und Erzählungen wie *Die Sünden der Armut, Ein Unding der Liebe, Betonmärchen* oder *Krums Versuchung,* außerdem Lyrik, Hörspiele und Theaterstücke. Sein Werk wurde vielfach ausgezeichnet, u. a. mit dem Leonce-und-Lena-Preis, dem Preis der SWR-Bestenliste, dem

Wolfgang-Koeppen- und dem Wolfram-von-Eschenbach-Preis. Fels lebt in Wien.

Bankangestellter war kein Beruf fürs Leben. Eines Tages im Jahr 1925 verließ der promovierte Jurist ***Hans Flesch-Brunningen*** (1895–1981) Familie und Heimat in Wien und ging auf Wanderschaft: auf die Insel Capri, nach Paris, wo er James Joyce begegnete, und nach Berlin. Ein paar Jahre später musste er vor den Nazis fliehen. Er kam wieder nach London, arbeitete als freier Schriftsteller und Sprecher der österreichischen Abteilung im Rundfunk der BBC. Diverse Texte erschienen nur auf Englisch. Romane u. a.: *Die Amazone, Die Herzogin von Ragusa, The Blond Spider, Untimely Ulysses, Die Teile und das Ganze,* daneben *Vertriebene. Von Ovid bis Gorguloff.* Flesch-Brunningen war in dritter Ehe verheiratet mit Hilde Spiel.

Michael Frank, Jahrgang 1947, kam 1986 als Korrespondent der *Süddeutschen Zeitung* nach Wien. Die Affäre um die Verstrickungen des österreichischen Bundespräsidenten Kurt Waldheim in NS-Kriegsverbrechen brachte so viel Stoff und so viel Arbeit, dass er blieb – um seine Leser auch durch den Glykol-Skandal zu geleiten, die Affären des FPÖ-Chefs Jörg Haider, die Auflösung der Tschechoslowakei und den Aufstieg Viktor Orbáns zum ungarischen Staatschef. Seine journalistische Unabhängigkeit brachte Frank nicht nur Freunde ein – aber viel Respekt. Und Auszeichnungen wie den Joseph-Roth-Preis.

Dass Stadtplanung und Wohnen nicht allein Geschmackssache sind, sondern Ausdruck politischer Konzepte und Kultur, ist für ***Beatrix Füsser-Novy*** nicht nur Anlass zu journalistischer Analyse: Seit über 30 Jahren lebt die studierte Germanistin und Philosophin, Jahrgang 1950, in einer Hausgemeinschaft in Köln – und erkundet dabei immer neu die Wechselwirkungen zwischen Überzeugung und gelebtem Alltag. Ihr erster Mann, der 1991 gestorbene Publizist und Planungsökonom Klaus Novy, machte sie früh auf die zu ihrer Zeit revolutionären Wohnbauprojekte im »Roten Wien« aufmerksam; er war dort geboren. Beatrix Novy, wie sie sich inzwischen nennt, arbeitet vornehmlich für den Rundfunk. Sie moderierte Sendungen wie *Texte und Zeichen* für den NDR, *Kritisches Tagebuch* für den WDR und ist heute überzeugtes Mitglied der Redaktion Kultur heute im Deutschlandfunk. Neben Texten in Tageszeitungen und Zeitschriften wie dem *Kursbuch* veröffentlichte sie im Hoffmann und Campe Verlag *Du darfst - aber was? Ein kleines Benimmbuch für unkorrekte Zeiten.*

Siebo Heinken, Jahrgang 1960, ist da groß geworden, wo es viel Wasser gibt: in Ostfriesland. Studium der Sozialwissenschaften in Oldenburg, Volontariat beim *Jeverschen Wochenblatt*, dann Redakteur der *Nordwest Zeitung*, Mitglied der MERIAN-Redaktion, stellvertretender Chefredakteur von *National Geographic Deutschland.*

André Heller, geboren 1947, ist in allen Medien zu Hause, aber nur in einer Stadt: Wien. Der Chansonnier, Schauspieler, Autor, Regisseur und Kulturmanager verzauberte sein Publikum mit dem Varieté »Flic Flac«, der Musik-Show »Body and Soul«, dem Kunst-Event »Afrika! Afrika!«, einem Feuertheater vor dem Berliner Reichstag, einem Schiff aus Salz im Toten Meer und einer Schau von Skulpturen aus Heißluftballons am Himmel über London, München, Moskau, New York und den Niagarafällen. Er produzierte Schallplatten und schrieb Bücher wie *Auf und davon* und die Liedersammlung *Die Sprache der Salamander* oder die Erzählung *Wie ich lernte, bei mir selbst Kind zu sein.* Er gestaltete eine Luxus-Edition der Brockhaus-Enzyklopädie und die Präsentationsräume »Kristallwelten« für die Firma Swarowski.

Fred Hennings (1895–1981) stand fast fünfzig Jahre lang als Schauspieler auf der Bühne des Burgtheaters - und war dort so erfolgreich und beliebt, dass die Wiener ihm sogar seine aktive Mitgliedschaft in der NSDAP verziehen: 1963 wurde er zum Ehrenmitglied des Ensembles ernannt. Neben den Heldenrollen im Theater und im Film (*Die Geierwally,* 1956, *Wer die Heimat liebt,* 1956, *Mozart,* 1955, *Don Juan,* 1955) faszinierte ihn die Geschichte der Stadt: Er sammelte Fotografien ihrer Architektur und verfasste umfangreiche Werke wie *Das barocke Wien, Das josephinische Wien,* fünf Bände über die Ära des Kaisers Franz Joseph I., die *Ringstraßen-Symphonie* und *Heimat Burgtheater.* Preis der Stadt Wien 1955, Ehrenkreuz für Wissenschaft und Kunst 1960, Ehrenring der Stadt Wien 1977.

Medienkrise? Welche Medienkrise? Was zählt, ist nach wie vor die gute Idee, der redliche Ansatz und die professionell gekonnte Aufbereitung. Dann lassen sich auch Erfolgsgeschichten erzählen. Eine dieser Geschichten ist *Fleisch,* und der Titel sollte nicht irreführen: Das 2004 gegründete Magazin bietet seinen Wiener Lesern einen sehr gut durchwachsenen, manchmal bis zur Blödelei kreativen, aber stets inspirierten und inspirierenden Großstadt-Journalismus. Der Gründer, Herausgeber und Chefredakteur ***Markus Huber***, Jahrgang 1974, begann mit 19 im Innenpolitik-Ressort der Zeitschrift *Profil,* war Österreich-Korrespondent des *Tagesspiegel,* der *Stuttgarter* und der *Hannoverschen Allgemeinen Zeitung* - und ist bis heute der Überzeugung, dass guter Journalismus sich nur in einer realen Redaktion trainieren lässt. Freilich auf einer soliden Grundlage von Wissen und Bildung. Und so entstehen Texte, die ein junges und interessiertes Publikum finden - und manchmal auch am Sockel einer altehrwürdigen Institution kratzen.

Franziskus Kerssenbrock, Jahrgang 1966, kam als Journalist aus Deutschland nach Wien, war Pressesprecher der Wirtschaftskammer, Redakteur bei *Profil* und *Kurier,* dem Wirtschaftsmagazin *Cash Flow,* dem Reisemagazin und der Zeitschrift *Wienerin,* Autor bei der *Zeit* und Chefredakteur der Magazine *Skylines* und *Universum.*

Ungewöhnlich, dass ein noch junger Journalist die Damen und Herren Architekten an den römischen Baumeister Vitruv erinnert und an dessen Forderung der Anmut in der Baukunst - aber genau das ist es, was ***Niklas Maak***, Jahrgang 1972, in seiner Kritik am Bauen in heutiger Zeit immer wieder hervorhebt. Sei es im Feuilleton der *Frankfurter Allgemeinen Zeitung,* wo er für die Kunst zuständig ist, sei es als Dozent für Architekturgeschichte an der Frankfurter Städelschule oder in seinen Büchern etwa zu Le Corbusier: Architektur ist eine Bedingung des Lebens, und schlechte Architektur ist eben nicht nur ein ästhetisches Problem, sondern auch ein soziales und ökologisches. Promoviert als Kunsthistoriker, ausgezeichnet mit dem Henri-Nannen-Preis, Kategorie Essay, und dem COR-Preis für Architekturkritik.

Vienna hieß ihr erster Roman (2005). Er handelt von Wiener Leben und Wiener Vergangenheit: Das war schon mutig für eine Frau von damals 35 Jahren. ***Eva Menasse***, geboren 1970 in Wien, hatte als Journalistin für die Zeitschrift *Profil* und das Feuilleton der *Frankfurter*

Allgemeinen Zeitung gearbeitet und Aufsehen erregt mit ihren sensiblen Reportagen über den Prozess gegen den britischen Publizisten und Holocaust-Leugner David Irving. *Vienna* brachte den Durchbruch: von der Kritik gelobt für sein Tempo und seinen lakonischen Witz und ausgezeichnet mit dem Rolf-Heyne-Debütpreis und dem Heinrich-Böll-Preis. Ihr jüngster Roman *Quasikristalle* wurde 2014 mit dem Alpha-Literaturpreis geehrt. Eva Menasse lebt in Berlin.

Günther Nenning (1921–2006) protestierte gegen den Vietnamkrieg, das Atomkraftwerk in Zwentendorf und das Donaukraftwerk bei Hainburg, gehörte zu den Gründern der Grünen in Österreich, flog aus der Sozialistischen Partei und aus der Gewerkschaft und wurde wieder aufgenommen, war Eigentümer und Chefredakteur der Zeitschrift *Neues Forum,* schrieb für die *Kronenzeitung* und *Profil,* den *Spiegel* und die *Zeit,* bekannte sich zum Feminismus und zum Monarchismus, ließ sich nackt fotografieren, trug zwei Doktortitel und steckte die Spötteleien des sozialdemokratischen Bundeskanzlers tapfer weg, baute Brücken zwischen Marxismus und Christentum, moderierte die Talkshow *3 nach 9* und schrieb Bücher über die Zukunft der Religion und seiner Heimat.

Das Leben eines Kavaliers alter Schule hat seine gefährlichen Momente. ***Gregor von Rezzori*** (1914–1998) erlebte einen solchen, als er die Feministin Alice Schwarzer mit einem formvollendeten Handkuss begrüßen wollte. Es heißt, es habe keinen zweiten Versuch in dieser Richtung gegeben. Gefährlich auch, schon in relativ jungen Jahren mit einer Sammlung leichtfüßig-humorvoller Texte wie den *Maghrebinischen Geschichten* den größten Erfolg eines Schriftstellerlebens zu haben: Für den Rest seines Lebens haftete dem Autor der Ruf eines stets heiter gestimmten Charmeurs an – auch wenn er ernste Themen oder literarisch anspruchsvolle Formen wählte. Allerdings hat Rezzori seinen Ruf nach Kräften gefördert. Er unterhielt Wohnsitze bei Florenz, auf Rhodos und in New York, vertrat, wann immer er dazu eingeladen wurde, mit fein ausschwingender Feder den maßgeschneiderten Lebensstil der besseren Gesellschaft, nannte seinen heute zur Ukraine gehörenden Geburtsort Czernowitz in der Bukowina mit sanftem Spott eine »Hochburg der Schlawiner« und blieb bis ins hohe Alter selber einer: der Idealtyp des schlitzohrig-verschmitzten, dabei aristokratisch-eleganten Lebenskünstlers aus den goldenen Zeiten der k. u. k.-Epoche. Bücher u. a.: *Der Tod meines Bruders Abel, Greisengemurmel. Ein Rechenschaftsbericht, Ödipus siegt bei Stalingrad,* aber auch *Idiotenführer durch die deutsche Gesellschaft.*

Joachim Riedl, Jahrgang 1953, ist Journalist, Publizist, Dokumentarfilmer und Ausstellungsmacher. Er lebte als Korrespondent der Zeitschrift *Profil* in New York und berichtete für den *Spiegel* und die *Süddeutsche Zeitung* aus seiner Geburts- und Heimatstadt Wien. Heute leitet er dort das Büro der Wochenzeitung *Die Zeit.* Bücher u. a.: *Jüdisches Wien, Das Geniale, das Gemeine. Versuch über Wien, Heimat. Auf der Suche nach der verlorenen Identität.* Ausgezeichnet mit der Friedrich-Torberg-Medaille 2001.

Wer auf dem Opernball reüssieren will, der sollte sich auskennen in den Kreisen und Formen der besseren Gesellschaft. ***Charlotte Gräfin von Saurma-Jeltsch,*** Jahrgang 1946, besitzt sowohl diese Kenntnis als auch die nötige Distanz zur Beobachtung und Einordnung. Als langjähriges Mitglied der Redaktion MERIAN betreute sie zahlreiche Ausgaben des Magazins; heute arbeitet die geborene Hamburgerin als freie Journalistin.

Wenn es galt, die komplexen Wege der zeitgenössischen Kunst für ein großes Publikum begehbar zu machen, war ***Wieland Schmied*** immer wieder gefragt als kluger und sensibler Begleiter. Der Kunsthistoriker und Literaturwissenschaftler (1929–2014) war Direktor der Kestner-Gesellschaft in Hannover und Hauptkustos der Nationalgalerie und Direktor des DAAD in Berlin, lehrte als Professor in München und war Präsident der Bayerischen Akademie der Schönen Künste. Er schrieb zahllose Bücher, u. a. über Thomas Bernhard und Edward Hopper, Francis Bacon, Salvador Dalí, Friedensreich Hundertwasser, Josef Albers und Hermann Nitsch und wurde ausgezeichnet mit dem Österreichischen Staatspreis für Kulturpublizistik, dem Bayerischen Maximiliansorden und der Ehrenbürgerschaft der Stadt New Orleans.

Wenige Menschen haben eine intimere Kenntnis ihrer Stadt als Lokalreporter. ***Bruno Seiser*** (1938–1995) hat mit Berichten über die Arbeit der Wiener Polizei begonnen, war mit 24 Jahren Chefreporter der *Kronenzeitung* und ging später nach Hamburg. Seine im schnellen Stil von Reportagen geschriebenen literarischen Arbeiten brachten ihm den Beinamen »der deutschsprachige Bukowski« ein; auch seine Krebserkrankung wurde Thema seiner Berichte und Erzählungen *Am Wendepunkt, die Wirklichkeit, Wie es halt so spielt, das Leben, Der Tod von nebenan* oder der Gedichtsammlung *... über einen, der ausgeliefert ist.*

Kristian Sotriffer (1932–2002) war Kunstkritiker, Kunstbuch-Verleger und selber Künstler in Wien. Er schrieb für Magazine wie *Parnass* und die Tageszeitung *Die Presse.* Als Maler ließ er sich von Paul Klee beeinflussen, doch lobte der Kunstkritiker Wieland Schmied auch die humorvolle und spielerische Art seiner Arbeiten: »Es sind Bilder, die angenehm wirken, mit denen man auch längere Zeit zusammenleben könnte.« Sotriffer wurde ausgezeichnet mit dem österreichischen Staatspreis für Kunstpublizistik 1993.

Hilde Spiel (1911–1990) entstammte dem jüdischen Großbürgertum in Wien. Sie kam früh in Kontakt mit Literatur und Literaten und war 21, als ihr erster eigener Roman, *Kati auf der Brücke,* erschien und ein Erfolg wurde. Trotzdem sagte der Kritiker Marcel Reich-Ranicki viel später, als Journalistin sei sie besser gewesen, wacher, feinfühliger, origineller. Sie ging 1936 nach England, wurde britische Staatsbürgerin, kam nach Wien zurück, ging nach Berlin und begann zu pendeln. Schrieb für die *Welt,* den *Tagesspiegel,* die *Weltwoche* und den Hörfunk Essays und Feuilletons, Porträts, Kritiken und Glossen und berichtete für den *Guardian* und den *New Statesman* vom Festland. Wurde schließlich Kulturkorrespondentin der *Frankfurter Allgemeinen Zeitung* in Wien, übersetzte Graham Greene, James Saunders und Tom Stoppard und schrieb weiter Erzählungen und Essays, politische Betrachtungen und Biographien. Die Liste der Auszeichnungen für ihr Werk ist lang, darunter der Goethepreis, der Preis der Stadt Wien für Publizistik, der Große Literaturpreis der Bayerischen Akademie. Vor allem aber: Im 23. Bezirk ihrer Heimatstadt Wien ist eine Gasse nach ihr benannt.

Selten hat ein Buch seine Leser so charmant zum Schmunzeln gebracht wie *Die Tante Jolesch* von ***Friedrich Torberg*** – und doch sagt der Autor (1908–1979) im Vorwort, die Sammlung von Anekdoten und Geschichten aus der Zwischenkriegszeit sei ein Buch der Wehmut. Über den Verlust von Heimat nämlich, den Untergang einer Kultur, fortwährende Trennung und immer neue Ungewissheit. Denn genau das war das Leben des Sportreporters und Theaterkritikers, Romanautors und Übersetzers, Zeitschriftengründers und tschechischen Wasserballmeisters Torberg: von Wien nach Prag, nach Leipzig, Zürich und Paris, in Hollywood gedemütigt als nutzloser Asylant, weiter nach New York und wieder nach Wien. Österreichischer Staatsbürger, tschechischer Staatsbürger, amerikanischer Staatsbürger, Freundschaft mit Egon Erwin Kisch, Alfred Polgar und Josef Roth, Robert Musil, Franz Werfel und Max Brod, Lion Feuchtwanger und Ephraim Kishon, aber erklärter Gegner von Bertolt Brecht, Thomas Mann oder Hilde Spiel, die er kommunistischer Umtriebe bezichtigte. Romane: *Auch das war Wien, Hier bin ich, mein Vater* und *Der Schüler Gerber*. Die Novelle *Mein ist die Rache* erschien 1942 in Los Angeles. Großer Österreichischer Staatspreis für Literatur – und im 14. Bezirk von Wien wurde eine Gasse nach ihm benannt.

Armin Thurnher, Jahrgang 1949, mutet den Obrigkeiten so manche Spitze und manche Enthüllung zu: Als Gründer, Herausgeber und Chefredakteur des Magazins *Falter* begleitet und beobachtet er seit 1977 die Eliten des Landes, bringt aus unabhängiger Position Kolumnen und Kommentare zu Politik, Wirtschaftsleben und Kultur, bietet Veranstaltungshinweise, Restaurantkritiken, sogar Kochrezepte – und erfuhr mehr als einmal die schmerzhafte Auszeichnung, dass die Konkurrenz der etablierten Verlage ihm die halbe Redaktion oder mehr abwarb. Nicht nur deshalb ist Thurnher ein engagierter Kämpfer gegen Oligopole in der Medienlandschaft; jahrelang schloss er seine Artikel mit einem *ceterum censeo,* dass die mächtige Mediamil-Verlagsgruppe um *Kronenzeitung, Kurier* und die NEWS-Magazingruppe zerschlagen werden müsse. Dafür wurden er selbst und sein Magazin immer wieder bedroht und drangsaliert, aber auch mit Preisen überhäuft – darunter dem Dr.-Karl-Renner-Publizistikpreis, dem Ehrenpreis des österreichischen Buchhandels für Toleranz in Denken und Handeln und dem European Newspaper Award. Thurnher schrieb den Roman *Der Übergänger* und Analysen wie *Republik ohne Würde, Heimniederlage. Nachrichten aus dem neuen Österreich, Schwarze Zwerge. Österreichs Medienlandschaft und ihre Bewohner.*

Stephan Vajda (1926–ca.1997), Journalist und Historiker, kam aus Ungarn nach Wien und wurde populär als kenntnisreicher Publizist zur österreichischen Geschichte. Bücher: *Reisen 1900. Ein Führer durch die Länder der k. u. k.-Monarchie, Die Babenberger. Aufstieg einer Dynastie, Die Belagerung. Bericht über das Türkenjahr 1683, Mir san vom k. u. k. ... Die kuriose Geschichte der österreichischen Militärmusik, Felix Austria. Eine Geschichte Österreichs.*

Der Wiener sei ein Wesen, das nicht den Kampf ums Dasein führe, sondern den ums Dabeisein, behauptete ***Erik Graf Wickenburg*** (1903–1998) – und stellte damit zweierlei unter Beweis: erstens eine aristokratisch-elegante Formulierungskunst und zweitens die intime Kenntnis einer speziellen Wiener Lokalpsychologie. Dass er von 1928 bis 1942 wichtige Jahre im selbst gewählten Exil verbracht hat, wird ihm in beidem noch geholfen haben. Als Redakteur der *Frankfurter Zeitung* unter dem legendären Ressortleiter Benno Reifenberg lernte er, das Feuilleton als Labor politischer und gesellschaftlicher Ideen zu begreifen, als einen Raum also, in dem die Politik ihre Möglichkeiten überhaupt erst erfahre. In dieser Klarsicht und der entsprechend präzisen Sprache schrieb er klassische Feuilletons und zeitkritische Betrachtungen, humorvolle Annäherungen an Wien, Salzburg oder die Wachau, einen Knigge für Leute von heute (*Der gute Ton nach alter Schule*) und Romane wie *Florian* oder *Die Begleiterin.*

Der Herausgeber

Andreas Hallaschka wurde1962 in Frankfurt am Main geboren und wuchs in Kassel auf. Nach dem Abitur Reiseführer in Israel und den USA, dann Studium der Theologie und Philosophie. Als Stipendiat des französischen Außenministeriums war er an der École de Journalisme in Paris. Dann Ausbildung zum Redakteur an der Henri-Nannen-Journalistenschule mit Stationen in Hamburg und Bonn, außerdem bei Agence France Presse (afp) in Paris und der Tageszeitung *Ouest France* in Rennes. Nach Stationen in der Entwicklungsredaktion von Gruner+Jahr und als leitender Redakteur beim *Stern* (Auslandsressort, Berliner Büro) wurde Hallaschka zunächst Chefredakteur von *Fit for Fun,* dann ab 2002 von MERIAN im JAHRESZEITEN VERLAG. Hallaschka ist Herausgeber und Autor zahlreicher Bücher. Nach einem Reisehandbuch über den Osten der USA (1993) folgten Bildbände und Anthologien, aber auch ein Sushi-Kochbuch. Sein Interesse gilt der europäischen Geschichte, geistlicher Musik, franko-belgischen Comics und seiner kurhessischen Heimat. Hallaschka lebt in Hamburg, ist verheiratet und hat vier Kinder.

NACHWEISE

Wien ist wieder eine glänzende Stadt

Erik Graf Wickenburg: Stadtführung eines skeptischen Einzelgängers, in: MERIAN 7/1968
Michael Frank: Neue Pracht und alte Neurosen, in: MERIAN 7/2007
Gotthard Böhm: Königgrätz und Kaiserfleisch, in: MERIAN 6/1986

»Seine Leuchtkraft hält an wie das Funkeln eines Fixsterns«

Fred Hennings: Festung-Residenz-Weltstadt, in: MERIAN 5/1956
Hans Flesch-Brunningen: Kara Mustafa greift nach dem goldenen Apfel, in: MERIAN 7/1968
Friedrich Torberg: Wie weit reicht Wien?, in: MERIAN 7/1968
Gregor von Rezzori: Abschied vom Rauschgold der Nostalgie, in: MERIAN 6/1986

»Das menschliche Denken und Handeln wird von unbewussten Regungen bestimmt«

Bruno Seiser: Fiaker, in: MERIAN 6/1986
Ernest Borneman: Die verdrängte Wissenschaft, in: MERIAN 6/1986
Milo Dor: Auf den Spuren des Dritten Mannes, in: MERIAN 7/1968

»Sterben ist nichts als die Wandlung vom Buchhalter zum ewigen Polkatänzer«

André Heller: Tod in Wien, in: MERIAN 6/1986
Günther Nenning: Alle Wiener kommen in den Himmel, in: MERIAN 11/1990

»So sind die Wiesen dort, wo noch kein Entdecker hingekommen ist«

Ludwig Fels: Mit Linie 31 zur Seele der Natur, in: MERIAN 11/1990
Hilde Spiel: Man müsste ein Büchlein schreiben nur über Wiesen, in: MERIAN 9/1966
Siebo Heinken: Landschaft im Fluss, in: MERIAN 7/1999
Erik Graf Wickenburg: Südbahner Wein, Backhendeln und Kaffeezuckerln, in: MERIAN 9/1966

»Noch wichtiger aber ist, aus guter Gesellschaft zu kommen«

Charlotte von Saurma: Nacht der Illusionen, in: MERIAN 11/1990
Armin Thurnher: Unter Freunden, in: MERIAN 11/1990
Markus Huber: Schnäppchen von Tante Dorothee, in: MERIAN 7/2007

»Keine Stadt verehrt ihre Bühnenhelden emphatischer als Wien«

Peter von Becker: Ein Burgherr räumt auf, in: MERIAN 11/1990
Franziskus Kerssenbrock: Erst die »Burg« und dann die Welt, in: MERIAN 7/2007

»So unanständig weiß und nackt gab es in Wien noch keine Fassade«

Joachim Riedl: Labor der Moderne, in: MERIAN 11/1990
Wieland Schmied: Dämonie in jeder Sofaecke, in: MERIAN 7/1968
Kristian Sotriffer: Das Ende der Belle Époque, in: MERIAN 7/1968
Niklas Maak: Schock statt Barock, in: MERIAN 7/2007

»Wer sie entdecken will, darf nichts anderes erwarten als das echte Wien«

Stephan Vajda: Der Basar am Mexikoplatz, in: MERIAN 6/1986
Eva Menasse: Das innere Ausland, in: MERIAN 7/1999
Beatrix Füsser-Novy: Festung des Fortschritts: Karl Marx-Hof, in: MERIAN 6/1986

Das Reise- und Kulturmagazin MERIAN beschreibt seit 1948 jeden Monat eine andere Region, eine Stadt oder ein Land in exklusiven Texten und Bildern. Zu beziehen ist MERIAN im guten Buch- und Zeitschriftenhandel oder über den Jahreszeiten Verlag. Abonnements vermittelt der MERIAN-Leserservice telefonisch unter (040) 87 97 35 40 oder im Internet unter *www.abooffice.de.* Einzelhefte sind auch im Shop auf *www.merian.de* zu beziehen.